송계대선사문집
松桂大禪師文集

상월대사시집
霜月大師詩集

동국대학교 불교기록문화유산아카이브사업단(ABC)
　본서는 문화체육관광부 지원으로 동국대학교 불교학술원에서 간행하였습니다.

한글본 한국불교전서 조선 35
송계대선사문집 · 상월대사시집

2017년 3월 14일 초판 1쇄 인쇄
2017년 3월 24일 초판 1쇄 발행

지은이 송계 나식 · 상월 새봉
옮긴이 김종진 · 박재금
펴낸이 한태식
펴낸곳 동국대학교출판부

주소 04620 서울시 중구 필동로 1길 30
전화 02-2260-3483~4
팩스 02-2268-7851
Homepage http://www.dgpress.co.kr
E-mail book@dongguk.edu
출판등록 제2-163(1973. 6. 28)
편집디자인 동국대학교출판부
인쇄처 보명C&I

ⓒ 2017, 동국대학교(불교학술원)

ISBN 978-89-7801-512-7　93220

값 24,000원

이 책의 무단 전재나 복제 행위는 저작권법 제98조에 따라 처벌받게 됩니다.

한글본 한국불교전서 조선 35

송계대선사문집
松桂大禪師文集

송계 나식 | 김종진 옮김

상월대사시집
霜月大師詩集

상월 새봉 | 박재금 옮김

동국대학교출판부

차례

송계대선사문집 松桂大禪師文集

송계대선사문집 해제 / 13
송계대선사문집 총 목차 / 31
일러두기 / 38
송계 대사 유권 서문 / 39

송계대선사문집 제1권 45
송계대선사문집 제2권 157
송계대선사문집 제3권 233

송계 화상 행장 松桂和上行狀 / 289
송계 대사 문집 뒤에 쓰다 書松桂師卷後 / 295

찾아보기 / 298

상월대사시집 霜月大師詩集

상월대사시집 해제 / 303
상월대사시집 총 목차 / 316
일러두기 / 320
상월대사시집 서문 霜月大師詩集序 / 321

상월대사시집 327

상월 선사 행적 霜月先師行蹟 / 411
발문 跋 / 418

찾아보기 / 431

송계대선사문집
| 松桂大禪師文集* |

송계 나식松桂懶湜
김종진 옮김

---

* ㉘ 저본은 숭정崇禎 기원후紀元後 195년(1822) 임오년 다천서간본茶泉書刊本(성균관대학교 소장)이다. ㉖ 같은 판본의 책이 동국대학교 중앙도서관과 장서각에도 소장되어 있다.

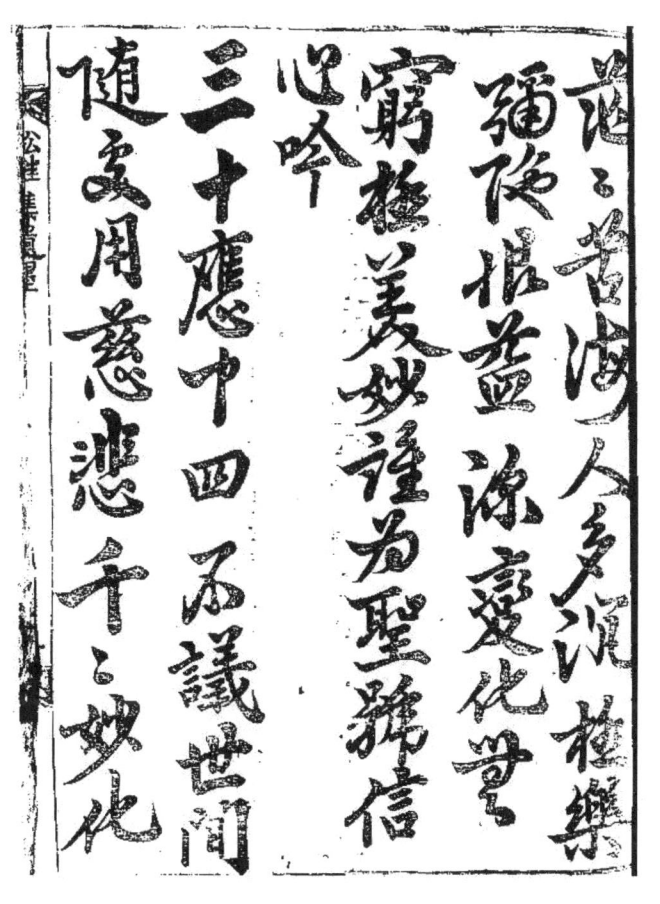

송계松桂 유묵遺墨(번역은 275~276쪽 참조)

無窮佛放大神通自在輝㸐盧獅莖山放鳳凰光外色笠茶葉影清聲空穿靈芝子吾龕道法長存

祥菴新製綿幃歌
杨煜乞伴鶴陶山淨華堂
邊玉幛列地涼洞裡低密
稀手峰曉向直芳囘
萬壑朝嵐席底光釋
子怠機今已久爲言容

多文莫余違

迦葉阿難侍佛修錚
小葵耳边鬱二生侍
佛慇懃立意自得神
道位半屑月

遵墨
松桂集卷三終

송계대선사문집松桂大禪師文集 해제

김 종 진
동국대학교 불교학술원 조교수

1. 개요

조선 후기 숙종~영조 연간에 경북 안동의 봉황사를 중심으로 활동한 송계 나식松桂懶湜(1684~1765)의 문집이다. 1822년에 목판본으로 간행되었으며, 『한국불교전서』 제9책(동국대학교출판부, 1988)에 수록되어 있다.

2. 저자의 생애

기존 문헌이나 연구서에서 송계 대사에 대한 기록은 찾아보기 힘들다. 본 문집에 수록된 류범휴柳範休의 서문, 문손인 선홍展鴻의 행장, 이상발李祥發의 후서에 담긴 대사의 행적을 통해서 그 대체적인 모습을 짐작할 수 있으며, 보조적으로 문집의 시와 산문을 통해서 약간의 추정이 가능하다. 이를 종합하여 생애를 정리하면 다음과 같다.

대사의 법휘는 나식懶湜, 자는 취화醉花, 호는 송계松桂 또는 회암檜巖이다. 숙종 11년 갑자년에 태어나 영조 42년 을유년에 입적하였다고 한다. 그런데 생몰 연도의 기록에 각각 1년의 편차가 보인다. 출생한 해로 소개한 숙종 11년은 1685년, 갑자년은 1684년이다. 입적한 해로 소개한 영조 42년은 1766년, 을유년은 1765년이다. 본 고는 한 해 앞선 기록을 인정하기로 한다.

대사의 본관은 전주 이씨 효령대군孝寧大君파이고, 이름은 수호壽浩이다. 효령대군이 분파의 시조가 되고, 의성군誼成君·영신군永新君·함원군咸原君을 지나 왕족에서 제외되었다. 5대조의 휘는 제안齊顏, 고조는 남枏, 증조부는 상발尚發, 조부는 시웅時雄, 부친은 서주瑞柱이다. 부친은 헌릉봉사獻陵奉事였는데, 경사京師(현 서울)에서 화산花山(현 안동)으로 옮겨 왔다. 낙향의 때와 이유는 소개되지 않았다. 모친은 밀양 박씨로 찰방察訪 훤暄의 딸이다. 자식으로는 다섯이 있는데, 화상은 그중 다섯째이다.

대사의 고향은 금오산 자락 낙동강 변으로 선산의 동쪽 연향역에서 가까운 곳이다. 「명감정기明鑑亭記」에 "연향역 옆 낙동강을 끼고 오산烏山을 마주 보는 깊숙한 땅"이 고향이라고 했다. 현 구미시로 추정된다. 다만 문집의 〈고향을 떠나辭故鄉〉·〈문소 태수에게上聞韶太倅〉 시를 보면 소년 시절 "경성京城"에서 뛰어놀던 것과, "집안일 기울어 망한 후로는 고향 소식 전혀 듣지 못했네."라는 내용이 있는 것으로 보아 태어난 고향은 서울, 자라난 고향은 선산 동쪽 낙동강 강변일 가능성이 있다.

어려서는 고향 근처의 교리校理 김칠탄金七灘 선생에게 나아가 글을 배워 총애를 받았다. 교리는 벼슬 이름으로 교서관이나 규장각에서 서적의 간행을 맡아 본 인물이니, 아마도 그는 그 지역에 은퇴한 명망 있는 학자였을 것으로 보인다. 대사는 16세(경진년, 1699년으로 추정)에 기산歧山(현 안동시 임동면 수곡리 아기산)의 절에서 독서를 할 때 스님들의 청정수행을 보고 깨달은 바가 있어 출가하였다. 가선공嘉善公에게 머리를 깎았고, 이후 청파당淸波堂 보전譜詮 선사에게서 구족계를 받았다. 이를 들은 칠탄 선생이 매를 들어 만류하였으나 그 뜻을 굽힐 수는 없었다고 한다.

행장에 따르면 대사는 구족계를 받은 후 금강산 징신사澄神寺에서 3년간 참선 수행 후 남행하였다.(징신사가 어느 절인지 확인하기 어렵다.) 경진년(1700, 16세) 전주 송광사松廣寺에서 침굉枕肱 장실에게 참학하여 4년을 보내고, 갑신년(1704, 20세)에는 춘파春坡 장실[환성 지안의 제자, 송계의 법사. 단춘파 쌍언春坡雙彦(1591~1658)과는 다른 인물]을 참학하여 몇 해를 보냈다. 이후 백암栢庵 장실에게 6년간, 대암大庵 장실에게 5년간 참학하였고, 을사년(1725, 41세)에는 환성 지안喚醒志安(1664~1729)에게 50일간 참학하였다. 낙암 의눌落巖義訥(1666~1737)은 대사가 처음에 배운 스승인데 전후로 합해 8년간 참학하였다.

여기에서 침굉과 백암은 아마도 침굉 현변枕肱懸辯(1616~1684)과 백암 성총栢庵性聰(1631~1700)을 가리키는 것으로 보이나, 생몰 연도를 보면 송계 대사가 이들 선사들과 만났을 가능성은 거의 없다. 침굉은 대사가 태어나던 해, 백암은 대사가 출가하던 해 입적했기 때문이다.

대신 환성 지안과 낙암 의눌에게 배우고 청파당과 대암당에게 참학한 것은 개연성이 있다.

대사는 환성 지안의 법손인 대암 화상의 제자로서 청허 휴정의 7세손이 된다. 대사는 처음에 경주(鷄林) 백련사白蓮寺에서 개당하였고, 이후 축서산鷲棲山의 통도사通度寺, 황학산黃鶴山의 용담사龍潭寺, 태백산太白山의 부석사浮石寺와 고운사孤雲寺, 불국사佛國寺, 오대사五臺寺, 청량사淸凉寺, 주왕산의 대전사大典寺, 기산岐山의 봉황사鳳凰寺 등지에서 주석하며 대중을 교화하였다.

특히 기산의 봉황사는 대사가 출가한 곳이면서 만년에 주석하다 입적한 곳이다. 기산은 아기산鵝岐山이며 현재 안동시 임동면 수곡리에 있는 임동면의 진산이다. 봉황새가 날아가는 형상을 하고 있어 봉황산이라고도 하며, 현재도 서쪽에는 전주 류씨 집성촌이 있다. 문집의 서문을 쓴 류범휴柳範休(1744~1823), 또 송계의 스승 대암의 문집에 서문을 쓴 류승현柳升鉉(1680~1746)이 전주 류씨로 안동인인 것을 보면, 아기산에 세거한 전주 류씨 가문과 봉황사에 주석한 승려 사이에 밀접한 교류가 있었을 것으로 보인다.

대사는 행장에 따르면 영조 42년 을유년 8월 8일, 향년 82세, 법랍 66세로 입적하였다. 문집의 〈임행게臨行偈〉는 대사의 임종게이다.

건곤은 본래부터 면목 없으나	乾坤無面目
겉 드러난 형상이 있다 하리오.	能道有形端
허깨비 몸과 영별하노니	永別浮虛體
온전한 대도만 홀로 밝도다	孤明渾大閑

문집이 간행될 당시, 진영과 보주와 부도가 모두 기산에 모셔져 있었다고 하는데, 현재도 봉황사 초입 산자락에 석종형 부도가 남아 있다. 참고로 함께 모셔져 있는 두 기의 부도는 포월抱月 섬邁 대사와 청파당淸波堂의 부도이다. 그리고 현재 「아기산봉황사사적기鵝岐山鳳凰寺事蹟碑」가 1980년에 수습되어 대웅전 옆에 세워져 있다.

3. 문집 간행의 경위와 구성

『송계대선사문집』은 『한국불교전서』 제9책(동국대학교출판부, 1988)에 수록되어 있다. 저본은 성균관대 소장 목판본이다. 동국대학교 중앙도서관에는 성균관대 소장본의 복사본이 있고, 장서각 한국학자료센터에서는 이 책의 디지털 원문을 확인할 수 있다.

체재를 보면 먼저 '송계대선사문집'이라는 표제 아래 「송계 대사 유권 서문(松桂師遺卷序)」이 있다. 1821년 섣달 그믐날에 류범휴柳範休가 썼는데, 여기에 서문을 의뢰한 내력이 담겨 있다. 즉 대사가 70여 세의 나이로 기산에서 주석할 때, 류범휴는 학동으로서 기산에서 학업을 닦으며 대사를 뵌 적이 있었다. 이 인연으로 60년 세월이 흘러 대사의 법손 위성偉性 장로가 문집 초고를 보여 주며 서문을 의뢰하였다. 그런데 그 이전에 송계 대사는 스승인 대암 화상이 입적하자 그 시문을 엮어 류범휴의 조부인 용와慵窩 류승현柳升鉉(1680~1746)에게 서문을 의뢰한 바 있었다. 불가의 사제지간은 세속의 부자지간과 다름없다고 한다. 스승과 제자의 문집에 그 고을의 명망 있는 학자이자 관리인 할아버지와 손자의 글을 담아낸 것으로 대를 이은 유불 간의 인연을 강조하고 있다.

류승현은 안동 출신의 문신으로 영해 부사, 풍기 군수 등을 지냈고, 사후 이조참판에 추증된 인물이다. 류승현의 손자인 류범휴는 역시 안동 출신이며, 정조 때의 문신이다. 퇴계의 학통을 이은 영남학파 이상정李象靖(1711~1781) 문하에서 공부했으며, 고성 군수와 안변 부사를 역임하고 만년에 고향에 돌아와 학문에 주력한 인물이다. 이들은 송계 대사가 주석한 안동 지역의 명사들로서 지역적 친연성이 있다.

문집의 편찬은 문손門孫인 일행一行이 편록編錄한 것으로 소개되어 있다. 다만 '일행'이 누구인지는 확실하지 않다.

문집은 1책 3권으로 구성되어 있다. 제1권에는 절구 102편, 제2권에는 율시 60편과 오언장편 1편, 제3권에는 편지글 9편과 잡저 6편이 수록되어 있다.

잡저에는 「남명시집 서문(南溟詩集序)」·「명감정기明鑑亭記」·『화엄경칠처구회품목』 발문(華嚴經七處九會品目跋)·「남명 전령을 곡하는 글(哭南溟展鈴文)과 「상월당 대선사 행장霜月堂大禪師行狀」이 있고, 이어 대사의 친필을 직접 새겨 놓은 '유묵遺墨'이 있다. 「유묵」에는 5편의 게송(칠언절구 4편, 칠언율시 1편)이 수록되어 있다.
　이어 「송계 화상 행장」과 문집의 후서격인 「송계 대사 문집 뒤에 쓰다(書松桂師卷後)」가 수록되어 있다. 행장은 1822년 봄에 문손인 전홍展鴻이 썼고, 후서는 같은 시기에 다천茶泉 이상발李祥發이 썼다. 이상발의 본관은 영천, 거주지는 의성이며, 1745년(영조 21) 출생하였고, 1790년(정조 14) 증광시增廣試에 급제한 이력이 있다.(『崇禎三庚戌增廣司馬榜目』, 한국학중앙연구원 한국역대인물종합정보시스템 참고)
　문집의 서문, 후서, 본문의 내용 중에 안동 지역 인근의 선비와 관리 이름이 자주 보이는 것은 대사가 출가 전이나 출가 후에 맺은 이 지역과의 인연을 떠올리면 자연스러운 현상으로 보인다.

4. 내용과 성격

1) 참학의 자취와 이력 과정

　전홍展鴻이 쓴 행장에는 송계 대사가 금강산에서 활구참선으로 3년을 보낸 후 다시 남행한 사실과 참학한 선사들의 이름이 수록되어 있다. 즉, 전주 송광사에서 침굉에게 4년간, 춘파당에게 몇 년간, 백암에게 6년간, 대암당에게 5년간 참학했으며, 환성 지안에게 50일, 낙암 의눌에게 전후 두 차례에 걸쳐 8년간 참학했다고 하였다. 그리고 이들은 모두 대사의 『시사록侍師錄』에 실려 있으나 문집 제작 당시에 자료가 흩어진 것으로 소개되어 있다.
　앞서 침굉과 백암이 송계 대사와 만날 가능성이 없음을 이야기했는데, 그렇다면 행장에서 이들을 호명한 이유는 무엇일까. 먼저 조선 후기 불교사에서 차지하는 두 선승의 위상을 간략하게 소개하기로 한다.

침굉 현변枕肱懸辯(1616~1684)은 청허 휴정-소요 태능의 법맥을 이은 조선 후기의 선승으로 주로 선암사에 주석하며 선풍을 드날렸다. 그의 맑은 서정의 세계, 선정의 세계는 『침굉집枕肱集』에 전해진다.

백암 성총栢庵性聰(1631~1700)은 부휴 선수-벽암 각성-취미 수초의 법맥을 이었고, 제자로 무용 수연無用秀演(1651~1719)과 석실 명안石室明眼(1646~1710)을 두었다. 백암은 임자도에 표박한 중국 상선에서 다량의 불서를 수습하여 12종 115책 197권을 판각, 간행한 인물이다. 이 중 『대방광불화엄경소초』(70책 80권)는 조선 후기 화엄학 진흥의 한 계기가 되었던 것이 분명하며, 기타 다양한 성격의 문헌을 복원, 판각하여 교학, 계율, 정토학 분야에 많은 영향을 끼쳤다.

이 시기는 조선에서 간경·참선·염불을 함께 수행하는 삼문수학의 전통과 상원의 이력 과정이 체계적으로 정립된 것으로 파악된다. 따라서 침굉과 백암의 이름을 호명한 것은 송계 대사의 이력 수행의 과정을 더욱 그럴듯하게 하여 성가를 좀 더 높여 보고자 하는 의도가 담긴 것으로 파악된다.

이들보다 현실적으로 법맥 계승의 가능성이 있는 선사는 환성 지안喚醒志安과 낙암 의눌落巖義訥이다.

환성 지안(1664~1729)은 청허 휴정-편양 언기-풍담 의심-월담 설제의 법맥을 이었고, 호암 체정에게 법맥을 전수하였다. 『선문오종강요』를 저술하여 선학의 이론을 정리하여 후학들의 공부에 지침이 되었다.

낙암 의눌(1666~1737)은 청허 휴정-편양 언기-풍담 의심-상봉 정원의 법맥을 이었고, 해봉 유기를 제자로 두었다.

이들은 조선 후기 교학의 정리와 선학의 진흥에 많은 기여를 한 선사들로서, 송계 대사가 이들을 두루 참학하였다는 것은 이 시대 불교 교학의 최고 강사들에게 배웠다는 의미가 된다. 그의 휘하에 많은 제자들이 있거나, 저술을 남긴 것은 아니다. 그러나 조선 후기 교학의 수준이 심화되는 과정에서 두루 익힘으로써 자신의 세계를 가꾸어 갔으며, 수준 높은 문학 세계를 구축해 나간 것은 사실이다. 아마도 평생 선승의 삶을 살았으면서도, 한편으로는 조선 후기 영남이라는 특수한 시공간에서 마음으로는 시인, 문장가가 되고자 했던 한 인물로 자취를 남긴 것이 아닌가 한다.

그런데 이들 대강백, 대선사들보다 더 가까이 모시고 배운 이는 기산 봉황사의 청파당清波堂과 대암당大庵堂이다.

송계 대사가 청파당에 대해 직접 기술한 부분은 『화엄경칠처구회품목』 발문의 "복주 땅의 나식은 처음에 청파당 강하에서 4년을 모시고, 그분을 부도의 스승으로 삼았다."라는 부분이 전부다. 또 행장에는 입산하여 머리를 깎은 후 "청파당 보전譜詮 선사에게서 구족계를 받았다."라는 기술이 있으며, 청파당 입적 후 지은 만사(〈挽淸波和尙〉)가 한 수 전한다.

```
솔잎 먹던 대선사 구름 산에 머물면서        啖松大衲棲雲山
먼 하늘 바라보며 푸른 난간 기대었지.       眼掛長空倚碧欄
8만의 참된 경전 몸속에 간직한 채           八萬眞經藏體裏
낭랑히 읊는 소리 옥황궁에 다다랐으리.     浪吟聲徹玉皇宮
```

이 시를 통해 청파당의 평생이 송화를 먹으며 청정 수행을 하는 선사의 삶이었고, 경전을 두루 읽는 교학에도 마음을 다했음을 알 수 있다. 청파당이 대사의 불가 입문 후 첫 스승이라면, 대암당은 교학의 전 과정을 체계적으로 강의한 스승이다.

대암당은 청허당의 6세 제자인 '환성喚醒의 적손嫡孫'(「행장」)이며, 송계에게 의발을 전수해 주었다. 『화엄경칠처구회품목』 발문에서 송계 대사는 청파당 강하에서 4년을 모시고 불가의 스승으로 삼은 뒤, 대암당 강하에서 16년 동안 가까이 모시며 교법을 전수받았다고 하였다. 그 내용은 구체적으로 사교四敎와 사집四集 31권, 『전등록』과 『선문염송』 30권, 『화엄경』 80권 등이다. 조선 후기의 강원의 이력 과정을 보면, 사교과는 『능엄경』·『기신론』·『금강경』·『원각경』이고, 사집과는 『서장書狀』·『도서都序』·『선요禪要』·『절요節要』를 말한다. 이는 조선 중기 이후 정립된 이력 과정의 순서와 일치하며, 대사가 이 시기 확실하게 정립된 강학의 과정을 체계적으로 섭렵하고 있음을 잘 보여 주고 있다.

대사가 남긴 글은 이러한 시대적 배경 속에서 나온 것일 터이나 다른 승려와 차별되는 교학을 전개한 글은 보이지 않는다. 다만 80권 『화엄경』의 39품에 소개된, 부처님의 설법 장소와 시기를 과목科目으로 나누고 표로 정리한 『화엄경칠처구회품목』을 직접 편집하고 발문을 쓴 글(「화엄경칠처구회품목』 발문」)에 대사의 화엄학에 대한 소양과 관심을 알 수 있다. 이는 대암당의 강하에서 배우면서 스승의 '명을 받들어 과목을 모으고 그림을 베낀' 것이다. 발문에는 "글자와 줄이 온전히 이루어지지 않았고, 검게 번진 부분도 많아" 후학들을 잘못 인도하지 않을까 염려하는 내용이 있다.

이를 보면 대암당 역시 화엄학을 강의하며 후학을 제접했음을 알 수 있다. 위의 발문에서 "생각건대 우리 대암당 스승께서는 37품品을 손으로 삼으시고 80경론經論을 몸으로 삼으셨으니, 가히 화엄보살이라 할 만하고, 여래의 사자使者라 할 만하다."라 하였다. 조선 후기 불교계의 경향 중의 하나로 화엄학의 흥성을 드는데 바로 이러한 분위기에서 대사의 품목 발행을 이해할 수 있다.

대암당은 송계 대사에게 입적하기 전에 법을 전수하였다. 그리고 대암당이 입적하자 스승을 대신해 송계 대사가 자신을 포함한 여덟 명의 제자들에게 선법시를 시었다.(〈八懷詩〉)

2) 시의 세계

「행장」에 나타난 바와 같이 송계 대사는 전주 이씨 효령대군의 후예로서 가문에 대한 자부심을 가지고 있었음이 분명하다. 그리고 16세까지 그 지역에서 명성이 있었던 김칠탄 선생에게 나아가 재질을 인정받은 것을 보면 대사의 시작詩作과 문장은 이미 출가 전에 기본적인 교양으로 습득된 것이다. 그 결과 대사의 시는 거친 표현이나 생경한 시상의 전개가 보이지 않으며, 내용의 전개나 표현에서 자연스러운 멋이 있고, 훌륭한 시적인 성취를 보여 주고 있는 작품이 많다.

문집에 수록된 이들 작품의 경향을 소재와 주제를 감안하여 나누어 소개하면 다음과 같다.

(1) 정태적 공간에서 느끼는 선취

송계 대사의 시에는 세속의 티끌이 날리지 않는 산중의 안온한 분위기가 잘 드러난 시편들이 다수 있다. 이는 시인의 심성이 그러했음을 드러내는데, 시인은 솔바람 소리, 계곡물 소리를 거문고 소리, 비파 소리로 들으며, 창에 지는 달그림자, 등 넝쿨에 어린 달, 마당과 계단을 쓸고 가는 달그림자 하나하나를 세심한 감성으로 펼쳐 낸다. 그리고 주변의 계절에 따른 나무며 꽃이며 숲 등 다양한 사물의 변화를 자신의 내면을 드러내는 매개로 활용한다.

제1권의 〈유거幽居〉·〈그윽한 흥幽興〉·〈술잔을 잡고 꽃에게 묻기를把酒問花〉·〈늙음에 대하여感老〉·〈한매寒梅〉·〈빈 뜨락의 매화空庭梅〉·〈스스로 탄식하다自歎〉·〈봄을 보내며送春〉·〈술회述懷〉·〈홀로 지내며獨居〉 등과, 제2권의 〈유거幽居〉·〈그윽한 회포를 읊다詠幽懷〉·〈봄 경치(春景)〉·〈봄꿈(春夢)〉 등 많은 작품들이 여기에 포함된다.

이들 시에 담긴 외적 사물들은 시인의 서정적 감성을 드러내면서 동시에 임운등등하는 선승의 선적 취미를 드러내고 있다. 시의 문면에 선기禪機를 오롯이 담아내어 화두 같은 관문으로 감싼 작품보다 자연 속에서 유유자적 노닐며 선적인 분위기를 자연스럽게 담아내는 선취시의 성격을 지닌다.

(2) 수행과 기행紀行의 거리, 사찰 제영시題詠詩

한 곳에 머물며 주변의 사물을 관찰하고 자신의 내면으로 동화시키는 정태적 공간에서의 작품과 달리 여기 소개하는 시는 운수납자로서 떠돌거나 이름난 명승지의 유력遊歷 과정에서 쓰인 작품들이다. 이들 시는 직접 그 공간을 방문하여 쓴 것도 있지만 과거를 회상하며 지은 시들도 있다.

송계 대사는 다른 많은 선사들이 그러했던 것처럼 동서남북의 경승지를 찾아 유람하면서 시인의 회포를 풀어내었다. 태백산, 오대산, 지리산, 금강산, 구월산 등지를 유람하며 보고 느낀 정경을 담아내었다. 제1권의 〈태백산太白山〉·〈오대산五臺山〉·〈다시 여섯 명산에 이르다(再到六名山)〉 등과, 제2권의 〈병으로 누워 과거 명산 유람을 생각하다(病臥憶曾遊名山)〉·〈다시 지리산에 와서(再到智異山)〉·〈다시 네 명산에 이르다(再到四名山)〉 등이 있다.

이들 시에 담긴 내용은 명승지를 유람하는 풍류소객의 과정과 다름없으나, 운수납자로서 소요 자재하는 과정에서 나온 선취적인 시라 해도 무방하다. 선승의 시라 해서 별다른 선적 함의가 꼭 들어가야 하는 것은 아닐 것이다. 시인이다 승려다 하는 구분은 겉 드러난 모습에 집착하여 시의 내면을 접하는 데 장애가 되는 선입견일 수 있다.

운수납자로 소요 자재하는 과정에서 남긴 또 다른 부류는 사찰의 제영시題詠詩다. 제2권에 수록된 〈금구 금산사 미륵전金溝金山寺彌勒殿〉·〈계림 불국사(題鷄林佛國寺)〉·〈봉황사(題鳳凰寺)〉·〈전라도 금산사全羅道金山寺〉·〈순천 송광사順天松廣寺〉·〈지리산 쌍계사智異山雙溪寺〉·〈칠곡 송림사柒谷松林寺〉·〈용담사 금정암(題龍潭寺金井菴)〉·〈청송 대전사靑松大典

寺〉·〈해남 대둔사海南大芚寺〉·〈가을날 지리산 쌍계사에 가다(秋入智異山雙溪寺)〉·〈금강산 도솔암金剛山兜率菴〉·〈갈라산 율목사葛蘿山栗木寺〉 등이다. 주로 사찰 내외의 경물에 대한 묘사와 시적 운치를 담아내었다.

(3) 스승을 대신한 전법시傳法詩

대암당과 나눈 편지글을 통해 스승에 대한 송계 대사의 정회를 맛볼 수 있다. 그런데 〈팔회시〉라는 제목의 8수의 시에서는 스승과 송계 대사, 송계 대사와 법형제 간의 관계가 주목된다. 이 작품의 부제는 "법사 대암 화상께서 입적하시기 전에 나에게 법을 전수하셔서 전법시를 지었다."라 하였다. 스승인 대암당을 대신하여 다른 법형제들에게 전법시를 지어 준 작품이다. 여기에는 여덟 명의 법호가 제목으로 제시되어 있는데, 〈명옥明玉〉·〈삼성三聖〉·〈대현大賢〉·〈직첨直簷〉·〈동은東隱〉·〈신눌信訥〉·〈전령展翎〉·〈나식懶湜〉 등이다. 나식은 송계 대사의 법명이며, 시의 내용으로 보아 모두 대암의 제자이자 나식의 법형제들로 생각된다. 이 가운데 비교적 이름이 드러난 이는 전령이다. 〈전령〉 시는 다음과 같다.

지혜의 해가 사자좌를 가리니	慧日晻獅座
업의 바람이 학의 깃을 보내는도다.	業風送鶴翎
부질없이 사라쌍수는 남아 있는데	空餘雙樹在
홀로 등불 하나 밝게 빛나네.	獨有一燈熒
생겨나고 사라짐은 뜬구름에서 보고	起滅浮雲視
떠나고 다시 옴은 조화옹에게서 듣네.	去來造化聽
스님의 법용을 어디에서 보리오.	法容何處見
밝은 달이 남쪽 바다 떨어지누나.	皎月墜南溟

미련에서 스님의 법용은 이미 볼 수 없음을 말하였다. 대암당의 입적을 말하는 것이다. 밝은 달이 남쪽 바다, 즉 남명南溟으로 진다는 것은 제목에 제시된 남명 전령의 법호를 빌어 대암당의 법맥이 그에게 흘러감을 말한 것이다. 문집에는 이외에 전령에 대한 글이 두 편 수록되어 있다. '잡저'편에 수록된 「남명시집 서문(南溟詩集序)」·「남명 전령을 곡하는 글(哭南溟展翎文)」에서 둘 사이의 친분을 엿볼 수 있다. 『남명시집』은 현재 전하지 않는데, 서문에서 "대사는 일찍 입적하여 제자가 없으나 오직 이 시로 후세에 전"한다고 하였고, 시에 대해서는 "대사의 시는 담박한 것 같으면서도 얕지 않고, 화려한 듯하면서도 사치스럽지 않으며, 뜻을 둔 곳이 진실로 심원하여 읽을수록 더욱 맛이 우러"난다고 하였다. 「남명 전령을 곡하는 글」은 송계 대사가 『동문선』 제56권과, 정도전 문집 『삼봉집三峯集』 제4권에 수록된 「곡반남선생문哭潘南先生文」을 상당 부분 차용하여 남명 전령의 추도문으로 활용한 것이어서 둘 사이의 관계나 남명의 행적에 대해 새롭게 밝혀 준 부분은 없다. 아울러 현재 『남명시집』이 전하지 않아 자세한 것을 알 수 없다.

(4) 교유시

송계 대사가 평생 여러 사람들과 교유하면서 나눈 작품들이다. 사찰 내의 도반들, 스승과 제자에게 주는 시와 선비나 관리와 교유하며 지은 시로 나뉜다.

불가 내의 교유를 담은 작품은, 제1권에 〈그대에게(贈人)〉·〈금깅산의 스님(金剛僧)〉·〈인 대사에게(贈仁大士)〉·〈인 상인에게(贈獜上人)〉·〈보 상인에게(贈寶上人)〉 등이 있고, 제2권에 〈정운 대사가 찾아왔기에 읊다(靜雲大師來見感吟)〉·〈경치 구경하는 산인(翫景山人)〉·〈경치 완상하는 스님(翫景僧)〉·〈좌선하는 수좌에게 주다(贈坐禪首座)〉·〈산수 유람하는 나그네

(甑山水人)〉·〈백화 대사에게(贈白華大士)〉·〈경치 완상하는 스님에게(贈甑景僧)〉·〈승인 수좌 토굴(勝仁首座土窟)〉·〈수우 대사에게 주다(贈守愚大士)〉 등이 있다.

특히 제2권의 오언장편〈월란사로 가는 학 대사를 보내며(送學大士之月瀾寺)〉는 제자로 들어온 지 1년도 되지 않아 다른 사찰 다른 스승을 향해 떠나는 "학(學)" 스님에게 보낸 장편의 시로 제자 사랑의 애틋함과 떠나보내는 애절함이 넘쳐흐르는 감동적인 작품이다.

이 밖에 제1권의〈사림의 시에 차운하여(次士林韻)〉·〈화산 태수에게(上花山太守)〉·〈문소 태수에게(上聞韶太倅)〉, 제2권의〈청위 유 공의 시에 차운하여(謹次淸渭柳公韻)〉·〈김 수재에게 읊어 주다(吟贈金秀才)〉·〈홍 상사의 초정을 방문하여(過洪上舍草亭)〉등은 동시대를 살았던 유자들, 그리고 안동과 의성의 수령에게 준 시로 안동 지역을 중심으로 교유했던 양상을 잘 보여 주고 있다.

(5) 성소의 시화 – 송시頌詩

대사가 머물고 있는 공간은 종교적 성소로서 다양한 상징적 공간이 배치되어 있다. 이 문집에는 대사가 머물렀을 사찰의 아미타불, 석가불, 약사여래상, 사천왕상을 표제로 한 일련의 시가 있다. 형상으로 현현된 이들 불상에 대한 담담한 묘사는 대상에 대한 경외심을 불러일으킨다. 제1권의〈미타송(頌彌陀)〉·〈석가송(頌釋迦)〉·〈약사송(頌藥師)〉·〈사천왕송(頌四天王)〉등이다. 또 제1권의〈설선당(頌說禪堂)〉·〈적묵당(頌寂默堂)〉·〈청풍당(頌淸風堂)〉·〈만월당(頌滿月堂)〉·〈영자전(頌影子殿)〉·〈만세루(頌萬歲樓)〉는 물리적 공간을 성소로 만드는 사찰 내의 여러 건물들의 외경을 담담하게 묘사하였다. 문학적 수사보다 하나의 송가頌歌로서 종교적 감흥을 위주로 한 시들이다. 아마도 주석하던 봉황사의 여러 전각을 묘사한 것으로 보인다.

이외에 제1권의 〈염불念佛〉, 제2권의 〈염주송念珠頌〉은 극락왕생의 방편으로 염불하는 화자의 종교적 심회가 잘 드러나 있다.

5. 산문의 세계

송계 대사가 지은 「상월당 대선사 행장霜月堂大禪師行狀」에서 상월당은 상월 민행霜月敏行을 가리킨다. 『상월대사시집霜月大師詩集』(『한국불교전서』제9책)의 상월 새봉霜月璽封(1687~1767)과는 다른 인물이다. 대사의 속성은 장씨이고, 현재 포항시 흥해읍인 흥해군에서 1657년(효종 8) 10월에 태어나 1745년(영조 21) 정월 청송靑松 주왕산周王山 대전사大典寺에서 입적하였다. 세수 89세, 법랍 63세이다. 간기에 숭정 후 117년이라 했으니, 입적한 해에 쓴 것으로 보인다. 행장에는 상월당이 온화한 성품을 가졌으며, 산수를 좋아하여 경승지를 탐방하였고, 매번 정경을 시로 그려 내어 동행인들을 감복시켰다는 내용이 있으나, 많은 시편이 흩어져 남아 있는 것은 거의 없다고 하였다. 또 좋아한 것 중에서 『초사楚辭』에 가장 큰 애착을 가져 옛 시인의 지취를 깊게 터득하였고, 기법에 힘쓰지 않았다고 하였다. 대사는 청송 주왕산 대전사에서 입적하였는데, 이곳은 한때 송계 대사가 주석했던 곳으로 행장을 쓰게 된 인연이 되었을 것으로 보인다.

제3권에는 대암 화상에게 올린 편지글 두 편「대암 화상께 올림(上大菴和尙)」이 있다. 첫 번째 편지는 새해 인사이다. 이 편지의 시점은 대암당이 회갑을 1년 앞둔 시기, 송계 대사가 대암당을 떠난 후 벌써 12년이 흐른 시기다. 새해를 맞이하여 '남쪽으로 내려가 문하'에서 인사드리고 싶지만 그렇게 하지 못한다는 말을 인사말로 담았다.

두 번째 편지는 어느 해 가을에 보낸 안부 인사다. 아마도 이 글은 각화사覺華寺의 이안移安 기문記文을 써 달라는 스승의 거듭된 부탁을 받고 초고를 써서 인편에 보내면서 쓴 편지글로 보인다. 스승에 대한 안부 인사와 함께 자신이 병환으로 지난해 봄부터 한 해 동안 다리에 난 부종으로 고통을 받고 있음을 전하면서 직접 찾아뵙지 못한 것에 대해 용서를 부탁하였다. 이 글에는 송계 대사 자신이 지난해 고사高寺에서 나그네로 머물다 몸조리를 위해 지난 중추仲秋 13일에 다시 황암黃菴으로 거처를 옮겼다는 내용이 있다. 편지는 황암으로 거처를 옮긴 후 보낸 것이다. 또한 다리의 재앙을 맞이하여 병중에 정토신앙을 더욱 힘써 믿었음을 말하기도 하였다.

이들 글에는 사제 간의 정이 담긴 글로 세월의 흐름과 만남과 이별의 회한이 배경에 깔려 있다.

제3권의 「부백 황정께 올림(上黃府伯)」・「진성 수령께 올림(上眞城倅)」・「이 참봉에게 드림(與李叅奉)」・「와운당에게(與臥雲堂)」・「명감정기明鑑亭記」 등은 유불 교류를 잘 드러낸다. 조선 후기에 유학의 본고장 안동에서 승려로 살아간다는 것은 의식했건 하지 않았건 간에 유불 간에 상호 공존을 염두에 두지 않을 수 없었을 것이다. 운수납자로서 평생의 수행처와 주석처가 큰 의미가 없다는 견해도 있지만 시대적・공간적 존재로서 한 승려가 주로 머물던 지역성 또한 작가를 이해하는 데 있어 중요한 요소가 될 것이다. 이들 시와 산문은 송계 대사의 문학을 안동을 중심으로 한 지역적 기반과 함께 고찰해야 할 필요성을 제시하는 것이다. 특히 「명감정기明鑑亭記」는 낙동강 강변, 자신의 고향 마을에 있는 한 선비의 초당을 대상으로 하여 '명明'과 '감鑑'의 의미를 운치 있게 드러낸 문장으로 미적 감흥을 준다.

6. 평가와 가치

　송계 대사는 전주 이씨 효령대군파로서 왕족의 후예이다. 16세에 출가하기 전에는 교리를 역임한 김칠탄 선생에게 사사하였는데, 이때 벌써 시문을 지을 기본 소양을 갖추었을 것으로 짐작된다. 출가 후 청파당·대암당 강하에서 배우면서 법맥을 이었고, 환성 지안·낙암 의눌 등 당대의 대선사, 강백을 참학하여 조선 후기의 강학의 과정을 충실히 섭렵하였다.
　문집에 작가에 대한 정보가 많지 않음에도 불구하고 스승에게 참학한 이력 과정이 구체적으로 소개된 것은, 이 시기가 삼문수학의 전통이 확립된 시기라는 점을 고려해 볼 때 문집 편찬을 주도한 이들의 시대적 관심사를 반영한 것으로 볼 수 있다.
　추정컨대 대사는 자연을 좋아한 온화한 성품의 소유자이며, 산사에서 소요 자재하는 생애를 담박하게 시에 담아낸 작가다. 대사가 주석한 기산의 봉황사는 안동의 동쪽에 있는데, 기산에는 전주 류씨의 세거지가 있는 곳이다. 그의 문집에 이 지역의 유자들이 서문과 발문을 쓴 계기가 여기에 있다.
　송계 대사의 시문에 대한 당대의 평가 자료는 문집 기록 외에는 확인되지 않는다. 문집 서문에서 류범휴는 대사가 "유람하기를 좋아하고 시에 능하여 당대의 어진 사대부들과 수창하여 압도할 때가 많았으니, 능히 소순기蔬筍氣를 벗어나 간간이 전할 만한 시구가 있었다. 시문과 필법으로 또한 공문空門에서 칭찬을 들었다."라고 하였다. 당시의 사대부들과 견주어도 무방할 정도의 수준으로 평가하였고, 글씨도 잘 쓴 것으로 평가하였다. 글씨는 본 문집의 「유묵」편에 확인된다.
　대사는 출가 전에는 훌륭한 스승을 모시며 교양으로서 문장 기본을 익혔으며, 출가 후에는 당대의 선승 강백을 두루 참학하여 교학을 연마하였다. 이러한 배움의 영향으로 그의 문학 세계는 거칠거나 조야하지 않으며, 한 작품 한 작품이 정제되어 있는 느낌을 준다.

 이 문집은 조선 후기 안동 지역을 중심으로 활동한 송계 대사의 삶과 문학을 이해함은 물론, 조선 후기 불교 문화사의 한 단면을 이해하는 데 도움을 줄 것으로 기대한다.

7. 참고 문헌

이종찬, 『한국불가시문학사론』, 불광출판사, 1993.
이진오, 『한국불교문학의 연구』, 민족사, 1997.
이종수, 「조선후기 불교의 수행체계 연구-삼문수학三門修學을 중심으로」, 동국대학교 박사학위논문, 2010.
이종수, 「숙종 7년 중국 선박의 표착과 백암성총의 불서간행」, 『불교학연구』 21집, 불교학연구회, 2008.
조명제, 「백암성총의 불전편찬과 사상적 경향」, 『역사와 경계』 68집, 부산경남사학회, 2008.
김용태, 『조선후기불교사 연구-임제법통과 교학전통』, 신구문화사, 2010.

송계대선사문집松桂大禪師文集 총 목차

송계松桂 유묵遺墨 / 9
송계대선사문집松桂大禪師文集 해제 / 13
송계대선사문집 총 목차 / 31
일러두기 / 38
송계 대사 유권 서문 松桂師遺卷序 / 39

주 / 42

송계대선사문집松桂大禪師文集 제1권

시詩 102편
꽃 핀 나무 花樹 47
만남 逢人 48
원숭이와 새 猿鳥 49
그대에게 贈人 50
사림의 시에 차운하여 次士林韵 51
금강산의 스님 金剛僧 52
그대에게(2수) 贈人 53
유거(2수) 幽居 54
고향을 떠나 辭故鄕 55
벗과 함께 산에 노닐다 携友遊山 56
유거幽居 57
산행山行 58
임행게臨行偈 59
팔회시(8수) 八懷詩 60
남성암 題金井奄 64
등고(3수) 登高 65

인 대사에게 贈仁大士 67
인 상인에게 贈獜上人 68
그윽한 흥 幽興 69
백졸암 선생의 판상 시에 삼가 차운하다 恭次百拙菴先生板上韻 70
금강산으로 떠나는 제자를 전송하며 送門下人之金剛山 71
부석사 취원루에서 동파의 시에 차운하다 浮石寺聚遠樓次東坡韻 72
학이 깃든 석문에서 石門棲鶴 73
부용산 바위 芙蓉山石 74
찾아갔으나 만나지 못하고 訪人不遇 75
늦은 봄 임을 보내며 暮春送人 76
술잔 잡고 꽃에게 묻기를 把酒問花 77
늙음에 대하여 感老 78
한매 寒梅 79
빈 뜨락의 매화 空庭梅 80
백로 白鷺 81
두견새 蜀魄 82
맑은 바람 淸風 83
홀로 머물며 이웃 암자 스님 청하여 함께 이야기하다 獨居請隣菴人共話 84
옛 절의 매화를 찾아 尋古菴梅 85
서지의 연꽃 瑞池荷花 86
사수의 맑은 연기 泗水晴烟 87
선도의 저녁 비 仙島暮雨 88
능연의 밝은 달 綾淵明月 89
나포의 목동 피리 소리 蘿浦牧笛 90
병으로 누워서 病臥 91
객이 찾아와 客來 92
염불 念佛 93
밤에 좌정하다 夜坐 94
진기한 새 珍禽 95
매 · 죽 · 송 · 국을 심다 種梅竹松菊 96
스스로 탄식하다 自歎 97
유거 幽居 98

고향으로 돌아가다 歸故鄕 99
봄을 보내며 送春 100
낙서암 樂西庵 101
인 대사에게(3수) 贈仁大士 102
세상을 탄식하다 歎世 103
산에 올라 登山 104
산을 옮기다 移山 105
유거(2수) 幽居 106
임 보내며 送人 107
병이 들어 病吟 108
이별 別人 109
간경 看經 110
저물녘 정자에 올라 夜亭 111
행각승 行脚僧 112
홀로 지내며 獨居 113
또 세상을 탄식하다 又歎世 114
산영루 山影樓 115
꿈을 적다 記夢 116
세상 조롱 嘲世 117
폭포 물줄기 瀑流 118
호계의 배 虎溪船 119
태백산 太白山 120
봄을 애석히 여겨 惜春 121
솔바람 소리 듣다 聞松 122
선찰사 낙연 仙刹寺落淵 123
선찰 상선암 仙刹上禪菴 124
꿈속에 夢中 125
오대산 五臺山 126
금정암 題金井菴 127
이화정 梨花亭 128
보 상인에게 贈寶上人 129
나그네 스님 客僧 130

총 목차 • 33

다시 여섯 명산에 이르다 再到六名山 131
조생의 정자를 읊다 詠趙生亭 132
화산 태수에게 上花山太守 133
문소 태수에게 上聞韶太倅 134
솔 거문고 松琴 135
우연히 읊다 偶吟 136
손님을 맞이하여 迎賓 137
원숭이와 학 猿鶴 138
나무를 심다가 種樹 139
술회 述懷 140
미타송 頌彌陀 141
석가송 頌釋迦 142
약사송 頌藥師 143
설선당 頌說禪堂 144
적묵당 頌寂默堂 145
청풍당 頌淸風堂 146
만월당 頌滿月堂 147
영자전 頌影子殿 148
만세루 頌萬歲樓 149
사천왕송 頌四天王 150
청파 화상 만사 挽淸波和尙 151
청원 수좌 만사 挽淸遠首座 152

주 / 153

송계대선사문집 松桂大禪師文集 제2권

율律 60편
영호루 판시에 차운하다 次映湖樓板上韻 159
다시 네 명산에 이르다 再到四名山 160
화산회 시에 차운하여 次花山會韻 161

봉황사의 작은 정자 鳳凰寺小築 ······ 162
접회의 시에 차운하다 次接會韻 ······ 163
청위 유 공의 시에 차운하여 謹次淸渭柳公韻 ······ 164
김 수재에게 읊어 주다 吟贈金秀才 ······ 165
정운 대사가 찾아왔기에 읊다 靜雲大師來見感吟 ······ 166
금구 금산사 미륵전 金溝金山寺彌勒殿 ······ 167
계림 불국사 題鷄林佛國寺 ······ 168
읍령 泣嶺 ······ 169
동경의 옛터를 방문하다 訪東京舊墟 ······ 170
비 개인 날 종일토록 홀로 앉아서 雨晴終日獨坐 ······ 171
큰비가 넘쳐 사람이 오가지 못하다 大雨漲溢人不通 ······ 172
봉황사 題鳳凰寺 ······ 173
전라도 금산사 全羅道金山寺 ······ 174
순천 송광사 順天松廣寺 ······ 175
지리산 쌍계사 智異山雙溪寺 ······ 176
칠곡 송림사 柒谷松林寺 ······ 177
용담사 금정암 題龍潭寺金井菴 ······ 178
경치 완상하는 산인 翫景山人 ······ 179
시냇물 소리 聞泉 ······ 180
청송 대전사 靑松大典寺 ······ 181
유거 幽居 ······ 182
경치 완상하는 스님 翫景僧 ······ 183
영천 호연정 永川浩然亭 ······ 184
병으로 누워 과거 명산 유람을 생각하다 病臥憶曾遊名山 ······ 185
그윽한 회포를 읊다 咏幽懷 ······ 186
좌선하는 수좌에게 주다 贈坐禪首座 ······ 187
기러기 霜鴈 ······ 188
해남 대둔사 海南大芚寺 ······ 189
산수 유람하는 나그네 翫山水人 ······ 190
백화 대사에게(3수) 贈白華大士 ······ 191
경치 완상하는 스님에게 贈翫景僧 ······ 193
뜰을 걸으며 步庭中 ······ 194

총 목차 • 35

용연에서 題龍淵 ······ 195
이른 봄날 산골짜기 山洞早春 ······ 196
가을날 지리산 쌍계사에 가다 秋入智異山雙溪寺 ······ 197
유거幽居 ······ 198
백화 대사에게 贈白華大士 ······ 199
남연사南淵寺 ······ 200
경치 완상하는 스님 翫景僧 ······ 201
병환 중에 손을 맞다(3수) 病中見客 ······ 202
용담사 오도암龍潭寺悟道菴 ······ 204
홍 상사의 초정을 방문하여 過洪上舍草亭 ······ 205
승인 수좌 토굴勝仁首座土窟 ······ 206
염주송念珠頌 ······ 207
금강산 도솔암金剛山兜率菴 ······ 208
다시 지리산에 와서 再到智異山 ······ 209
어떤 미친 노승이 자칭 유불에 다 통달했다고 하여 痴狂老僧自稱儒釋兼通 ······ 210
영천 관루永川官樓 ······ 211
수우 대사에게 주다 贈守愚大士 ······ 212
낙서암 송계당樂西菴松桂堂 ······ 213
화부 영호루花府映湖樓 ······ 214
갈라산 율목사葛蘿山栗木寺 ······ 215
송계암 조실松桂菴祖室 ······ 216
봄경치 春景 ······ 217
봄꿈 春夢 ······ 218
개골산皆骨山 ······ 219
조 원장의 입암정 시에 차운하다 次趙院長立巖亭韻 ······ 220

오언장편 1편

월란사로 가는 학 대사를 보내며 送學大士之月瀾寺 ······ 221

주 / 227

송계대선사문집松桂大禪師文集 제3권

편지 書 9편

부백 황정께 올림(2편) 上黃府伯 ······ 235
진성 수령께 올림(2편) 上眞城倅 ······ 239
이 참봉에게 드림 與李叅奉 ······ 243
어떤 이에게 주다 與或人 ······ 247
대암 화상께 올림(2편) 上大菴和尙 ······ 251
와운당에게 與臥雲堂 ······ 256

잡저雜著 6편

남명시집 서문 南溟詩集序 ······ 258
명감정기 明鑑亭記 ······ 261
『화엄경칠처구회품목』 발문 華嚴經七處九會品目跋 ······ 265
남명 전령을 곡하는 글 哭南溟展翎文 ······ 267
상월당 대선사 행장 霜月堂大禪師行狀 ······ 271
유묵遺墨 ······ 275

주 / 277

송계 화상 행장 松桂和上行狀 ······ 289
송계 대사 문집 뒤에 쓰다 書松桂師卷後 ······ 295

주 / 297

찾아보기 / 298

일러두기

1 '한글본 한국불교전서'는 문화체육관광부의 지원을 받아 동국대학교 불교학술원에서 수행하고 있는 '불교기록문화유산아카이브(ABC)사업'의 결과물을 출간한 것이다.

2 이 책은 『한국불교전서』(동국대학교출판부 간행) 제9책의 『송계대선사문집松桂大禪師文集』을 대본으로 하여 번역하였고, 저본은 숭정崇禎 기원후紀元後 195년(1822) 임오년 다천서간본茶泉書刊本(성균관대학교 소장)이다.

3 번역문에 이어 원문을 수록하였다. 원문은 『한국불교전서』를 저본으로 하였으며, 문文과 행장行狀의 원문에 띄어쓰기를 표시하기 위해 고리점(◦)을 사용하였다.

4 원문의 교감 사항은 번역문의 각주와 별도로 원문 아래 부분에 제시하였다.
   ㉠은 『한국불교전서』 편찬자가 교감한 내용이다.
   ㉡은 번역자가 교감한 내용이다.

5 약물은 다음과 같다.
   『 』: 서명
   「 」: 편명, 산문 작품
   T : 대정신수대장경
   X : 만속장경

송계 대사 유권 서문

송계松桂 대사 나식懶湜은 근세의 운석韻釋(詩僧)이다. 생각해 보면, 내가 어린 시절 기산岐山[1]에서 학업을 닦을 때 식湜 공과 서로 안면이 있었다. 당시 대사는 70여 세였지만 외려 매일같이 불자를 잡고 경전을 강설하였는데, 대사를 따라 법문을 듣는 자가 매우 많았다. 강설 중에 기운이 지치고 뜻이 다하면 문득 높고 길게 휘파람을 불었는데 무심한 듯(嗒然[2]) 고상하고 꾸밈이 없었다. 시주詩酒를 질탕히 즐겨 스님과 소객騷客들을 만날 때 가끔은 계율로써 스스로를 대하지 않았다. 나는 당시 비록 어린 나이였지만 마음속으로 유독 기이하다 여겼다. 식 공을 한유韓愈[3]가 칭찬한 원혜元惠[4]·영령靈·문창文暢,[5] 혹은 고한高閑[6] 상인上人의 무리라 한다면 과연 어떠한가.

이제는 어느덧 60년이 흘러[7] 식 공을 다시 뵐 수 없게 되었다. 근래에 대사의 법손인 위성偉性 장로가 용사龍寺[8]에서 내방하여 송계松桂 대사 원고 한 권을 소매에서 꺼내 보이며 번거로운 것을 산삭刪削하고 잘못된 부분을 바로잡는 한편 책머리에 서문을 써 주기를 청하며 말하기를, "지의 법조사法祖師께서는 대암大菴 스님을 모셨는데 스승이 입적하자 그 시문을 엮어 돌아가신 용와慵窩 선생[9]에게 서문을 부탁한바, 그 인본이 현재도 전하고 있습니다. 이제 감히 선생님의 손을 빌어 다시 은혜를 바라고자 합니다."라고 하였다. 나는 그 뜻을 저버리고 싶지 않아 대략 그 내력을 적는다.

식 공은 본래 명문가 출신으로 열여섯 살에 출가하였다. 유람하기를 좋아하고 시에 능하여 당대의 어진 사대부들과 수창하여 압도할 때가 많았으니, 능히 소순기蔬筍氣[10]를 벗어나 간간이 전할 만한 시구가 있었다. 시문과 필법으로 또한 공문空門에서 칭찬을 들었다. 법랍 66세를 누렸고, 기산岐山에서 시적하였다. 임종할 때 차를 마시고 게송을 지었는데, '온전한 큰 법도 홀로 밝도다(孤明渾大閑)'라는 구절이 있어 그 문도들이 일컫곤 하니, 식 공의 정신은 사라지지 않은 것이리라. 지금 진영眞影과 보주葆珠와 부도浮圖가 모두 기산에 모셔져 있다. 내가 아끼는 남파南坡 상인 또한 그 법손으로서 받들어 모신다고 한다.

신사년(1821) 가평절嘉平節[11] 호곡병일壺谷病逸 통훈대부通訓大夫 전행안변도호부사前行安邊都護府使 겸 안변진병마첨절제사安邊鎭兵僉節制使 류범휴柳範休[12] 지음.

松桂師遺卷序

松桂師懶湜者。近世韻釋也。記余爲童子。攻業岐山。已與湜公相識。時湜公年七十餘矣。猶日手塵談經。從而聽法者甚衆。及其氣倦意闌。輒又嵬峩長嘯。嗒然高簡。詩酒跌宕。內釋外騷。遑遑不以戒律自待。余時雖少。心獨奇湜公。以爲韓愈氏所稱若惠若靈若文暢若閑上人輩。果何如也。今忽忽六十年。湜公旣不可復見。而近有長老偉性者。卽其法孫也。自龍寺來訪。袖示所謂松桂藁者一篇。請余刪煩正僞。而弁其首曰。法祖師事大菴。大菴之亡。法祖次其詩文。謁序於先懾窩先生。今印本具在。敢藉手而更徼惠焉。余不欲孤其意。略叙其所以。湜公本太支也。年十六出家。喜遊能詩。多與當世賢士大夫。唱酬槩之。乃能脫蔬筍氣。而間有可傳者。詩文筆法。亦見稱於空門。享法臘六十六。示寂於岐山。臨行啜茶作偈。有孤明渾大閑之句。其徒輒謂。湜公精神殆不死。今有眞影及葆珠浮圖。俱在岐山。余所善南坡上人。亦以其法孫。奉守云爾。
辛巳嘉平節。壺谷病逸。通訓大夫前行安邊都護府使兼安邊鎭兵馬僉節制
使。柳公範休題。

주

1 기산岐山 : 현재 안동시 임동면 수곡리에 있는 아기산鵝岐山(또는 峨岐山)이다. 봉황사가 있어서 봉황산이라고도 한다. 산 서쪽에 전주 류씨 집성촌이 있다. 이 글을 쓴 류범휴 역시 이곳 출신일 가능성이 크다.

2 무심한 듯(嗒然) : 탑연嗒然의 사전적 의미는 '멍청한 듯, 무심한 듯'이다. 원뜻은 주객主客이 분리되지 않고 혼연히 하나가 되어 무심한 상태를 표현하는 말이다. 『장자莊子』「제물론齊物論」첫머리에 "남곽자기가 궤안에 기대어 앉아서 하늘을 쳐다보고 숨을 쉬니, 그 모습이 탑연하여 물아의 대립을 모두 잊은 듯하였다.(南郭子綦隱机而坐。仰天而噓。嗒焉似喪其耦。)"라는 구절이 나온다.

3 한유韓愈(768~824) : 당나라 문인. 자는 퇴지退之, 창려昌黎 사람. 육경六經의 문장을 지을 것을 제창하였으며, 벼슬이 이부시랑吏部侍郎에 이르렀고, 시호는 문공文公이며, 창려백昌黎伯에 봉해졌다. 처음에는 불교를 배척하여 형부시랑刑部侍郎에 있을 때 헌종憲宗이 불사리를 영접하자 극렬하게 반대하는 표(「佛骨表」)를 올려 조주 자사潮州刺史로 좌천되었다. 그러나 그곳에서 태전 선사大顚禪師의 이름을 듣고 편지 글을 통해 도에 대해 질의하였으며, 이후 불교에 깊이 귀의하였다.(X88, 338a. 『名公法喜志』) 한유는 특히 태전太顚과 방외의 교분을 두터이 나누었다. 태전과 작별하면서 자신의 의복을 남겨 주었던 고사가 「여맹간상서서與孟簡尙書書」에 실려 있다. 이 고사는 이후 유불 간 교유의 상징처럼 되었다.

4 원혜元惠 : 당나라 승려. 한유는 원혜元惠와 문창文暢 두 승려의 시에 대해서 모두 문재文才가 있다고 칭찬한 바가 있다.

5 문창文暢 : 당나라 승려. 한유가 대사를 전송하며 쓴 「송부도문창사서送浮屠文暢師序」가 『고문진보』와 『당송팔가문독본唐宋八家文讀本』에 전한다. 이 글에서 "문창은 문장을 좋아하여 천하를 주유할 때 어디를 가나 반드시 유학자에게 시를 지어 주기를 청했었는데, 시가 수백 편이 되었다."라고 하였다.

6 고한高閑 : 당나라 승려. 한유가 쓴 「송고한상인서送高閑上人序」가 있어 그의 행적을 짐작할 수 있다. 이 글에서 "내 듣기로 부도인은 환술을 잘하고 기능도 많다고 하였는데, 한 상인도 그런 환술을 통달했는지는 내가 알 수 없다.(吾聞浮屠人。善幻多技能。閑如通其術。則吾不能知矣。)"라고 하였다.

7 나식 대사가 입적한 해는 1765년, 본 서문을 쓴 해는 1821년 섣달 그믐날이다.

8 용사龍寺 : 어느 절인지 확실하지 않으나 지역으로 보아 대사가 주석했던 황학산의 용담사龍潭寺일 가능성이 있다.

9 용와慵窩 선생 : 서문을 쓴 류범휴의 조부인 류승현柳升鉉(1680~1746). 류범휴의 선

친은 류도원柳道源이고, 용와는 류도원의 양부인 류승현의 호다. 안동 출신의 문신이다. 본관은 전주, 자는 윤경允卿, 호는 용와慵窩. 류관현柳觀鉉의 아들 류도원을 후사로 삼았다. 1719년(숙종 45) 증광문과에 급제하고, 태학관을 시작으로 사헌부장령·종성부사·공조참의·영해 부사·풍기 군수 등을 지냈다. 1728년 이인좌李麟佐·정희량鄭希亮 등의 반란이 일어나자, 향리에서 영남인이 반역에 가담한 것을 부끄럽게 여겨 이를 토벌할 의병을 일으켰는데, 류승현이 의병대장으로 추대되었다. 의병을 이끌고 출발하려 할 때 적이 괴멸되었다는 소식을 듣고 그만두었다. 종성부사로 임명될 때 왕이 이인좌의 난에 의병을 일으켰던 일을 칭찬하고 활과 화살을 하사하였다. 사후에 이조참판에 추증되었다. 문집으로 4권 2책의 『용와집慵窩集』이 있다. [「디지털안동문화대전」(andong.grandculture.net) 인용]

10 소순기蔬筍氣 : 채소와 죽순 기운. 승려들의 기풍. 승려들이 지은 시문의 문체를 유자들이 폄하하여 비유하는 말.

11 가평절嘉平節 : 동지 뒤의 셋째 미일未日인 납일臘日을 명절로 이르는 말. 즉 섣달그믐. 음력으로 한 해의 마지막 날.

12 류범휴柳範休(1744~1823) : 조선 정조 때의 문신. 자는 천서天瑞, 호는 호곡壺谷. 본관은 전주. 1772년 이상정李象靖 문하에서 공부했다. 1780년 생원시에 합격하고, 1785년 천거로 태릉참봉에 임명되었다. 1787년 사용원봉사와 약방제조를 거쳐 1788년 평시서직장에 임명되었다. 1795년 고성 군수로 부임하였고, 1797년 안변 부사로 부임했다가 2년 만에 사직하고 귀향하여 학문에 주력했다. 저서에 『반촌문답泮村問答』·『사문간독師門簡牘』 외에 『호곡집壺谷集』이 있다.

송계대선사문집 松桂大禪師文集
제1권

― 문손門孫 일행一行 편록編錄 ―

꽃 핀 나무
花樹

비단에 수놓은 듯 천 그루 나무	錦繡粧千樹
그윽한 향기 만 가지에 흩어지는데	馨香散萬枝
경치 좋은 이곳의 무한한 정경을	勝區無限景
그대와 언제 함께 감상하고파	欲賞共君期

만남
逢人

수선 납자 따르는 풍류 소객이	騷客隨禪子
백운 머무는 집으로 쫓아 올라와	從上白雲家
하루 종일 앉아서 현담 나누니	終日談玄坐
저절로 그 의미 깊어지누나	自然意味多

원숭이와 새
猿鳥

구름 낀 산 삽짝은 닫은 지 오래   雲山長掩扉
계수 꽃 날리는 광경 보일 뿐   但有桂花飛
원숭이와 산새는 내 맘 아는 벗   猿鳥知心友
시시때때 나를 찾아 돌아오누나   時時向我歸

그대에게
贈人

흰 구름 위 두둥실 높이 누우니   高臥白雲上
티끌 인연 그 몸에 이르지 않네   塵緣不到身
기나긴 세월 동안 아무 일 없이   長年無箇事
천지간에 한가한 사람이로다   天地一閑人

사림의 시에 차운하여
次士林韻

여러 신선 절 마당에 강림하나니	衆仙降寺場
등라 달빛 더욱더 밝게 빛나네	蘿月亦增光
가을 탐방 늦었다 말하지 마오	莫道尋秋晚
한천에 시상 더욱 유장해질 터	寒泉思更長

금강산의 스님
金剛僧

청산의 달빛에 고운 꿈 깨이면	夢覺靑山月
벽해의 구름처럼 마음 공해져	心空碧海雲
금강산 신선 길로 어여차 떠나	金剛仙路去
저 높이 옥 계단 문 들어가리라	高入玉層門

그대에게 【2수】
贈人【二首】

[1]
꿈은 밝은 달 따라 깨이고　　　　　　　　　夢隨明月覺
마음은 흰 구름 속 들어가 텅 비었네　　　　　心入白雲空
티끌 인연 끊어 버린 띠풀 집에서　　　　　　茅屋塵緣斷
마땅히 물외옹[1]이 되어 살리라　　　　　　　應爲物外翁

[2]
마음은 솔 거문고 따라 서늘해지고　　　　　心逐松琴冷
시는 시내 비파 따라 청정해지네　　　　　　詩緣磵瑟淸
흰 구름 속 암자는 고요하여서　　　　　　　白雲庵子靜
그 신세 자연스레 가벼워지리　　　　　　　身世自然輕

유거【2수】
幽居【二首】

[1]
홀연히 흰 구름 속 들어와 보니　　　　忽入白雲中
백운 같은 세상일 공하기만 해　　　　　白雲世事空
모공²이 나에게 말하는 듯해　　　　　　茅公向我道
그대 또한 자지옹³ 아니시던가　　　　　君亦紫芝翁

[2]
청산에 한가로이 들어앉으니　　　　　　閑入靑山坐
자연스레 만사가 공해지누나　　　　　　自然萬事空
연하 낀 경치의 무한한 풍미　　　　　　烟霞無限趣
모두 다 시 한 수에 담아내야지　　　　　都寫一詩中

고향을 떠나
辭故鄕

어린 시절 달빛에 책을 읽었고	幼時讀夜月
자라서는 봄바람을 시로 읊었네	長歲賦春風
집안일 기울어 망한 후로는	家事傾亡後
고향 땅 소식은 듣지 못했네	鄕關信不通

벗과 함께 산에 노닐다
携友遊山

신선 사는 산속의 그윽한 절경	仙山絶勝幽
벗과 함께 누대 올라 노닐었다네	携友上臺遊
소쩍새 울음에 놀라 깨 보니	驚覺杜鵑語
황혼 달이 누각에 두둥실 걸려	黃昏月掛樓

유거
幽居

흰 구름 머무는 곳 들어가 보니   身入白雲處
흰 구름도 내 마음과 어찌 같은지   白雲如我情
소요 자재 두둥실 떠나가서는   逍遙自在去
경치 따라 이리저리 내닫는구나   逐景縱橫行

산행
山行

뾰족한 봉우리는 하늘에 우뚝	尖峀撑天立
긴 강물은 땅 가르며 휘감아 도네	長江割地回
무심한 납자 하나 제멋에 겨워	無心一衲子
석장 날리며 홀로 배회하누나	飛錫自徘徊

임행게[4]
臨行偈

건곤은 본래부터 면목 없으니　　　　　乾坤無面目
겉 드러난 형상이 있다 하리오　　　　　能道有形端
허깨비 몸과 영별하노니　　　　　　　　永別浮虛體
온전한 대도[5]만 홀로 밝도다　　　　　孤明渾大閑

팔회시 【법사法師 대암大庵 화상께서 입적하시기 전에 나에게 법을 전수하셔서 전법시傳法詩를 지었다.】

八懷詩【法師大庵和尙。入寂傳法余。余遂作傳法詩。】

[1] 명옥明玉

은은히 빛나는 박옥 속의 옥	溫溫璞裏玉
희고 밝은 구름 사이 하얀 고니여	皎皎雲間鵠
법석에서 가사를 함께 걸었고	法席同樞衣
선창에서 촛불을 함께 대했네	禪窓共對燭
염주 알 굴리며 육근 찾으나	數珠尋六根
일체는 쌍족에 있다 하리라	一體在雙足
방장실은 쓸쓸히 비어 있는데	丈室蕭然空
슬픔 젖은 사람들 백배 올리네	重悲人百贖

[2] 삼성三聖

그대는 스님 중의 성인이라 하리니	君可號僧聖
참선하여 이미 선정에 들었네	叅禪已入定
무자 화두 깨치니 법신이 나타나고	破無在法身
적멸 담론 논하여 참된 본성 드러냈네	談寂見眞性
보배 세계에선 달이 함께 맞이하고	寶界月同邀
구름 단에선 나무들 손짓해 맞이하리	雲壇樹指迎
어느새 석장 날려 달려와	居然杖錫飛
서로 마주함에 눈물이 앞을 가리네	相對淚橫迸

[3] 대현大賢

그대는 대인 중의 현인인데	君是大中賢[1)]
나는 취후선[6]도 아니라오	我非醉後禪
이미 삼세 부처님께 귀의했으니	已歸三世佛
오통[7]의 선인은 바라지 않으리	不願五通仙
상교[8]는 오늘날에 전해지지만	象敎傳今日
물고기 노닒은 옛적에 있던 일[9]	魚遊在昔年
의지할 곳 잃었으니 어디 가리오	失依何所適
서로 향해 마주 잡고 눈물 흘리네	相向淚漣漣

[4] 직첨直簷

큰 암자[10]는 곧 처마가 곧아서	大庵是直簷
처마 햇살 더욱 밝게 퍼져 나가네	簷日更輝閻
해는 이미 져서 반이나 숨었으니	已了半藏回
이제부턴 부처님 따라 굴러가리라	且從對佛轉
법 향한 마음은 육조를 계승했고	法心承六祖
도반들과 사귐은 쌍고치 같네[11]	交道合雙繭
옛날에 대한 감회 같음을 알아	感舊知同懷
시에 부치나니 이치로 풀어 주기를	寄詩要理遣

---

1) ㉠『한불전』에는 '賢'으로 되어 있으나, 저본에는 '贒'으로 되어 있다.

[5] 동은東隱

동쪽 계신 부처가 참된 은자 되어	東佛作眞隱
초연히 세속 먼지 끊어 버렸네	超然絶俗坋
대천세계는 넓고 넓어도	大千世界寬
불이법문은 가까이 있네	不二法門近
색색마다 현묘한 이치 꿰뚫고	色色透玄機
공마다 오묘한 도지개[12] 펴네	空空發妙䉶
스승 문하가 슬픔으로 쓸쓸해져	師門悲寂寥
웃음소리 다시는 듣지 못하네	無復笑成听

[6] 신눌信訥

깊은 골짜기에 살며 말은 어눌한 척	窮谷口如訥
기운은 오롯하나 무딘 듯하네	氣專計若拙
법문을 향하여 마음 귀의하고	歸心向法門
현묘한 굴[13] 찾아서 뜻에 새기네	刻意探玄窟
눈밭에서 푸른 등 함께 나누고	立雪分靑燈
구름 속에 머물며 달과 함께해	棲雲共白月
신발 두 짝 자취[14]는 잡지 못하니	未攀雙履遺
이 한스러움이여 언제 그칠까	此恨無時歇

[7] 전령展翎[15]

지혜의 해가 사자좌를 가리니	慧日晻獅座

업의 바람이 학의 깃을 보내도다	業風送鶴翎
부질없이 사라쌍수는 남아 있는데	空餘雙樹在
홀로 등불 하나가 밝게 빛나네	獨有一燈熒
생겨나고 사라짐은 뜬구름에서 보고	起滅浮雲視
떠나고 다시 옴은 조화옹에게서 듣네	去來造化聽
스님의 법용을 어디에서 보리오	法容何處見
밝은 달이 남쪽 바다 떨어지누나	皎月隆南溟

[8] 나식懶湜

나옹 대사를 어찌 감히 바라리오	懶師何敢望
나식 늙은 중 이름만 우연 같을 뿐	湜老偶同稱
눈은 본래 면목에 어둡기만 하고	眼昧本來面
마음은 대소승 간에 길을 잃었네	心迷大小乘
티끌 세계 벗어나지 못한 채	未離塵世界
기어이 아양승[16]이 되고 말았네	甘作啞羊僧
순식간에 지난 자취 되고 말 터	俯仰成陳跡
법음을 어느 곳에서 다시 이을까	法音何處承

금정암
題金井菴

백 번 굽이지다 천 번 도는 길	百曲千回路
돌고 돌아 또 굽이진 길 오를 때	登回又曲登
바위틈에는 초나라 귀신 흐느끼고	巖間楚鬼泣
나무 그늘 아랜 흰 잔나비 성내네	樹下白猿憎
시내 계곡엔 검은 구름 뒤덮이고	溪壑黑雲覆
산봉우리에는 가랑비 엉기는 곳	峯巒細雨凝
만약 도 닦는 이 아니었다면	若非脩道者
이 층층 산 접하기 어려웠으리	難接此山層

등고 【3수】
登高 【三首】

[1]
지팡이 덕으로 높은 산 올라서	登高杖有功
멀리 우러러보니 감흥이 무궁무진	瞻望興無窮
푸른 물줄긴 하늘 밖으로 돌아나가고	碧水環天外
푸른 산은 바닷속에서 용솟음치네	靑山聳海中
흰 구름은 모두 학의 나라며	白雲皆鶴國
푸른 절벽은 모두 신선의 궁전	蒼壁盡仙宮
인간 세상 천고의 흥망사	千古興亡事
모두 한바탕 웃음으로 날려버리리	都爲一笑終

[2]
구름 솟구치니 산 모서리 더해지고	雲聳山添角
바람 뒤치니 바다 뇌성 진동하네	風飜海振雷
별 바라보니 빛이 눈을 쏘는 듯	瞻星光射目
달 바라보니 찬 기운 뺨에 스미는 듯	看月冷侵腮
우주를 천지간에 이부자리로 삼고	宇宙爲衾席
강과 바다는 한잔의 술로 삼으리	江河作酒盃
높이 오를수록 감흥이 끝이 없어	登高興不盡
종일토록 혼자서 배회하노라	終日獨徘徊

[3]
마음을 궁구하여 불조를 참구하고	究心叅佛祖
묵묵히 입 다물고 『능엄경』 외우는데	守口誦楞嚴

벽에는 우로 맺혀 선탑에 구름 일고	壁濕雲生榻
선상 차가운데 처마에 걸린 달	床寒月掛簷
청산은 고요한 선방 둘러 서 있고	靑山繞靜室
벽수는 맑은 암자 잇대 흐르는데	碧水帶淸閣
한 해가 다가도록 말할 이 없어	終歲無人語
때때로 주렴도 걷지 않노라	時時不捲簾

인 대사에게
贈仁大士

멀리 인 대사 토굴을 찾아가니	迢遞仁師窟
이 세상에 하나의 별천지로다	乾坤一別區
우뚝 솟은 봉우리는 창밖에서 읍하고	尖峯窓外揖
흘러 모인 물은 울타리 앞을 흐르는데	匯水檻前流
높고 높은 그 산은 끝이 없는 듯	上上高無極
돌고 도는 물굽이는 쉼이 없어라	回回曲不休
인간 세상 편한 땅 있을 터인데	人間有便地
어인 일로 홀로서 깊은 곳 찾나	何事獨冥搜

인 상인에게
贈獜上人

봄이 돌아오면 만나자는 기약	春回結後期
어인 일로 만남 이리 늦어졌는가	何事相逢遲
꽃 피는 계절에 오지 못하고	不到開花節
낙엽 질 때 뒤늦게 찾아오셨네	晚來披葉時
옛날에 내 시는 보잘것없더니	昔年無我句
오늘의 그대 시는 훌륭하구려	今日有君詩
풍광마다 현기가 드러나는 곳	色色玄機處
낮에도 구름 시내로 사립 닫았네	晝關雲水扉

그윽한 흥
幽興

내가 지금 손수 얽어 올린 이 집	吾今所搆屋
산수풍경 최고로 청신하고 기이해	山水最淸奇
달빛에 앉으니 그윽한 흥 일어나고	坐月起幽興
구름에 누우니 시비 절로 끊어지네	臥雲斷是非
학 바위는 천 길 높이 우뚝 솟았고	鶴巖千丈直
용 폭포는 백 층 높이 수직낙하라	龍瀑百層垂
진실로 무궁한 이 풍경을	眞箇無窮景
산에게 묻노니 누가 주었나	問山付與誰

백졸암 선생의 판상 시에 삼가 차운하다
恭次百拙菴先生板上韻

천 길 높이 떠난 봉황 돌아오지 않아	千仞鳳凰去不還
울음소리와 기이한 깃털 더위잡기 어려워라	噦音奇毛杳難攀
산승도 어진 선비 은택을 입었나니	山僧亦荷儒贇澤
향기로운 보배 시편은 불조의 관문이라	寶什䶪香佛祖關

금강산으로 떠나는 제자를 전송하며
送門下人之金剛山

그대 금강산 백옥궁으로 떠나면	君去金剛白玉宮
응당 1만 2천 봉우리 보리라	應看一萬二千峯
산중의 도사가 내 안부 묻거들랑	山中道士爲吾問
오늘날엔 학발옹이 되었다 말해 주게	言作如今鶴髮翁

부석사 취원루에서 동파의 시에 차운하다
浮石寺聚遠樓次東坡韵

취원루 풍광을 한눈에 담아 보니	聚遠風光一眼收
천 겹의 바다 산들 주렴으로 들어오네	千重海嶽入簾鈎
오르자 시원한 바람에 세상 근심 사라지니	登臨爽氣銷塵慮
인간 세상 만호후[17]가 그 무어 부러우랴	絶勝人間萬戶侯

학이 깃든 석문에서
石門棲鶴

새끼 친 청학이 절로 무리 이루어	蒼鶴將雛自作羣
햇살 비친 석문에서 맑은 구름 놀리누나	石門斜日弄晴雲
청아한 거문고와 학 울음소리를	琴聲鶴唳相淸切
달빛 아래 붉은 벼랑에서 듣는 늙은이	翁在丹崖月下聞

부용산 바위
芙蓉山石

말끔한 산언덕에 솟구친 부용산 바위	芙蓉山石聳淸皐
옥도끼로 운근[18] 찍어 높은 땅에 꽂은 듯	玉斧雲根挿地高
만고의 바람서리 변함없이 그대론데	萬古風霜無變易
몇 사람이나 세상 근심 파도에 씻었는지	幾人塵念洗波濤

찾아갔으나 만나지 못하고
訪人不遇

구름 사이 옥 심기 아직 덜 끝났는지	種玉雲間事未終
곽박[19]에게 책 주었건만 청낭[20]이 비어 있네	郭書與璞靑囊空
옛 벗은 약초 캐러 산중에 들어갔나	故人採藥山中去
단약 화로에 불씨만 남아 있네	畱得丹爐伏火紅

늦은 봄 임 보내며
暮春送人

늦은 봄 찬 구름에 비는 계속 내리는데	春盡雲寒雨未收
울긋불긋 깊은 산하 뻐꾸기 울음 우네	碧紅深處叫鉤輈
동풍이 불고 간 자리에 산꽃이 떨어지니	東風吹去山花落
봄 시름 반이요 나그네 시름 반이라	半是春愁半客愁

술잔 잡고 꽃에게 묻기를
把酒問花

봄빛이 적적한데 어느 곳으로 돌아가리 　　春光寂寂歸何處
매양 꽃떨기 보며 술잔 하나 들고 있네 　　每向花叢把一盃
온종일 북헌에 머물다 잠시 기대 물어보네 　　終日北軒暫倚問
눌 위해 하늘하늘 지며 눌 위해 피느뇨 　　爲誰搖落爲誰開

늙음에 대하여
感老

지난해 핀 산꽃 올해 또 새로운데　　　昔日山花今又新
늙은이 센 귀밑머리엔 봄 올 기약 없어라　老人鬢雪更無春
저 하늘은 도대체 공정한 도가 없으신 듯　蒼天應似無公道
꽃가지만 아끼시고 사람 아끼지 않으시니　只惜花枝不惜人

한매
寒梅

향불 스러지고 촛불 그림자 다할 때　　　床上香消燭影盡
뜨락 비춘 밝은 달이 서쪽 다락에 숨는구나　　半庭明月隱西樓
저문 하늘 눈 오려나 차갑기 옥 같은데　　暮天欲雪寒如玉
묻노라 저 매화야 시름인가 반가움인가　　且問梅花愁不愁

빈 뜨락의 매화
空庭梅

언 볼에 옥 같은 자태로 엄동설한 견뎌 내고	氷腮玉骨忍冬寒
앙상한 그림자 야윈 가지 눈 속에 잦아지네	瘦影老幹雪裏殘
사람들 없으니 절집 절로 고요해져	人自虛時菴自寂
일없이 그대와 함께 난간에 기대섰네	只與吾兄共倚欄

백로
白鷺

아득한 강호를 날고 또 날아갈 제	漠漠江湖飛又飛
그대 가는 곳마다 보슬보슬 비 내리네	爾身到處雨霏霏
갈숲 가 바위 밑에 고기 엿보며 웅크리니	蘆邊石底窺魚坐
진흙과 이끼가 백설 옷에 묻을세라	恐被泥苔染雪衣

두견새
蜀魄

봄바람 불 제 두견[21]이 깊은 수심 있는지　　春風杜宇有深愁
달밤에 슬피 울며 피눈물 흘리누나　　　　夜月悲鳴血淚流
그 누가 알았으리 천진교[22]의 한마디로　　誰識天津橋一語
지금껏 그대 한이 진정 길이 내려온걸　　　至今爾恨政悠悠

맑은 바람
淸風

푸른 이끼 펼친 땅에 먼지 이르지 않고   靑苔鋪地無塵到
구름 깊은 돌길에 봄비만 오락가락   石逕雲深春雨餘
때때로 맑은 바람 나를 아는 체하여   時有淸風來識面
늘 열린 창으로 책장 불어 넘기누나   常開小戶吹翻書

홀로 머물며 이웃 암자 스님 청하여 함께 이야기하다
獨居請隣菴人共話

덩굴 달 솔바람에 홀로 마루에 기대니	蘿月松風獨凭軒
해 저문 산속의 두견이 두어 소리	暮山杜宇數聲傳
그윽한 그 의미 뭐라 남에게 말하랴	悠悠意味無人說
『능엄경』 뒤적이며 다시 신선을 부를 뿐	只把嚴經更喚仙

옛 절의 매화를 찾아
尋古菴梅

지는 봄 한적한 절에 제비 드물고 　　　　　蕭寺殘春鷰鳥稀
벽도화 다 지자 살구꽃 흩날리네 　　　　　碧桃花盡杏花飛
아이 좋아라 섬돌 밑에 심은 매화여 　　　　且憐梅樹栽階下
피지 않은 꽃망울로 나를 기다렸구나 　　　不發蕾花待我歸

서지의 연꽃
瑞池荷花

따스한 봄 연못에 푸른 잎 돋아나고	春暖池塘綠葉生
비취 빛 연잎마다 꽃봉오리 올라오네	田田翠色吐芳英
작약 울 서가 휘장은 미풍에 흔들리고	藥欄書幌微風轉
만 떨기 화사한 꽃 석양 받아 빛나네	萬朶花光夕照明

사수의 맑은 연기
泗水晴烟

비 그친 맑은 사수에 엹게 낀 저녁연기 　　雨過晴泗暮烟微
강과 산 물가 바위에 길게 비껴 있어라 　　橫帶江巒與石磯
이제 알겠네 시인의 맑은 흥취가 넘쳐 　　始識騷翁淸興足
물가 다락 비낀 해에 돌아가기 잊은 거라 　　水樓斜日却忘歸

선도의 저녁 비
仙島暮雨

바람이 저녁 비 몰아 모래사장 차가우니   風驅暮雨齊沙寒
시내 옹이 푸른 여울 희롱할 것 분명해   應識溪翁弄碧礒
구름 그림자와 산 빛이 서로를 비추는 곳   雲影山光互映處
이 모든 신선 흥취 뉘와 함께 감상하리   一般仙興與誰看

능연의 밝은 달
綾淵明月

은 두꺼비 허공 타고 하늘로 솟아올라   銀蟾浮空聳天衢
우주의 맑은 빛이 금호에 비치는데   宇宙淸光映錦湖
능연의 적벽 위에서 학이 울음 우니   鶴唳綾淵丹壁上
별천지 깊고 큰 흥 그려 내기 어려워라   別區幽興浩難圖

나포의 목동 피리 소리
蘿浦牧笛

푸른 물줄기 감아 도는 비단 두른 산	綠水縈回錦帳山
하늘이 그림 병풍에 단장해 놓았네	天公粧點畫屛間
고인[23]과 누상에서 현담 나눠 즐거운데	高人樓上供奇翫
나포 석양에 목동은 피리 불며 돌아오네	蘿浦斜陽牧笛還

병으로 누워서
病臥

꽃 필 때 병으로 죽창 아래 누웠나니　　　花時病臥竹窓下
봄 흥취에 사람 마음 편치가 않아라　　　春興敎人意不平
꽃다운 시기 뒤로한 채 야위어만 가나니　辜負芳期枯淡過
청아한 시 지어 소쩍새 울음에 부치노라　淸詩付與子規鳴

객이 찾아와
客來

구름 단에 느긋 누워 학관[24]을 짝하나니	高臥雲壇伴鶴關
이 마음 한가하니 이 몸도 한가롭네	此心閑處此身閑
만약 어떤 이가 산중 일 묻거들랑	有人若問山中事
향 연기 속 안개 놀을 웃으며 가리키리	笑指烟霞香靄間

염불
念佛

창밖 산들바람에 제비는 비껴 날고 窓外風輕燕影斜
옅은 안개 성긴 비에 낙화는 후두두둑 淡烟踈雨落花多
어인 일로 이 긴 해를 지내볼까나 惟將底事消長日
아미타불께 절하고 석가모니 부르리라 禮拜彌陁呼釋迦

밤에 좌정하다
夜坐

대울타리 티끌 없고 매화 언덕 청아한데	竹檻無塵梅塢淸
동산에 뜬 화사한 달 창문에 밝아 오네	東山華月半窓明
향로에 향 사르자 미풍 산들 불어오고	香銷寶鴨微風起
솔가지에 이슬 듣자 꿈꾸던 학 놀라 깨네	露滴松枝鶴夢驚

진기한 새
珎禽

층층 쌓인 푸른 벼랑에 폭포수 흐르는데	蒼壁層層磵瀑流
신선 땅 화초는 보들보들 솟아나네	仙區花草吐輕柔
작은 암자 적적하여 세속 자취 없는 데다	小菴寂寂無塵跡
산새도 울지 않아 산은 더욱 그윽하네	幽鳥不鳴山更幽

매·죽·송·국을 심다
種梅竹松菊

국화 매화 솔과 대 함께 심어 기르나니 菊梅松竹共培栽
봄바람 부는 대로 절로절로 피는구나 付與春風自在開
타향으로 떠날 때도 슬퍼하지 말기를 人去他時且莫恨
꽃 앞으로 응당 꿈속의 혼 찾아오리 花前應有夢魂來

스스로 탄식하다
自歎

머리 위의 해와 달은 빠르기가 북새통	頭上雙輪迅擲梭
세간 선업 행함에 때 놓치지 않았는지	世間善業莫蹉跎
홍안과 검은 머리 되돌리기 어려우니	朱顔綠髮回難得
다시 소년 되지 못함 낸들 어찌하리오	更不少年奈若何

유거
幽居

오래 머문 암자의 돌난간에 기대 보니	久住茅庵倚石欄
흰 구름 푸른 절벽이 솔문을 가렸구나	白雲蒼壁掩松關
백 년토록 오래 살아 좋은 시구 없어도	百年長老無佳句
산은 나를 나는 산을 저버리지 않으리	山不負余余負山

고향으로 돌아가다
歸故鄉

언덕 나무에 봄 저물어 꾀꼴 소리 드물고 　　壠樹春殘黃鳥稀
옛 동산에 꽃 다 지자 제비가 높이 나네 　　故園花盡鷰高飛
어여쁘다 섬돌 아래 그윽한 대나무여 　　可憐幽竹栽階下
다시 맑은 바람 띠며 내가 오길 기다렸네 　　更帶淸風待我歸

봄을 보내며
送春

꽃 지자 봄 가니 비는 먼지 씻어 내고	花落春歸雨浥塵
봄이여 머물라 한들 진정 하릴없어라	欲留春住定無因
한 가닥 심사에 두 가닥 괴론 일은	一邊心事兩邊惡
친구 보냄 반이요 봄을 보냄 반이라	半送故人半送春

낙서암
樂西庵

그윽한 절 이름을 낙서암이라 했으니	禪居號以樂西菴
연원은 자장 율사가 신선 상자 받음부터	道在慈藏奉仙函
의발은 무궁화꽃 그림자 속에 있으니	衣鉢槿花花影裏
그 뉘 경전의 뜻 향기롭고 달콤함 맛보리	孰能經旨味菰甘

인 대사에게 [3수]
贈仁大士【三首】

[1]
만 그루 나무 그늘 아래 깊은 절 하나   萬樹陰中一寺深
천 송이 꽃 그림자 속 종소리 댕댕   千花影裏數鍾吟
나그네여 봄 구경 늦었다 하지 마오   遊人莫道尋春晚
지는 잎 차가운 샘물에 흥은 무궁하리니   落木寒泉興不窮

[2]
흰 구름 속 깊이 감춘 신선의 거처   仙家深鎖白雲裏
옥경 소린 멀리 푸른 안개 속으로 퍼지네   玉磬遙穿碧霧中
물외에 한가로이 노니는 청아한 나그네   物外閑遊淸逸客
가을 맞아 마음껏 만산 단풍 완상하네   秋來恣玩萬山楓

[3]
온 산의 단풍은 가을 하늘 비추고   萬山紅葉映秋空
나그네 흥이 멀리 비단 숲에 이를 적에   客興遙穿錦樹中
도솔천의 안개 노을 소매 가득 담아 가니   兜率烟霞滿袖去
세간에선 응당 지상의 신선이라 하리라   世間應作地仙翁

세상을 탄식하다
歎世

덧없는 부귀는 바람 앞의 이슬이요	無常富貴露迎風
실답지 못한 공명은 허공에 뿌리는 비	不實功名雨灑空
세간에 영원토록 머무는 것 없나니	未有世間長久物
인생이 모두 꿈속에 있는 것을	人生都在夢魂中

산에 올라
登山

산중엔 맑은 회포 어지럽힐 일 없어	山中無物撓淸懷
구름 낀 달 흐르는 빛에 술잔을 기울이네	雲月流光倒酒盃
종일토록 마루에 누워 꾸는 봄꿈 넉넉한데	終日臥軒春夢足
다시 또 남은 흥 있어 누대에 오르누나	更將餘興又登臺

산을 옮기다
移山

발우 하나로 인연 따르는 정처 없는 삶   一鉢隨緣無定處
표연한 자취는 뜬구름과 같아라   飄然蹤跡共雲虛
뜨락 앞의 절물[25]이 세 번 변함 보고서야   庭前節物看三變
불현듯 깨달았네 이 산에 오래 있었음을   只覺此山久入居

유거 【2수】
幽居【二首】

[1]
세상 밖 운수동에서 고상하게 사노라니	物外高居雲水洞
천지간에 절로 한가한 도인 되었구나	自成天地一閑人
백 년을 오래도록 솔 창 아래 누웠으니	百年長臥松窓下
때때로 골짜기의 새소리만 정겹구나	只有時時谷鳥親

[2]
만산의 솔 구멍에서 내는 맑은 소리가	萬山松籟送淸音
거문고 소리로 바뀌니 제일 좋아라	翻作琴聲最愛心
인간 세상에 금슬[26]곡 있다 말하지 말라	莫道人間錦瑟曲
선가에는 절로 울리는 무현금이 있으니까	仙家自有無絃琴

임 보내며
送人

금강산 1만 2천 봉에 그대를 보내나니   送爾金剛萬二峯
봉우리들 언제나 흰 구름 띠고 있으리   峯峯常帶白雲容
반야봉 가장 높은 봉우리에 올라 보라   試看般若最高頂
내가 옛적 이름 지은 노송이 있을지니   吾昔題名老枯松

병이 들어
病吟

기산 골짜기에서 꽃에 취해 살았는데	岐山洞裏醉花子
근년엔 병치레로 대낮에도 빗장 거네	多病年來晝掩關
어느 때나 떨치고 석장을 날려서	何日振我飛錫去
동남쪽 만 겹 산을 모두 다 바라보리	看盡東南萬重山

이별
別人

끝없는 석별의 정 깊은 바다 다름없어	無恨[1]別情與海深
솔바람 시내 소리도 절로 마음 아프게 해	松風磵瑟自傷心
알괘라 그대 보내고 돌아오는 산길	應知君去歸山路
눈 가득한 봄 풍경 모두 다 흐느낌을	滿目春光摠是吟

---

1) ㉠ '恨'은 '限'의 오류인 듯하다.

간경
看經

쓸쓸한 구름 동굴에 학과 함께 사노라니　　雲竇寥寥伴鶴居
푸른 산 가을 달에 꿈마저 청허하네　　　　碧山秋月夢淸虛
의중의 물욕은 모두 다 잊었으나　　　　　　意中物欲都忘却
마음의 만권 서적은 잊기가 어려워라　　　　心上難忘萬卷書

저물녘 정자에 올라
夜亭

황혼 녘에 홀로 백운루에 오르니	黃昏獨上白雲樓
달빛은 푸르스름 벽수는 흐르는데	月色蒼蒼碧水流
다만 솔바람이 차가운 소리 내나니	只有松風寒籟發
이 정자가 바로 오호주[27]가 아닐까	玆亭疑是五湖洲

행각승
行脚僧

인간 세상 무한 근심 다 흩어 버린 채로	散盡人間無限愁
표연한 신세 되어 한가로이 유람하네	飄然身世任閑遊
백 년 천지간에 표주박 같은 승려로	百年天地一瓢釋
풍월을 읊노라니 흥이 절로 유장하네	詠月吟風興自悠

홀로 지내며
獨居

높은 봉우리 위에 홀로 사립문 닫아거니 高峯頂上獨掩扉
흰 구름 푸른 절벽 고요하고 쓸쓸하다 白雲蒼壁寂寥時
시내 밖으로는 솔바람 소리 모여드는데 松風磵外聲合處
무한한 이 운치를 뉘와 함께 나누리 無限意思與孰期

또 세상을 탄식하다
又歎世

선탑에 단좌하니 파리 모기 앵앵거리고	端坐床上蚊蠅吟
방석에 고요히 앉으니 이와 벼룩 침노하네	靜居蒲團蚤虱侵
이 세상 시비분별이 진실로 이와 같으니	當世是非眞若此
깊은 산으로 머리 돌려 구름 숲에 누우리라	深山回首臥雲林

산영루
山影樓

산 그림자 그윽할 때 물그림자 그윽하고	山影幽時水影幽
중이 한가로운 곳 새도 한가히 노니누나	僧閑遊處鳥閑遊
구산의 한 마리 학[28]은 아무런 소식 없고	緱地一鶴無消息
다만 맑은 시내가 만 굽이로 흐르누나	只有淸溪萬曲流

꿈을 적다
記夢

금강산의 무한 경치 마음껏 완상하고　　　恣翫金剛無限景
지팡이 되짚어 봉황산에 돌아왔네　　　　返筇歸到鳳凰山
이상해라 꿈속 혼이 외려 길을 아는 듯　　可憐魂夢猶知路
한 밤 사이 1천 봉우리 모두 다 돌아봤네　行盡千峯一夜間

세상 조롱
嘲世

긴 세월을 안개 놀 속에서 숨어 지내니 　　　長年潛伏烟霞裏
운수 선객의 마음에 만사가 공하다 　　　雲水禪腸萬事空
수레와 말 지나는 길 성색 화려한 나그네들 　　　車馬途中聲色客
가련타 그들 어찌 끝없는 맛 알려는지 　　　可憐何識意無窮

폭포 물줄기
瀑流

만 길 벼랑 위에 옥빛 샘 한 줄기	萬丈崖頭玉一泉
졸졸 소리 내며 둥근 못으로 떨어지네	潺湲寒聲入戶圓[1]
어렵사리 작은 발우에 달인 차 마시니	强將小鉢烹茶飮
산사람 얽은 노환 시원하게 달아나네	快解山人老病纏

---

[1] ㉠ 저본과 달리 장서각본에는 '寒聲潺湲入牕圓'으로 되어 있다. 번역은 『한불전』을 따랐다.

호계의 배
虎溪船

여산[29]의 암자는 황매[30]에서 이어지고	廬山庵帶黃梅發
셋이 웃던 길은 안개 낀 버들 숲에 비껴 있네	三笑路斜翠柳煙
도연명과 혜원 스님 함께 만나서	靖節相逢慧遠釋
손잡고 호계[31]의 배에 함께 올랐네	携手共渡虎溪船

태백산
太白山

우연히 운수납자 따라서 높은 봉우리 오르니	偶隨雲衲上崔嵬
태백의 푸른 얼굴 한 웃음에 열리었네	太白蒼顔一笑開
소동파의 이 말[32]을 누가 풀어 말해 주리	東坡此語誰解道
나는 머리 희기 전에 일찍 돌아오리라	我非頭白早歸來

봄을 애석히 여겨
惜春

야윈 늙은이가 술도 없고 시도 없이	瘦翁無酒亦無詩
바위 아래 시냇가에 지팡이 하나 짚고 있다	巖下溪邊一杖持
큰길가 버들 숲으로 걸음걸음 나아가서	出步綠楊臨大路
가는 봄 아쉬워하며 꽃가지 손에 쥐었네	惜春餘意把花枝

솔바람 소리 듣다
聞松

1만 골짜기 솔 거문고 밤중에 일어나니	萬壑松琴起夜中
그 소리 텅 빈 하늘로 울려 흩어지네	琴聲散動太虛空
생멸 없는 무생곡[33]을 그 누가 알아들으리	無生曲子誰能識
자부[34]의 선인만 기뻐하고 또 기뻐하리	紫府仙人喜亦濃

선찰사 낙연
仙刹寺落淵

신선 바람 내게 불어 구름 속 절 이르니	仙風吹我至雲龕
붉은 이내 영롱하게 푸른 적삼 방울진다	赤霞玲瓏滴翠衫
만 겹의 옥 봉우리 어찌 다 형용하리	萬玉層巒何許狀
큰 봉우리 허리 잘라 용담을 만들었네	大峯腰折造龍潭

선찰 상선암
仙刹上禪菴

맑고 쓸쓸한 신선 빗장이 푸른 산 닫아걸고	蕭灑仙關鎖碧山
성긴 종소리 흘러흘러 흰 구름 속 울리는데	踈鍾流響白雲間
빼어나게 좋은 경치 그윽하고 한가한 일	絶奇勝景幽閒事
속세 사람이 세상에 누설할까 두려워	恐使俗人漏世寰

꿈속에
夢中

일생을 물외에서 한가로이 노닐더니	一生物外任閒遊
표일한 흥 아득히 산수 따라 흘러간다	逸興遙隨山水流
꿈속 넋은 밤중에 천만 경치 쫓아가나	魂夢夜逐千萬景
형해는 꼼짝없이 구름 누각에 누워 있네	形骸不動臥雲樓

오대산
五臺山

금강산의 승경을 나는 말할 수 있나니   金剛勝景我能說
1만 2천 봉우리에 시야가 툭 트였지   萬二千峯眼界窮
동천[35]에 가시거든 도사에게 물어보소   君去洞天問道士
표주박 하나 바람 부는 노송에 건 이 누군지   一瓢誰掛老松風

금정암
題金井菴

세상 사람 그 누가 특별히 맑은 회포 알리오	世人誰識別淸懷
달빛 영롱하니 약술 잔 거꾸러진 듯해	夜月玲瓏倒藥盃
삼십삼천 세계의 현묘한 꿈 깨인 후	三十三天玄夢罷
저 하늘에서 떨어져 이곳 온 것 아닐까	彼天疑落此中來

이화정
梨花亭

이화정에 비로소 올라와 보니	梨花亭上始登來
누각 가득 밝은 달에 꽃이 활짝 피었는데	滿樓明月盡花開
두견새도 이 산승의 흥겨움을 알았는지	杜宇亦知釋子興
일부러 몇 소절을 자운대로 보내누나	數聲故送紫雲臺

보 상인에게
贈寶上人

송홧가루 땅을 수놓아 항하사를 비추는데	松花織地映恒沙
신선 약초 달여 와 이슬 차를 마시려네	仙草烹來飮露茶
나그네 보자 기쁘게 객실로 맞이하고	見客欣迎迎客室
누각에 함께 올라 비낀 석양 바라보네	共登樓翫夕陽斜

나그네 스님
客僧

산은 절로 깊깊고 물은 절로 말끔한데　　　山自深深水自淸
한 칸의 난야에 흰 구름 일어나네　　　　　一間蘭若白雲生
주인장 무심한 곳 객도 아무 일 없으니　　　主無心處客無事
나그네 무심히 대함이 피차의 정이라네　　　見客無心彼此情

다시 여섯 명산에 이르다
再到六名山

명승지 형세 좋은 곳 구경을 시작터니	始翫名區形勝地
금강에서 지리로 지리에서 묘향으로	金剛智異妙香山
종내는 여기저기 무궁한 경치 다 보았지	終看多少無窮景
속리산 오대산 구월산 그 사이에	俗離五臺九月間

조생의 정자를 읊다
詠趙生亭

정각은 멀리 나는 새 위에 임하였고	亭閣逈臨飛鳥上
선옹은 한가히 앉아 거문고 소리 놀리네	仙翁閑坐弄琴聲
난간에 기대어 세상사 상관치 않은 채	倚欄不管風塵事
석양에 맑은 시냇물 다시 들을 뿐이네	更聽夕陽澗瑟淸

화산[36] 태수에게
上花山太守

은대[37]의 선객들이 구름가로 내려와 　　　　銀臺仙客下雲頭
오마[38]를 가볍게 날리니 붉은 기운 떠 있네 　　五馬輕飛紫氣浮
잠시 사문에 들어와 조개[39]를 머무니 　　　　暫入沙門畱皂蓋
울창하고 아름다운 빛이 산 누각에 가득하다 　鬱葱佳色滿山樓

문소[40] 태수에게
上聞韶太倅

소년 시절 서울에서 뛰어놀던 곳	少日京城行樂處
이웃 아이들 함께 신나게 놀았지	隣家童子共耽懽
백 년의 존망을 누구에게 물어보나	百年存沒憑誰問
다만 산승의 두 눈에 눈물만 잠기네	只有山僧淚水潛

【오랫동안 고향을 떠났기에 그렇게 언급하였다. 久離故鄕, 故及之。】

솔 거문고
松琴

재 위의 솔 거문고 밤중에 소리 켜니   嶺上松琴起夜中
곡조 소리 허공 가득 흩어져 나리네   曲音散落滿虛空
무생가[41] 부르는 이 난 알 수 있으니   無生歌子我能識
자부[42] 선인 두 귀에 소리 가득하리라   紫府仙人兩耳濃

우연히 읊다
偶吟

벽수 청산 사이로 방초 핀 산길	碧水靑山芳草路
낙화 지는 춘삼월 물든 저녁놀	落花三月夕陽天
봄바람이 시심 찾아 그려 내는데	春風寫出尋詩意
맑은 경치 따라 날아도 다 못 전하리	淸景隨飛不盡傳

손님을 맞이하여
迎賓

드높은 기산에 터 잡은 봉황사	岐嶽山中鳳凰寺
기쁘게 선객 맞으니 절 또한 빛이 나네	欣迎仙客亦生光
외로운 중이 손 이끌어 현담 나누니	孤僧携手談玄坐
골짜기의 안개 놀이 모두 향기 품었네	洞裏烟霞盡帶香

원숭이와 학
猿鶴

시끄러운 세상사 내겐 들리지 않나니 　　　世上喧囂不到身
백운 암자 정결하여 티끌 하나 없어라 　　　白雲庵子淨無塵
내 지금 산간의 일도 알지 못하니 　　　　　吾今不識山間事
잔나비는 주인이요 학은 손님이라 　　　　　猿作主人鶴作賓

나무를 심다가
種樹

백발노인이 옮겨 심으니 사람들은 늦었다네 　　頭白移根人道遲
어느 해에 주렁주렁 열매 보려나 　　何年及見果垂垂
늙은이는 다만 많이 심고자 할 뿐 　　老翁只欲望多植
자라나 열매 맺을 때는 묻지 않으리 　　不問長生結子時

술회
述懷

푸른 벼랑 흰 구름 속 깊이 들어 사느라	蒼壁白雲深入居
세상 정엔 담박하여 친소를 끊었다오	世情淡泊絶親踈
평생토록 단정히 앉아 누구와 짝하였나	生平端坐誰爲伴
다만 책상머리에 만권의 책 있을 뿐	只有床頭萬卷書

미타송
頌彌陀

자금색으로 장엄한 상호는 환히 빛나고　　　紫金嚴相色煌煌
머리 위의 원광은 만방에 두루 퍼지네　　　頭上圓光遍萬方
두 발은 홍련화 밟고 몸은 넉넉하며　　　　足踏紅蓮身佩廣
미간의 백호는 온 누리에 길이 뻗어 가네　　眉間白瑞刹塵長

석가송
頌釋迦

삼십이상 팔십종호	三十相中八十輪
한 몸으로 끝없이 천의 몸 나투시고	一身無盡現千身
우렁찬 원음이 천지에 두루 퍼져서	圓音落落遍天地
온 누리 중생들을 널리 구제하시네	廣濟塵塵刹土人

약사송
頌藥師

둥근 상서[43] 차고서 햇빛 사이 앉았으니	身佩圓祥射日間
빛 가운데 걸린 사물이 수천 가지로다	光中懸物數千端
끝없는 세계 중 화현함이 끝없는데	刹刹界中化無盡
만 길 상서로운 무지개 색색마다 차갑구나	萬丈瑞霞色色寒

설선당
頌說禪堂

저녁마다 아침마다 무엇을 일삼는가	暮暮朝朝何所業
옥가루⁴⁴ 같은 만 편의 글 외워 읊노라	誦吟玉屑萬篇文
석가는 홀로 붉은 연대 위에 앉아 계시고	釋迦獨坐紅蓮上
무수한 금강신들 사문을 옹위하네	無數金剛擁沙門

적묵당
頌寂默堂

천년을 솔창 아래에서 묵좌하는데	千年默坐松窓下
세월은 우죽비죽 천문을 도는구나	歲月崢嶸轉天門
선탑은 고요하고 촛불 그림자 차가운데	禪榻寂寂燭影冷
돌아가는 기러기 한 소리 빗속에 들리네	一聲歸鴈雨中聞

청풍당
頌淸風堂

명예와 물욕의 길 좇아 사는 거마객들 　　　聲色途中車馬客
긴 세월 들이지 않고 하늘가에서 늙어 가네 　　長年不入老天涯
보현보살 문수보살 같은 자리에 앉았으나 　　　普賢共坐文殊榻
체용을 함께 행하는 거니 너무 이상타 마오 　　體用兼行大莫乖

만월당
頌滿月堂

항시 약병 지니고 온 누리에 들어가	藥瓶長持入塵刹
인간을 널리 고해에서 제도하네	廣度人間苦海流
몸은 동방의 청옥 세계에 있으면서	身在東方靑玉界
법심은 외려 수천 마을 밖에 있네	法心尙落數千丘

영자전
頌影子殿

푸른 산 속에서 옛 거울 거듭 갈았으나	重磨古鏡碧山中
화로 식자 단사[45]가 반년토록 비었네	爐冷丹砂半歲空
옛날엔 현기 궁구하며 돌 의자에서 잠들더니	昔日窮玄眠石榻
외려 지금은 진영으로 창궁에 걸려 있네	尙今眞影掛蒼穹

만세루
頌萬歲樓

티끌마다 국토마다 가없는 세계	塵塵刹刹無邊界
그 많은 성인들 만세루에 임하였네	衆聖降臨萬歲樓
이곳은 온통 여러 부처님들 터전인데	此地渾爲諸佛域
무지한 기러기들 먼지 동산 만들었네	無知鴻鴈作塵丘

사천왕송
頌四天王

진묵겁[46] 이전에 부처님 수기 받아	塵墨劫前受佛記
귓가와 눈 속에 밝은 빛 일으키네	耳邊眼裏惹光明
신통하고 묘한 힘은 헤아리기 어려우니	神通妙力難思議
천지 중 허공에 큰 형상 드러내네	天地中虛現大形

청파 화상 만사
挽淸波和尙

솔잎 먹던 대선사 구름 산에 머물면서	啖松大衲棲雲山
먼 하늘 바라보며 푸른 난간 기대었지	眼掛長空倚碧欄
8만의 참된 경전 몸속에 간직한 채	八萬眞經藏體裏
낭랑히 읊는 소리 옥황궁[47]에 다다랐으리	浪吟聲徹玉皇宮

청원 수좌 만사
挽淸遠首座

대사의 마음은 가을 못의 물과 같아	道師心法秋潭水
학을 탄 신선 되어 푸른 바다에 노닐었네	駕鶴登仙碧海遊
이제 선탑이 층층 돌 위 비낀 것 보나니	今見榻斜層石上
계실 적 행한 업적 절로 유장해지리	當年行業自悠悠

주

1 물외옹物外翁 : 물외物外의 한정閑靜을 누리는 늙은이. 세상의 시끄러움을 벗어나 한가하게 지내는 노인.
2 모공茅公 : 도교 전설에 나오는 모산茅山의 신선. 한나라 때 구곡산句曲山에 은거한 도인으로 모영茅盈·모고茅固·모충茅衷 삼형제가 있다.
3 자지옹紫芝翁 : 영지靈芝의 다른 이름. 여기서는 은자를 가리킨다. 진나라 말기에 난리를 피하여 상산에 은거하면서 선약인 붉은 지초(紫芝)를 캐 먹고 〈자지가紫芝歌〉를 노래하였던 상산사호商山四皓의 고사에서 유래한 것이다.
4 임행게臨行偈 : 송계 대사의 임종게이다.
5 대도(大閑) : 대한大閑은 큰 법도. 혹은 크고 한가로운 것.
6 취후선醉後禪 : 미상. 다만 중국 『경지당시집慶芝堂詩集』의 〈화백학정송무범상인결모반산원운和白鶴亭送無凡上人結茅盤山願韻〉의 "漉酒閑中課。敲詩醉後禪。"이란 구에서 보면 음주 후의 몽롱한 기운으로 시나 선에 접어드는 경지를 말하는 듯하다.
7 오통五通 : 다섯 가지 신통. 세상의 모든 소리를 다 들을 수 있는 천이통天耳通, 세상의 모든 빛을 다 볼 수 있는 천안통天眼通, 만물의 소행所行을 다 알 수 있는 숙명통宿命通, 타인의 마음에 있는 생각을 다 알 수 있는 타심통他心通, 마음대로 변신할 수 있고 어디든지 갈 수 있으며 모든 행위에 아무런 장애도 없는 신족통神足通 등 다섯 가지 신통력을 말한다.
8 상교象教 : 상법 시대의 불교.
9 물고기 노닒은~있던 일 : 『장자』「추수秋水」에 장자莊子와 혜자惠子의 문답이 있다. 혜자가 "네가 물고기가 아니니, 어떻게 물고기의 즐거움을 아는가?" 하니, 장자가 "네가 내가 아닌데 내가 물고기의 즐거움을 모른다고 어떻게 아느냐?"라고 한 바가 있다.
10 큰 암자(大庵) : 송계 나식의 스승인 대암大菴의 비유일 수도 있다.
11 쌍고치(雙繭) 같네 : 둘이서 우의友誼를 쌓아 간다는 뜻이다. 한퇴지韓退之의 〈동숙연구同宿聯句〉시에, "마음으로 함께 즐기는 걸 알려거든, 쌍견으로 실을 뽑아 처을 짜 보게.(欲知心同樂。雙繭抽作紝。)" 하였다.
12 도지개 : 나무의 굽은 것을 바로잡는 틀.
13 현묘한 굴 : 깊은 토굴. 혹은 노장老莊의 서적.
14 신발 두 짝 자취 : 최치원이 말년에 가야산에 은거하며 도를 닦아 신선이 되어 신발 두 짝을 남겨 두고 자취를 감추었다는 설화를 말하는 듯하다.
15 전령展翎 : 문집의 잡저편에 「남명 전령을 곡하는 글(哭南溟展翎文)」이 수록된 것으로

보아 저자와 법형제였을 것으로 보인다.
16 아양승啞羊僧 : 둔하고 어리석어 선악의 계율을 분별하지 못하며 죄를 범하고도 참회할 줄 모르는 승려를 벙어리 양에 비유하는 말.
17 만호후萬戶侯 : 만호萬戶를 식읍食邑으로 하는 제후. 높은 벼슬, 또는 현달한 지위를 말한다.
18 운근雲根 : 산의 구름이 일어나는 곳, 벼랑이나 바위.
19 곽박郭璞 : 진晉나라 때 사람으로 자가 경순景純인데, 경술經術을 좋아하여 매우 박학하였고, 사부詞賦에도 아주 뛰어났으며, 음악과 역산에 특히 뛰어났다. 또한 복서卜筮를 좋아하여『동림동림洞林』을 저술하였고, 여러 술가들의 요법을 모아 『신림新林』과 『복운卜韻』을 저술하였으며, 산천의 형세를 기술한『산해경山海經』등 많은 저술을 남겼다. 『진서晉書』권72「곽박열전郭璞列傳」.
20 청낭靑囊 : 푸른 주머니라는 뜻인데, 비결祕訣이 들어 있는 도가道家의 전적典籍을 가리키는 말로 쓰였다. 『진서晉書』권72「곽박열전郭璞列傳」에서 "곽 공郭公이라는 자가 하동河東에 와서 묵고 있었는데, 복서卜筮에 능하였다. 곽박郭璞이 그에게 가서 수업하였다. 곽 공이 청낭에서 책을 꺼내서 곽박에게 주니, 이로부터 곽박이 천문天文 · 오행五行 · 복서에 통달하게 되었다. 곽박의 문인 조재趙載가 그 책을 훔쳐 갔는데 미처 읽기도 전에 화재가 나서 불에 타 버렸다." 하였다.
21 두견(杜宇) : 두우杜宇는 주나라 말기 촉왕蜀王 망제望帝의 이름인데, 죽어서 원혼이 새가 되었다는 전설이 있다. 그 새의 울음소리가 처절하여 능히 객수를 자아낸다고 한다. 자규子規 또는 촉혼蜀魂이라고도 한다.
22 천진교天津橋 : 소옹邵雍이 낙양洛陽에 있을 때 일찍이 손과 함께 달밤에 산보를 하다가 천진교 위에서 두견이 우는 소리를 듣고는 자못 걱정되는 기색을 짓자, 손이 그 까닭을 물으니, 대답하기를 "예전에는 낙양에 두견이 없었는데, 지금 비로소 두견이 왔으니, 앞으로 몇 해 안 가서 남쪽 인사를 재상으로 등용하면 남쪽 사람을 많이 끌어들여 오로지 변경變更을 일삼게 됨으로써 천하가 이때부터 일이 많아지게 될 것이다. 천하가 다스려지려면 지기地氣가 북에서 남으로 내려가는 것이고, 장차 어지러워지려면 지기가 남에서 북으로 올라가는 것인데, 지금 남방에 지기가 이르렀다. 조류鳥類가 가장 지기를 먼저 받는 것이다."라고 하여 천하의 장래를 예언한 데서 온 말이다.
23 고인高人 : 세속을 초탈하여 사는 은자나 수도자.
24 학관鶴關 : 『열선전』에서 "주 영왕周靈王의 태자 진晉이 7월 7일에 학을 타고 산꼭대기에 앉아서 사람들을 작별하고 떠났다."라는 말이 있다. 아주 높은 곳에 있는 신선으로 통하는 학의 관문으로 보인다.
25 절물節物 : 계절의 변화를 나타내는 사물. 꽃이 핀 나무, 단풍 등.

26 금슬 : 옻칠에 비단 문양을 새긴 좋은 거문고이다. 두보의 〈곡강치우曲江値雨〉에서 "어느 때나 어명으로 이 금전회를 내려 가인의 금슬 곁에서 잠시 취할거나.(何時詔此金錢會。暫醉佳人錦瑟傍。)" 하였다.

27 오호주五湖洲 : 은거지를 말한다. 춘추시대 월越나라 대부大夫 범려范蠡가 월왕越王 구천句踐을 위해 오吳나라를 멸망시켜 공을 이루고는 바로 물러나 일엽편주를 타고 오호에 떠서 숨어 버렸던 데서 온 말이다.

28 구산緱山의 한 마리 학 : 구산은 곧 구씨산緱氏山인데 수도하여 신선이 되는 곳이다. 구산의 학은 왕자교王子喬가 구산에서 학을 타고 신선이 되었다는 고사에서 후에 선가의 법전을 노래하는 것으로 사용되었다. 전설에 의하면, 왕자교가 도를 터득하여 신선이 된 뒤에 학을 타고 구씨산에 내려와서 피리를 불었다고 한다. 『일주서逸周書』 권9 「태자진해太子晉解」.

29 여산廬山 : 강서성江西省 구강시九江市 남쪽에 있는 산 이름으로 여산 혜원廬山慧遠 (335~417)이 주석했던 곳이다. 혜원은 여산의 동림사東林寺에서 백련사白蓮社라는 결사를 만들어 염불을 수행하고 권장하였다.

30 황매黃梅 : 호북성 동남단에 있는 곳으로 4조 도신道信과 5조 홍인弘忍(594~674)의 동산법문東山法門의 근거지가 있다. 중국 선종 5조 홍인 선사는 중국 황매산에서 교화를 펼쳤는데 육조 혜능이 그 소식을 듣고 황매산으로 찾아가 그 법을 이어서 중국 선종의 6조가 되었다.

31 호계虎溪 : 여산廬山 동림사東林寺를 휘돌아 흐르는 강. 동진의 고승 혜원慧遠이 여산의 동림사에 살고 있었는데, 손님을 배웅할 때 이곳을 지나면 호랑이가 울었기 때문에 이곳을 넘어 배웅하지 않았다. 그런데 도잠陶潛과 육수정陸修靜이 찾아왔을 때는 함께 이야기를 나누느라 모르는 사이에 호계를 지나치고는 서로 웃었다고 한다. 이 고사를 호계삼소虎溪三笑라 한다. 삼교 융화를 상징하는 이야기로 언급된다. 『불조통기佛祖統紀』 권26(T49, 269c7), 『석씨계고략釋氏稽古略』 권2(T49, 788a19), 『고승전高僧傳』 권6(T50, 361a29), 『동림십팔고현전東林十八高賢傳』 「백이십삼인전百二十三人傳」(X78, 119c17) 참조. 진성유陳聖兪의 「여산기廬山記」.

32 소동파의 이 말 : 소동파의 시 〈서이공택백석산방書李公擇白石山房〉은 이공택李公擇 (李常의 字)의 백석산방白石山房에 대해 지은 시다. "우연히 흐르는 물 따라 높은 산에 오르니, 오로봉 푸른 얼굴 한 웃음에 열리었네. 만약 이태백을 보거든 말 전하여 주게나. 광산에서 머리 세었거든 일찍 내려오라고.(偶尋流水上崔嵬。五老蒼顔一笑開。若見謫仙煩寄語。匡山頭白早歸來。)"

33 무생곡無生曲 : 생멸 없는 진리를 아는 지혜에 의해 얻어지는 기쁨을 읊는 노래.

34 자부紫府 : 도교에서 신선이 사는 곳을 이르는 말. 갈홍葛洪의 『포박자抱朴子』 「거혹祛惑」에서 "하늘 위에 이르러서는 먼저 자부를 지나가게 되었는데, 금 침대와 옥 책

상이 으리으리하고 번쩍번쩍한 것이 정말 진귀한 곳이었다.(及到天上。先過紫府。金牀玉几。晃晃昱昱。眞貴處也。)"라 하였다.

35 동천洞天 : 신선이 사는 별천지別天地, 선경仙境을 말한다. 도교에서는 크게 36개의 동천을 들고 있으나 세상에 알려진 것으로는 열 개의 동천, 즉 왕옥산동王屋山洞·위우산동委羽山洞·서성산동西城山洞·서현산동西玄山洞·청성산동靑城山洞·적성산동赤城山洞·나부산동羅浮山洞·구곡산동句曲山洞·임옥산동林屋山洞·괄창산동括蒼山洞 등이 있다고 한다. 『운급칠첨云笈七籤』에 의하면, 10대 동천은 명산名山 속에 있으며 상천上天이 신선들을 내려보내 다스리는 곳이라고 한다.

36 화산花山 : 현재 안동.

37 은대銀臺 : 승정원承政院의 별칭. 승정원이란 조선 시대 왕명의 출납에 관한 일을 맡아보던 기관으로, 오늘날 청와대 비서실에 해당한다. 정원政院 또는 은대銀臺라는 별칭으로 불렸다. '은대'는 중국 송나라 때 궁궐인 은대문銀臺門 안에 은대사銀臺司를 두어 천자에게 올리는 문서와 관아 문서를 주관하도록 한 데서 유래한 말이다.

38 오마五馬 : 지방 장관의 수레를 말한다. 한나라 때 태수太守가 다섯 필의 말이 끄는 수레를 탔던 데서 유래한 것이다.

39 조개皀蓋 : 검정색의 수레 덮개로 고을 수령의 수레를 가리킨다. 한漢나라 때 지방 군수가 사용한 데서 유래한다.

40 문소聞韶 : 현재 의성.

41 무생가無生歌 : 본 서 제1권의 주 33 참조.

42 자부紫府 : 본 서 제1권의 주 34 참조.

43 둥근 상서 : 둥근 모양의 약합을 가리킨다.

44 옥가루(玉屑) : 옥설玉屑은 본래는 약재로 쓰이는 옥가루를 말한다. 또는 내리는 눈을 형용하기도 한다. 시에서는 흔히 미사여구의 시문을 가리키는데, 여기에서는 염송 같은 선서禪書를 비유한 것이다.

45 단사丹砂 : 붉은 선약을 말한다. 옛날 도사道士들은 단사를 원료로 하여 불로장생의 비약秘藥을 구워 냈는데, 이를 연단술鍊丹術·연금술鍊金術·점금지술點金之術이라고도 한다. 여러 가지 쇠붙이를 금으로 변형시킬 수 있다 하였다.

46 진묵겁塵墨劫 : 티끌이 쌓여 먹이 된 것처럼 많은 시간. 무한히 긴 시간을 나타내는 '진겁塵劫'과 같은 말.

47 옥황궁玉皇宮 : 도교의 가장 높은 신인 옥황상제의 궁전.

송계대선사문집松桂大禪師文集
제2권

영호루 판시에 차운하다
次映湖樓板上韻

봉래산 신선 대궐 거울 속에 펼쳐 있어	蓬萊仙闕鏡中開
평사 10리 구비 도는 풍경을 굽어보니	俯瞰[1]平沙十里回
외기러기 소리는 성긴 비 따라 떨어지고	斷鴈聲隨疎雨落
갈매기 그림자는 저녁놀 띠고 날아오네	飛鷗影帶暮霞來
갈대 꽃밭 호적 소리는 시흥을 일으키고	蘆花羌笛輸詩興
단풍 물든 산 빛은 술잔에 기우는데	楓葉山光倒酒盃
슬프다 영웅호걸 지금은 볼 수 없어	怊悵英豪今不見
남은 시구 읊으면서 홀로 배회하누나	朗吟遺什獨徘徊

---

1) ㉮ '瞰'은 '瞰'이 아닌가 한다.

다시 네 명산에 이르다
再到四名山

야윈 지팡이로 멀리 네 명산을 가리키며	瘦筇遙指四名區
가는 곳마다 소요하며 승경 따라 유람하네	到處逍遙逐景遊
보리수 향기는 영객실에 풍기고	覺樹香飄迎客室
우담바라꽃 빛은 범종루에 어리네	曇花色映泛鍾樓
청산은 첩첩 하늘 버티며 서 있고	靑山疊疊柱天立
벽수는 겹겹 땅 가르며 흐르네	碧水重重割地流
지리 금강 구월산은 가 보았으니	智異金剛九月去
묘향 설악 오대산이 남아 있구나	妙峯雪嶽五臺䍃

화산회 시에 차운하여
次花山會韻

청산도 내 집이요 벽수도 내 집	靑山碧水是吾居
누각은 영롱하여 하늘로 들어갈 듯	樓閣玲瓏入紫虛
고요함 속 여윈 얼굴은 요해의 학[1]이요	靜裏癯容遼海鶴
한가한 속 참된 멋은 월강의 물고기	閑中眞味越江魚
작은 정자 이르자 산 빛 외려 가득하고	山當小築色常滿
돌 시내에 이르러 물소리 다시 넘치는데	水到石溪響更餘
길손이 오지 않아 꽃 새들과 얘기하고	外客不來花鳥語
솔 평상에 자리 옮겨 책 보며 누워 있네	移床松榻臥看書

봉황사의 작은 정자
鳳凰寺小築

어여쁜 이 모옥은 티끌세상 멀리 있어	可憐茅屋遠離塵
작은 이 몸 잠시나마 기거함을 용납하네	收入小軀暫屈伸
등나무 달, 솔바람은 물외의 벗들이요	蘿月松風物外友
흰 잔나비 푸른 학은 고요 속 손님이라	白猿靑鶴靜中賓
참선하며 다만 참구심 넉넉함 깨닫고	看禪只覺叄心富
견성하며 오직 세속의 가난을 잊는구나	見性惟忘俗事貧
하늘 깁고자[2] 하나 쓰이지 못함 탄식한다면	擬欲補天嗟未用
입산하여 도리어 곤궁한 몸 되어 보길	入山翻作一窮身

접회의 시에 차운하다
次接會韻

구름 깊은 옛 골짜기 비만 제냥 쓸쓸한데	古洞雲深雨自蕭
작은 시내 벼락 치니 범궁이 흔들린다	小溪雷轉梵宮搖
연기 자욱하니 천태[3]의 저녁 방불하고	烟濃彷彿天台暮
노을 일어나니 자부[4]의 아침 비슷하다	霞起依俙紫府朝
시객은 시 읊으며 폭포를 바라보고	騷客吟詩看落瀑
산승은 말없이 높은 산 마주하네	山僧無語對岧嶤
멀리 알겠네 옛날 절 책 읽는 선비	遙知前寺讀書士
이는 흥에 몇 번이나 높은 누각 올랐는지	乘興幾登一閣高

청위 유 공의 시에 차운하여
謹次淸渭柳公韻

오동나무 잎 하나가 새 가을을 알리니	梧桐一葉報新秋
만 골짜기 맑은 이내 불상 머리 젖어 드네	萬壑晴嵐露佛頭
허연 머리 쓸쓸한데 어느 곳으로 향할까	白髮蕭蕭何處至
나누는 정 역력하니 그 언덕에서 노니리라	交情歷歷某丘遊
노승은 편히 쉬어 구름 눈썹 널찍한데	老僧偃息雲眉濶
선생의 공명은 세월 따라 흐르누나	夫子功名歲月流
현달과 은둔은 시운임을 알겠거니	顯晦始知時與命
담소하라 하늘이 청풍루를 내주었네	笑談天借淸風樓

김 수재에게 읊어 주다
吟贈金秀才

작게 얽은 띠 집이 푸른 바위 마주하니	小築茅堂面翠巖
표연한 신세가 맑은 산기운 같아라	飄然身世似淸嵐
산승 머문 안개 선탑 밤새워 강론하고	留僧烟榻終宵講
길손 맞는 바람 난간 온종일 얘기하네	邀客風欄盡日談
부용 두른 봉우리는 삼십육봉 솟아 있고	峯帶芙蓉抽六六
패옥 울리는 시냇물은 굽이가 구곡이라	溪鳴環玦曲三三
솔 동산 산보터니 더욱 쓸쓸해져	松壇閑步惟怊悵
절 아랫마을 머문 그대 나는 그리워라	我憶伊人在寺南

정운 대사가 찾아왔기에 읊다
靜雲大師來見感吟

격외의 참선을 나는 못하여	格外叅禪我未能
문 열고 첩첩 산 보며 좌정을 할 뿐	開軒閑坐對山層
우수수 진 낙엽에 숲속 비 지나가고	蕭蕭落葉過林雨
뒤척뒤척 외로운 마음 등불에 보내노라	耿耿孤懷送夜燈
쇠한 몰골 재주 없어 세상 버림 받았는데	衰骨無才爲世擲
늘그막에 무슨 일로 남의 미움 받는 건지	白頭何事受人憎
우두커니 소나무 토굴에 길게 누워서	兀然長臥松廬下
때로 찾는 벗들 있어 대승을 물어보네	時有羣朋問大乘

금구 금산사 미륵전
金溝金山寺彌勒殿

바람 이는 절 처마에 푸른 대 길쭉한데	風動寺軒翠竹長
옅은 연기 성긴 비에 모두 다 푸릇푸릇	淡烟疎雨共蒼蒼
차가운 저녁 시내 소리는 절집 흔들고	寒生夕磵聲搖閣
햇살 비춘 아침 주렴 빛은 책상 가득	紅隆朝簾色滿床
늙은 학은 날아올라 천불전을 놀래키고	老鶴飛驚千佛殿
내려오는 구름은 만승당을 호위할 듯	落雲似護萬僧堂
오직 허리띠에 시 주머니 찬 시객 있어	惟有腰帶容詩客
때로 선경을 빌리곤 기뻐 미칠 듯하이	時借仙區喜欲狂

계림 불국사
題鷄林佛國寺

불국산 산중에 감춘 보배 절	佛國山中藏寶刹
푸른 덩굴 멀리 뻗어 세속 기운 끊었네	碧蘿迢遆斷塵氛
돌로 받친 횡교는 신의 도끼 휘두른 듯	橫橋柱石揮神斧
하늘 닿을 듯 솟은 탑은 백운 위로 나간 듯	聳塔磨天出白雲
세상에선 한가한 경계 알지 못하나	世上不知閑境界
산간에선 좋은 전원 얻어 기뻐라	山間欣得好田園
신령스런 비에 젖고 상서 바람 맑은 곳	靈風瑞雨淸濃處
눈 가득한 이 광경을 분별치 못하겠네	滿目景光摠不分

읍령
泣嶺

읍령은 침침하고 어둑한 안개 자욱한데		泣嶺沉沉黑霧曛
앙상한 지팡이로 멀리 바다 구름 가리키네		瘦筇遙指海天雲
시내 따라 차례로 사람 없는 땅 밟아 가니		沿溪歷盡無人地
종일토록 쉴 만한 곳 만나기 어렵네		逐日難逢憩息村
옛말에 이 고을은 위험 많은 동네라나		曾說此州多畏道
오늘 저녁 간흉배들 모였단 말에 더욱 놀라		驚聞今夕萃奸羣
험난한 외진 곳에서 누구에게 물어볼까		間關隔處憑誰問
만 구비 길 가는 개미 동네 문 나서는 꼴		萬曲蟻如出洞門

동경의 옛터를 방문하다
訪東京舊墟

가을바람에 석장 날려 계림을 방문하니	秋風飛錫訪鷄林
지난날의 흥망을 어느 곳에서 찾을거나	昔日興亡底處尋
나무는 천년토록 고국의 빛 띠어 있고	樹帶千年古國色
범종은 만세토록 왕도 소리를 담고 있네	鍾含萬歲帝都音
그때 당시 문물들은 구름 동쪽 흘러갔고	當時文物雲東去
지난 시대 번화로움 한수 북에 임하였네	徃代繁華水北臨
옛 성가퀴 첨성대는 풀 속에 무너진 채	古堞星臺殘草裏
무궁한 세월만 절로 흘러 깊어 가네	無窮歲月自流深

비 개인 날 종일토록 홀로 앉아서
雨晴終日獨坐

불그레한 아침 햇살 동창을 밝히는데	微紅朝日入窓明
쓸쓸한 초가집에 밤새 내린 비가 개여	草閣寥寥宿雨晴
구름 걷힌 산마루는 본래 모습 보여 주고	雲捲山頭看舊面
시내 울리는 바윗돌은 새 노래 들려주네	礧喧石齒聽新聲
때깔 좋은 멋진 나무 짙은 그늘 화려하고	愛光佳樹濃陰麗
맘 흔드는 보배 새들 조잘 소리 가볍구나	和意珎禽話說輕
찾는 이 없이 홀로 저녁 누각에 기대어	獨倚暮樓無外客
다만 시구 읊으며 마음을 맑게 할 뿐	但吟詩句使心淸

큰비가 넘쳐 사람이 오가지 못하다
大雨漲溢人不通

물에 적신 텅 빈 섬돌에 풍경 소리 서늘한데	空階滴滴落鈴寒
젖은 납의 가지에 거니 마를 기미 전혀 없어	濕衲掛枝雨不乾
층층 구름이 용으로 변하니 좋아라	好得積雲龍變化
깊은 안개 표범처럼 얼룩지니 기뻐라	喜看深霧豹成斑
둥지 짓는 제비는 진흙 머금어 돌아오고	作巢燕子含泥返
약초 캐는 선동들은 나물 씻어 되오는데	採藥仙童洗菜還
눈에 드는 모든 풍경 전혀 싫증 안 나니	眼拾風光心不厭
종일토록 청산 마주해 맑은 노래 부르네	淸吟終日對靑山

봉황사
題鳳凰寺

봉황산 형세 승하여 도승 많이 나왔으니	鳳山形勝道僧多
운악산 금강산도 이에 더하지 못하리라	雲嶽金剛此不加
아스라이 높은 누대 가파른 비탈에 솟아 있고	縹緲樓臺危地聳
어슷비슷 산봉우리들 허공에 비껴 있네	參差峯嶂半天斜
불상 걸린 듯한 절정은 허공중의 안개	佛懸絶頂空中霧
경쇠 울리는 깊은 구름은 골짝 안의 노을	磬漏深雲洞裏霞
가장 무궁한 것은 천만 가지 경치인데	最有無窮千萬景
뉘 알고 찾아왔나 바로 나인걸	誰知探翫是吾耶

전라도 금산사
全羅道金山寺

금산사가 만 길 높이 허공에 걸려 있어	金寺高懸萬丈空
진경 찾는 나그네 겨드랑이 바람 이네	尋眞遊客腋生風
건곤과 일월은 머리 가까이 임하였고	乾坤日月臨頭近
우주와 산하는 두 눈 가득 들어오는데	宇宙山河入眼濃
꽃 비 천년에 구름은 차가운 절기	花雨千年雲冷節
기러기 만 리에 나그네는 자취 끊었네	鴻鴈萬里客閑踪
맑은 새벽 구름 걷히자 옥빛 면모[5] 열치니	淸晨霧捲開圭面
문 앞에 솟은 옥 봉우리 한눈에 들어오네	看盡門前聳玉峯

순천 송광사
順天松廣寺

여러 봉우리들 흰 구름 가에 우뚝 솟아	羣峯聳出白雲端
1만 겹겹 골짜기에 보배 전각 널찍하다	萬疊洞中寶殿寬
그윽한 골 기이한 바위에 1천 부처 고요하고	幽谷奇巖千佛靜
깊은 산 맑은 바람에 1만 소나무 서늘하다	深山淸籟萬松寒
높은 누대 정계는 땅과 하늘 가르고	高臺淨界乾坤別
곳곳 있는 선암에는 일월이 한가롭다	衆處禪菴日月閑
마땅히 인간 세계 처음 열리던 날	應是人間開闢節
조물주가 꾸며 내어 이 절집 만든 거라	天公粧點作僧關

지리산 쌍계사
智異山雙溪寺

지리산 속 사찰은 올려 볼수록 더욱 높아	智異山寺仰彌嵬
벽 잡고 벼랑 오르니 도대체 몇 구빈가	緣壁攀崖路幾回
처음엔 골짜기 걸으며 괴로이 힘쓰다가	始步洞中艱用力
마침내 정상에 오르니 상쾌하게 마음 트여	終登岳上爽開懷
구만리 제천 세계 머리 닿을 듯 가깝고	諸天九萬磨頭近
삼천의 대천세계 눈에 널찍 들어오네	世界三千入眼恢
옥골[6]은 빽빽하게 바다 밖으로 이어지고	玉骨森森列海外
굽어보는 봉우리 끝에 삼태성[7]이 걸렸구나	俯觀峯角掛星台

칠곡 송림사
柒谷松林寺

비바람 치는 천지에 해 그림자 차가운데	風雨乾坤日影寒
푸른 솔숲 골짜기에 선관[8]이 하나 있네	碧松洞裏有禪關
읍성이 절에 이어지나 산승 모습 조야하고	郡城連寺僧儀野
길손이 문을 두드려도 스님 습속 완고하네	路客投門釋習頑
다섯 방은 먼지 쌓여 앉을 자리 없고	五室塵堆無坐席
한 숟갈 염장 차림에 저녁 밥상 싸늘하다	一匙鹽醬冷飡盤
여러 요사 가는 곳이 모두 이와 같으니	衆寮隨處皆如是
언제 우리 산에 들어가 찡그린 얼굴 펴려나	幾去吾山解苦顏

용담사 금정암
題龍潭寺金井菴

학이 춤추는 무학대엔 푸른 솔이 비껴 있고	舞鶴臺邊斜碧松
안개 덩굴 연라암엔 선옹이 누워 있네	烟蘿菴裏臥仙翁
푸른 잔나비는 새끼 안고 동산 밖에서 춤추고	靑猿抱子舞園外
백학은 새끼들과 울타리에서 노니는데	白鶴將雛戲檻中
달빛 창에 쏟아져 등불 걸 필요 없고	夜月射窓燈不掛
저녁 바람 누각에 불어 부채도 일이 없네	夕風起閣扇無功
온종일 한가로이 그윽한 경치에 앉아 보니	終日閑坐淸幽景
뾰족뾰족 옥 봉우리 하늘 높이 솟았구나	高聳尖尖玉萬峯

경치 완상하는 산인
翫景山人

세상일 쓸쓸하고 나날이 가난해져	世事蕭條日漸貧
초연히 석장 날려 티끌세상 벗어났네	超然飛錫出紅塵
한가로운 구름은 창공에 매이지 않나니	閑雲不繫蒼空裏
들판 나는 학이 푸른 바다 상심하리	野鶴寧傷碧海濱
천지 백 년에 적막한 뜻 품었다가	天地百年牢落意
강산 천 리에 느긋이 유람하는 나그네	江山千里漫遊人
평생토록 명승 경치 실컷 다 보면서	平生看盡名區景
안개 놀 실컷 마시며 신세 바꾸지 않으리	飽食烟霞不轉身

시냇물 소리
聞泉

젊어서 시재 익혀 백운 간에 누웠는데	少習詩才臥白雲
늘그막에 머리 희끗 범속한 무리 되었네	晚將霜髮墮凡羣
책 보는 일은 마음 위로하는 약	看書只作安心藥
시 읊는 일은 기운 상쾌하게 하는 처방	詠句惟成爽氣文
저녁 경쇠는 높은 달에 울려 퍼지고	暮磬殘穿高嶠月
새벽 등불은 굽은 창을 반쯤 비추는데	曉燈半映曲窓門
작은 암자 깊은 곳에 사람은 오지 않고	小菴深處人不到
해 저문 깊은 골에서 시내 소리 들을 뿐	日暮懸崖礀瑟聞

청송 대전사
青松大典寺

흰 구름 속 신선 못가에 있는 절	寺在白雲仙澤邊
맑은 흥취 솔 울타리에 학 둥지 이어졌네	松欄淸興鶴巢連
푸른 넝쿨 향기 진해 산승 소매에 스미고	碧蘿香遠居僧袖
초록 숲에 이내 일어 과객 어깨 스치는데	綠樹霞起過客肩
절 마루는 삼주[9]의 푸른 안갯길 가깝고	軒近三洲翠霧路
절 문은 오령[10]의 붉은 안개 내에 임하였네	戶臨五嶺赤烟川
건곤 만 리에 한가로이 유람하는 나그네	乾坤萬里遊閑客
명승지 맘껏 유람 해마다 빠짐없이	恣翫名區年又年

유거
幽居

맑은 새벽 붓을 잡고 창 앞에 앉았는데　　　　　清晨把筆坐窓前
골짝 새가 먼저 울어 맑은 경치 산뜻하다　　　　谷鳥先吟淑景鮮
고요한 약속은 매번 구름 학과 맺고　　　　　　靜契每緣雲裏鶴
그윽한 회포는 늘상 안개 속 신선에 있지　　　　幽懷長在霧中仙
안개비 밀려오는 절에 기러기 보이고　　　　　寺臨烟雨見沉鴈
숲 바람 부는 문에 두견새 울음 들리는데　　　　門帶林風聞杜鵑
산 자태 물의 형용 거울같이 빼어난 곳　　　　山態水容鏡秀處
한 칸의 난야가 끊어질 듯 외로워라　　　　　一間蘭若絶孤懸

경치 완상하는 스님
翫景僧

명승지 좋은 경치 눈에 가득 담아내며	眼拾名區勝景多
소요하는 외론 그림자 비낀 구름과 짝하네	逍遙孤影伴雲斜
찬 발걸음으로 밤에는 금강산 빗속에서 묵고	寒蹤夜宿金剛雨
야윈 지팡이로 저물녘엔 지리 꽃산 돌아오네	瘦錫暮歸智異花
물 기러긴 아침의 푸른 안개 끌어오고	水鴈拖來朝碧霧
산 제비는 저녁의 붉은 노을 띠고 가네	山鸑帶去夕紅霞
풍광은 가는 곳마다 무궁하게 널려 있는데	風光處處無窮在
진정 풍미 느끼는 이 그 뉘신고	誰得把嘗好味麼

영천 호연정
永川浩然亭

허공에 뜬 날 듯한 누각 큰 호수 누르는데	飛閣浮空壓大湖
저문 강 안개 경치 호한하여 그리기 어렵네	晚江烟景浩難圖
물빛 차가워지자 기러기는 포구로 돌아가고	寒穿水色鴈歸浦
산 빛 서늘해지자 나그네는 다리를 건너가네	冷踏山光客上橋
구름 가엔 시루 솟구친 1천 봉 늘어섰고	瓶篗雲邊千嶂列
하늘 밖엔 옥류 흐르는 1만 계곡 높았어라	玉流天外萬溪高
석양에 사람들이 저녁놀 띠고 돌아갈 제	斜陽人帶暮霞去
오류[11]의 선옹이 손을 당겨 맞이하네	五柳仙翁挽手邀

병으로 누워 과거 명산 유람을 생각하다
病臥憶曾遊名山

남으로 북으로 옮겨 다닌 지 몇 해런가	南北索居度幾秋
연하의 흥취와 멋 절로 아득해지네	烟霞興味自然悠
당시 늙은 벗들 모두 황토로 변해 갔고	當時老友皆黃壤
옛적 젊은 벗들 모두 백발이 되었는데	昔日少朋盡白頭
이미 육신을 병든 가운데 부쳐 두고	已把形骸病裏寄
부질없이 혼백만 꿈속에서 노닐게 하네	空敎魂魄夢中遊
금강산 지리산 언제 다시 가 보려나	金剛智異更何到
만학천봉이 저기 저 너머 떠 있는데	萬壑千峯望外浮

그윽한 회포를 읊다
詠幽懷

신선 골 구름 깊어 푸른 안개 삽짝 들고	仙洞雲深碧霧扉
동쪽 처마 따사론 햇살에 봄 새싹 물오르네	東軒日暖春苗肥
복지에 몸을 감추니 모두가 현묘한 일	藏身福地皆玄事
선단에서 설법하니 모두 도의 기미	說法禪壇盡道機
대나무 울엔 쪽빛 하늘 늦도록 머무르고	竹檻長留空翠色
매화 울엔 붉은 꽃잎 항시 떨어지네	梅欄恒有落紅飛
창창한 달빛이 시 짓는 누각에 들어와	蒼蒼月入詩樓閣
맑은 흥취 유유하여 시비를 잊었노라	淸興悠悠沒是非

좌선하는 수좌에게 주다
贈坐禪首座

새벽 목욕 새 옷 입자 마음 절로 맑아지고	曉沐新衣心自淸
은도로 두발 깎아 머리 가벼워 날아갈 듯	銀刀斷髮好頭輕
짧은 수염 물 헹구니 천 개 티끌 한스럽고	短髯漱恨塵千點
긴 귀밑털 씻으니 하얀 만 줄기 놀라워라	長鬢洗驚雪萬莖
대낮에 『화엄경』 읽으니 자리 하나 어두워지고	晝閱華經一席暗
밤에 지혜의 길 닦으니 창 한쪽이 밝아 오네	夜脩智路半窓明
닦는 세월 오래여야 깨친다 생각 마오	莫將年代方知覺
한 걸음 옮기지 않아 몰록 깨침 있으리라	寸步不移乃有成

기러기
霜鴈

성현들의 영대[12]에 오르고자 하는데　　　　　欲登賢聖一靈臺
옥토끼와 금 가마귀 재촉하여 함께 오네　　　　玉兎金鴉共促來
달빛 물든 산에는 경쇠 소리 차가웁고　　　　　山帶月光磬冷洌
햇빛 환한 절에는 누각이 높고 높다　　　　　　寺臨日色閣崔嵬
대숲 울 울창하여 잔나비들 모여들고　　　　　竹欄深密猿頻聚
솔숲 동산 그윽한 곳 백학 절로 돌아오네　　　松院淸幽鶴自回
밤마다 향 사르며 고요히 앉았나니　　　　　　夜夜焚香閑靜坐
가을 하늘 찬 기러기 애원성 지르누나　　　　　霜天寒鴈數聲哀

해남 대둔사
海南大芚寺

푸른 절벽에 흰 구름이 범단을 두르고	蒼壁白雲繞梵壇
진주 숲 옥 나무에 맑은 향기 가득하네	珠林琪樹滿淸香
산속의 비바람에 단사[13]가 불어나고	山間風雨丹砂漲
골짜기 속 안개 놀에 약초가 자라는데	洞裏烟霞藥草長
하얀 달빛 이끈 학은 달 장막에 돌아오고	鶴拖素光歸月幕
그림자 재촉 외로운 그림자는 별 회랑에 들어가네	僧催殘影入星廊
그 누가 알겠는가 무한 흥취의 대둔사가	誰知無限大芚寺
천고 세월 천지간에 부처님 고향임을	千古乾坤釋氏鄕

산수 유람하는 나그네
翫山水人

옛날에는 내가 장차 곳곳 유람하려 했는데	昔日吾將處處遊
이제 그대의 깊은 흥취에 다시 아련해지네	今君幽興更悠悠
빈손으로 온 운명은 정해진 것 없으니	空來時命無常定
늙어 가는 인생 어찌 근심할 틈 있으랴	老去人生豈暇愁
푸른 풀 떨어지는 꽃은 지리산의 울타리요	碧草落花智異檻
흰 구름 푸른 절벽은 금강산의 누대로다	白雲蒼壁金剛樓
발자취가 산과 물로 여러 해 가로막혀	蹤分山水閑多載
천 리 멀리 그리는데 세월만 흐르누나	千里相思歲月流

백화 대사에게 [3수]
贈白華大士 [三首]

[1]

사립문 높이 달아건 청산 마당에서	柴扉高掩碧山庭
백 년토록 몸 감추고 만권 경서 읽노라네	百歲藏身萬卷經
부귀가 소원하기는 아침 녘 달과 같고	富貴踈如朝後月
공명이 헛되기는 태양 곁 별이로다	功名虛若日邊星
모임 가득 문도들 버마재비처럼 흩어지고	門徒盛會螗蜋散
펼쳐졌던 문자들이 꿈에 어리니 놀라워라	文字鋪張夢翳驚
대사가 연하에 들어가 아무 일 없으니	師入烟霞無一事
한 가지 신령한 심성은 어느 때나 깨어날까	一靈心性幾時醒

[2]

녹양 춘삼월에 짝지은 새처럼 만났는데	綠陽三月遇聯翩
방초와 지는 꽃잎에 하루해가 지려 하네	芳草落花欲暮天
모이면 흩어질 기약이라 구름은 북으로	聚散有期雲北轉
뜨고 잠김 계획 없어 물은 동으로	浮沉無計水東旋
몇 날 밤을 함께 청산에서 지내다가	數宵共榻靑山裏
지팡이 하나로 홀로 푸른 물가 돌아가네	一杖獨歸碧水邊
다리에서 송별함에 시냇물 울음소리	相送臨橋聽磵咽
또다시 양쪽 귀밑에 눈물만 주루룩	更增雙鬢淚漣漣

[3]

주룩주룩 비 내릴 때 저문 정경 운치 있으나	雨水頻頻晩景開
옛 벗 서쪽 향하니 그리움 여미어지지 않네	故人西望思難裁

대나무 창에 기대 잠드니 찬 기운 뼈에 스미고	枕依窓竹冷侵骨
매화 난간에 갓을 거니 향기 뺨에 가득하네	冠掛檻梅馥滿腮
제비는 붉은 놀 띤 채 하늘 밖으로 떠나가고	鷰帶紅霞天外去
기러기는 푸른 안개 뚫고 바다에서 오는구나	鴈穿碧霧海中來
육신은 먼 동쪽 구름에 이르지 않아도	形骸不到東雲遠
꿈속 나비[14]는 산중 누대에 자주 돌아오리	夢蝶頻歸山樹臺

경치 완상하는 스님에게
贈翫景僧

승경 찾아 석장 날리니 새처럼 경쾌하고	飛錫名區似鳥輕
걸어가는 산길에 흰 구름이 일어나네	踏來山路白雲生
산 오를 땐 차간 솔 거문고 듣기 좋고	登峯愛聽松琴冷
골 건널 땐 맑은 시내 비파 열리니 좋아	渡壑憐開澗瑟淸
안개와 놀 흠뻑 맛보니 맑은 학의 뜻이요	飫嚼烟霞澄鶴志
나무와 돌 맘껏 읊으니 담백한 신선 마음	恣吟樹石淡仙情
다시 만나니 몸은 호수 찾는 기러기 같고	重逢身若尋湖鴈
발우 하나로 인연 따르니 벗 부르는 꾀꼬리	一鉢隨緣喚[1]友鸎

---

1) ㉠ 『한불전』에 '喫'로 되어 있으나 저본에 '喚'으로 되어 있다. 번역은 저본에 따른다.

뜰을 걸으며
步庭中

시냇가에 석장 끌고 이끼 낀 바위 걸으며	溪邊曳杖步蘚磯
반나절 꽃구경하다 돌아갈 때를 깜빡했네	半日看花不覺歸
버들 살랑대는 바람에 강 제비 흩어지고	綠柳風輕江鷰散
향초 늦서리에 포구 갈매기 날아오르네	青菰霜晚浦鴈飛
눈썹 흰 도사가 누런 골짜기로 들어갈 때	雪眉道士入黃谷
빗발 친 차가운 가을 종소리 푸른 산 나가네	雨脚寒鍾出翠微
늙어서 옷을 벗고 침석에 눕자커니	老脫衣裳臥枕席
길손 응대 길이 끊고 사립문 닫아거네	送迎長斷掩柴扉

용연에서
題龍淵

바위 사이 초록 나무들 연못을 둘렀는데	巖間綠樹匝池塘
영험한 못에 고기 없고 상서로움만 가득	靈澤無魚但有祥
난간 걸친 달 떠나자 송창이 차가웁고	檻連月去松窓冷
문에 스친 바람 불자 초당이 서늘하다	門帶風來草閣凉
산승의 오솔길은 산을 둘러 나뭇잎 매끈하고	僧逕遶山峯葉滑
산사 누각은 물가에 임해 시내 꽃들 향기롭네	寺樓臨水磵花香
신룡이 다른 연못으로 옮겨 간 뒤에	龍公移去他淵處
절로 텅 빈 못 되니 한스러움 깊어지네	自作空池恨更長

이른 봄날 산골짜기
山洞早春

솔 그늘이 휘장 친 너럭바위 평평한데	松陰成幄石臺平
달그림자 밝은 하늘 옥 골짜기 환하구나	月影澄空玉洞明
살구나무 복숭아 숲 그 빛이 울긋불긋	杏樹桃林深淺色
산에 산새 물에 물새 울음소리 두어 가락	山禽磵鳥兩三聲
새봄 되자 절 울타리에 약초 싹 돋아나고	春新寺檻藥苗發
따스해진 산승의 동산에 화초가 피어나네	日暖僧園花草生
신선님들[15] 일찍이 이곳에 들렀다면	若使喬松曾到此
신선 궁궐 좋다 해도 돌아갈 이 없었으리	珠宮雖好必無行

가을날 지리산 쌍계사에 가다
秋入智異山雙溪寺

국화에 안개 짙으니 늦은 꽃떨기 아름답고   霜菊烟濃艶晚叢
지는 산에 찬 잎들 연붉은 빛 춤을 춘다   落山寒葉舞踈紅
산승은 석양 속에 먼 절로 돌아가고   僧歸遠寺夕陽裏
기러기는 밤비 내리는 연못에서 잠자는데   鴈宿橫塘夜雨中
지팡이로 솔 그늘 뚫고 청학 굴로 들어가고   節貫松陰入鶴窟
두 발로 구름 그림자 뚫고 신선 궁에 이르렀네   足穿雲影到仙宮
별세계의 풍미를 나는 다 맛보았으니   別區風味吾嘗盡
우습구나 도로 검은 머리 노인 되면 어쩌나   可笑還爲綠髮翁

유거
幽居

사립문 높이 걸어 초당이 청정한데　　　　　柴扉高掩茅堂淸
뜰에 햇살 처음 비춰 묵은 안개 개이네　　　　庭日初斜宿霧晴
아침 절에 경쇠 울려 솔 골 멀리 퍼지고　　　　朝寺磬尋松谷遠
새벽 누대 주렴 걷자 국화 울이 환해지네　　　曉樓簾捲菊欄明
돌 시내 졸졸 흘러 꽃잎이 떨어지고　　　　　石溪遞濺花容落
바위 대 비죽 솟아 풀잎 얼굴 쑥 내미네　　　巖竹橫穿草面生
석양이 숲 너머로 다 진 것도 몰랐는데　　　　忘却殘陽林外盡
저녁 알리는 참새들은 참 다정도 하이　　　　報昏簷鳥亦多情

백화 대사에게
贈白華大士

지나간 10년 세월 나그네로 떠돌더니	陳月十年作客遊
계절 변화 아쉬운 이별에 마음만 아득해져	感時傷別思悠悠
강남으로 기러기 떠나자 청산은 저물고	江南鴈盡靑山暮
한수 북으로 제비 돌아가자 푸른 숲에 가을빛	水北鷰歸碧樹秋
향기론 풀에 석양 비추니 그리움 끝이 없고	芳草夕陽無限憶
지는 꽃잎에 햇살 비끼니 근심은 쉼이 없네	落花斜日不休愁
내년 봄에 재회하자 약속 다시 맺어 두니	明春更結同棲約
늙은 내가 길목에서 기다리는 일 없으렷다	莫使老吾倚路頭

남연사
南淵寺

위태론 돌길 이어져 새의 길[16] 침노하고	石逕屬危鳥道侵
구름 끊긴 높은 절벽은 찬 안개에 잠겼네	斷雲高壁冷烟沉
청산과 벽수는 티끌 인연 끊어 내고	靑山碧水塵緣絶
넝쿨 달과 솔바람에 소쩍 소리 깊어 갈 때	蘿月松風杜宇深
한기는 창밖 노을 진 나무에서 일어나고	寒生窓外紅霞樹
향기는 울 앞 비단 숲에서 일어나네	香起檻前錦繡林
남연사 옛 절이 큰 역 가까이에 있어	故寺南淵傍大驛
예나 지금 길손들 한번씩 다 올라 보네	古今遊客盡登臨

경치 완상하는 스님
玩景僧

스님이 만 리 길 돌아와 창 앞에서 합장하니	僧歸萬里拜窓前
산과 물을 두르고 온 듯 마음 원만하여라	山水帶來意思圓
작별할 땐 낙화로 붉은 비단 땅이러니	昔別落花紅錦地
재회할 땐 방초로 푸른 넝쿨 하늘이네	今逢芳草碧蘿天
대나무 회랑엔 뜨락의 달빛 부서지고	竹廊影碎中庭月
솔 난간엔 반벽의 샘물 소리 잦아지네	松檻響殘半壁泉
오늘 후론 경치 따라 훌쩍 떠나서	自後莫教隨景去
외로이 백운 가에 누워 있게 하지 마소	獨閑高臥白雲邊

병환 중에 손을 맞다 [3수]
病中見客 【三首】

[1]

봄바람 불고 나자 살구 속 향긋해지고	春風吹盡杏心香
따스한 해 높아질 때 버들 뜻 늘어진다	暖日漸高柳意長
소무의 편지[17]는 찬 기러기 따라 날아갔고	蘇武書隨寒鴈盡
장주의 꿈[18]은 낙화 쫓느라 분주하네	莊周夢趁落花忙
해질 녘 물결 일어 벽에 어린 푸른빛	波生晚澗翠搖壁
비 갠 숲에 꽃대 떨어져 상에 가득 붉은빛	萼墜霽林紅滿床
저물도록 난간에 기대어 일없이 앉았나니	終暮倚欄無事坐
빙 두른 산에 꾀꼬리만 제멋 겹네	綿巒黃鳥自弄鳴

[2]

붉은 꽃 자색 꽃대 봄기운에 돋아나고	紅葩紫萼假春成
살구 자태 도화 맵시 제 모습 드러내네	杏態桃容各露形
좋은 시구에 다만 달빛 없어 안타깝고	勝句只愁無月色
단잠에 쇠북 소리 울려도 깨기 어려워	甘眠難覺有鍾聲
꽃은 안개 비단 펼쳐 나비 자주 쫓아내고	花鋪霧錦頻驅蝶
버들은 안개 실 짜 내 꾀꼬리 얽지 않네	柳織烟絲不繫鸎
온종일 사립문엔 세속 근심 떠난 채로	終日柴門塵累去
솔숲 깃든 어린 학의 울음소리 두어 소리	松林鶴子送三鳴

[3]

안개 갠 골짜기 쇠북 소리 한 소리에	烟晴洞裏一聲鍾
개울 바위 가 삽상한 기운 물씬한데	水際巖邊爽氣濃

높은 누각 취한 꿈 깸이 다만 아쉽고	只恨高樓驚醉夢
밝은 달이 수심 얼굴 재촉함이 가장 섧다	偏傷明鑑促愁容
무성한 누런 안개 울 앞 국화에 스며들고	繁黃霧惹檻前菊
파리한 푸른 연기 벼랑 솔에 엉기는데	癯翠烟凝壁下松
온종일 바람 부는 난간에서 얘기할 벗 없어	終日風欄無伴語
반창에 지는 달그림자만 더욱 영롱하구나	半窓殘月影玲瓏

용담사 오도암
龍潭寺悟道菴

벼랑 가 작은 시내에 밤 그림자 비었는데	壁下殘溪夜影空
한 스님 밝은 달 속에 홀로 마당 걷네	步庭僧在月明中
창송에 비 내릴 제 저녁 학 울음을 울고	鶴聲暮唳蒼松雨
벽수에 바람 불 제 새벽종 들려라	磬響朝隨碧樹風
백수암 절 앞에서 돌제비[19]를 바라볼 때	白水菴前看石鷰
붉은 꽃 울 밖에서 강 기러기 소리 들려라	紅花檻外聽江鴻
몇 칸 절집 높다라이 푸른 바위에 걸렸으니	數間高掛翠巖上
이는 멀리 여산의 혜원[20]에서 나온 거라	逈出廬山慧遠公

홍 상사의 초정을 방문하여
過洪上舍草亭

용담 가는 길에 들른 고기잡이 노인 집 　　龍潭路過釣翁家
푸른 바위 마주한 뜰에 비취 노을 스며드네 　　庭對翠巖侵碧霞
새벽달 받으며 송화 죽엽 차 마시고 　　曉月松茶飮竹葉
저문 바람 맞으며 난초 도화 향기 맡네 　　晚風蘭籟喫桃花
울 앞에 이슬 국화 섬돌 가득 붉은 꽃 　　檻前露菊紅盈砌
담 너머 안개 숲에서 사창에 든 푸르름 　　墻外烟林綠入紗
홀로 버들 가 걸으며 시내 나무 감상하니 　　獨步柳邊玩澗樹
이 한봄 곳곳마다 그림같이 화사쿠나 　　一春隨處畫文華

승인 수좌 토굴
勝仁首座土窟

푸른 노을 하늘 아래 약초 캐는 봄날	春時採藥碧霞天
영지초 캐어서 비단 개울에 씻는다오	靈草得來洗錦川
바람은 옅은 구름 띠고 학의 꿈 놀래키고	風帶淡雲驚鶴夢
달빛은 안개 나무에 비껴 신선 잠 깨우는데	月斜烟樹破仙眠
산산[21]은 아득하여 티끌 자취 전혀 없고	蒜山縹紗無塵跡
그늘 골짝 맑고 깊어 옥 같은 샘 있었구나	陰洞淸深有玉泉
덩굴 무성 골짜기에 문 걸고 오래 앉아	蘿谷柴扉長掩坐
아래 세상 뽕밭으로 변한 줄도 모르는군	不知下界變桑田

염주송
念珠頌

주옥과 유리 그리고 수정을 모아서	朱玉琉璃與水精
거친 실로 구슬 끈 만들어 꿰었네	只將葛縷貫珠纓
투명 이슬 두루 흔드니 쌍쌍이 방울지고	周搖白露雙雙滴
푸른 매실 셈을 세니 낱낱이 맑은 기운	筭數靑梅箇箇淸
턱에 괴고 보면 가슴속 달인가 싶고	支頤乍驚胸裏月
어깨에 드리우면 손끝 별인가 싶어라	垂肩疑是手端星
백팔 부들방석 벗어나지 않은 채	不離百八蒲團上
아미타불 육자 명호 길이 염불하리라	長念彌陁六字名

금강산 도솔암
金剛山兜率菴

3년 동안 일 없는 금강산 나그네	三年無事客金剛
골짜기 속 봄은 깊어 향기론 풀 자라는데	洞裏春深瑤草長
아침엔 도화 붉은 금수사 들어가고	朝入紅桃錦繡寺
저녁엔 푸른 대숲의 옥류당에 오른다네	暮登翠竹玉流堂
구름 산에 비 지나니 용 못이 따뜻해지고	雲山雨過龍池暖
시내 동산에 가을 오니 학 골짜기 서늘하다	水院秋來鶴谷凉
넓은 우주 종횡하는 이 한 몸 운수납자	宇宙縱橫一衲釋
표연히 돌아가는 흥에 시 보따리 하나뿐	飄然歸興但詩囊

다시 지리산에 와서
再到智異山

석장 짚고 시 읊으며 표연히 우주 유람	吟杖飄然宇宙遊
만 리 부는 봄바람에 춘흥이 유유하다	春風萬里興悠悠
설악산 가기 전에 청산이 저물었고	不歸雪岳靑山暮
금강산 이르기 전 벽수에 물든 가을	未到金剛碧水秋
석양 물든 나무숲엔 붉은 비단 떨어지고	樹帶夕陽紅錦落
바위 임한 절 밑으론 푸른 비단 흐르는데	寺臨巖間綠紗流
아득 푸른 맑은 경치 그려 내기 어렵나니	蒼茫淸景盡難畫
조물주가 선림 하나 별천지에 만든 거라	天作禪林一別區

어떤 미친 노승이 자칭 유불에 다 통달했다고 하여
痴狂老僧自稱儒釋兼通

만첩 깊은 산간에 학을 짝한 노승 하나	萬疊山間伴鶴僧
자칭 유불에 능통하다 말을 하네	自言儒釋我皆能
솔바람 부는 누대에 3일을 누웠다가	松風臺上臥三日
넝쿨 달 창가에서 여덟 되 술 마시는데	蘿月窓邊飮八升
『공자』『맹자』『시경』『서경』에 모두 박식하다면서	孔孟詩書摠博識
조사선과 경전 교학 털끝만큼 알 뿐이라	祖禪經敎但毛繩
평생에 연하 흥취 실컷 누렸을 터	平生飽得烟霞趣
가을 물로 가슴속 보배 거울 맑게 했으면	秋水胸藏寶鑑澄

영천 관루
永川官樓

난간 올라 시 읊으며 잠시 배회하노라니	登欄詠句暫徘徊
시부는 송옥[22]의 재주만 못함이 부끄럽다	詩賦慚非宋玉才
눈 가득한 산 빛은 읍한 채 늘어섰고	滿目山光皆揖列
마주 보는 물빛은 빙 둘러 흐르는데	對眼水色盡環回
포구 밖 나는 기러기는 해를 비껴 날아가고	鴈飛浦外斜陽去
모래사장 향한 배는 그림자 떨구며 오는구나	舟到沙邊倒影來
석장을 재촉하여 안개촌 돌아가는 나그네	促杖烟村歸去客
아마도 이 누대를 다시 만나긴 어려우리	意中難得此樓臺

수우 대사에게 주다
贈守愚大士

서찰 전하려 하나 지나가는 길손 없고	一札欲傳客未過
그리움은 멀리 만경창파 너머 있네	愁懷遠隔萬頃波
아침 바람 세차니 울밑 꽃은 떨어지고	檻心花落朝風急
새벽 비 쏟아지니 섬돌 풀이 무성쿠나	階面草荒曉雨多
비 갠 강에 정 띄워 보내 마음이 아득한데	情泛晴江魂浩渺
저문 산에 한 안고 돌아오니 꿈속이 편치 않네	恨歸晚岫夢嵯峨
생애는 묻지 않아도 대사 생각 알 만하니	生涯不問知師憶
경문 놓고 뒤적이며 두 손 합장하겠지요	前閱經文兩手摩

낙서암 송계당
樂西菴松桂堂

녹음과 붉은 꽃술이 봄소식 빌어다가	綠陰紅蘂借春便
강가에 점을 찍어 비단 하늘 만들었네	粧點江上作錦天
도리꽃은 금 난간 가로 그림자 옮기고	桃李影移金檻畔
골짝 샘은 옥 창문 바로 앞서 물결치네	磵泉波動玉窓前
맑은 빛은 짙은 아침 안개 멀리 보내고	晴光遠送朝濃霧
비 갠 빛은 안개 낀 저녁놀 가볍게 날리는데	霽景輕飜暮靄烟
신선 나라 나그네가 되지 못함 부끄러워	自愧未爲仙府客
무심히 백운 가에 느긋 누워 지내노라	等閑高臥白雲邊

화부[23] 영호루[24]
花府映湖樓

복주성 밖에 우뚝 선 영호루	福州城外映湖樓
초록 숲 붉은 노을에 비단 물줄기 흘러내리네	綠樹紅霞錦水流
송림 언덕 걸린 배는 1만 길손 건네주나	松畔有舟渡萬客
난간 앞에 주막이 없어진 지는 이미 천년	檻前無酒已千秋
맑은 밀물 안개비는 돌아가는 꿈 맞이하고	晴潮霧雨迎歸夢
늦은 포구 안개 빛은 저녁 근심 보내는데	晚浦烟光送暮愁
오늘 저녁 맑은 유람 그 누가 알아줄까	今夕淸遊誰有識
석양 모래톱에 기러기 한 마리만 오락가락	斜陽只在一沙鷗

갈라산 율목사
葛蘿山栗木寺

이슬 복숭아와 안개 버들에 새봄 기운 돋더니 　　露桃烟柳點春新
분홍 비단 푸른 실에 빛깔 비로소 움이 트네 　　紅錦靑絲色始勻
강가 절엔 벌써부터 꾀꼴 날갯짓 들리더니 　　水寺早聞鸎羽翼
산 누각엔 이제야 기러기 마음 보이는군 　　山樓晚見鴈精神
다만 물외에 노니는 스님과 벗이 될 뿐 　　祇將物外僧爲伴
인간 세상 사람들과 이웃 되지 않으리라 　　不把人間俗作隣
맑은 흥 가득한 회포 뉘와 함께 얘기하리 　　淸興滿懷誰與說
오롯이 시구 하나로 읊어 낼 뿐이어늘 　　全題一句但吟呻

송계암 조실
松桂菴祖室

송계암 산속에는 1만 경치 다채론데	松桂山中萬景多
진경 찾는 나그네들 거쳐 간 이 몇 명인가	尋眞客子幾經過
꽃가지는 해 보고 방긋 붉은 가루로 시샘하고	花枝笑日妬紅粉
나물죽은 바람에 잔질하여 푸른 물결 일으키네	菜粥酌風生綠波
안개 버들에 비 그치자 빛은 안개 비추고	烟柳雨餘光映霧
이슬 매화에 봄이 한창이라 그림잔 노을 머금네	露梅春半影含霞
시 짓는 정은 숲과 내 따라 흩어졌는데	詩情已逐林川散
송계 조실 맑은 위의 푸른 등줄기에 부치네	松桂淸儀付碧蘿

봄 경치
春景

절집은 소쇄하여 무척 맑고 기이한데   僧寮蕭灑最淸奇
경물은 살랑 흘러 시에 들일 수 없네   景物飄流不入詩
새 봄비 내린 후 붉은 절벽 물소리요   丹壁水聲新雨後
저녁 비 늦 개인 때 푸른 바위 산 빛이여   碧巖山色晚晴時
아침 이내와 구름은 바람 쓸려 끊어지고   朝霞雲脚風牽斷
저녁 나무 꽃가지는 새가 앉아 늘어졌는데   暮樹花枝鳥踏垂
반쯤 닫힌 사립문엔 나그네 오지 않으니   半掩柴扉無外客
홀로 사는 이 재미를 그 누가 알겠는가   獨居滋味誰人知

봄꿈
春夢

선탑에 아무도 없어 홀연 꿈에 들자마자	禪榻無人忽入夢
맑은 혼이 나보다 앞서 신선 땅 들어갔네	淸魂先我到仙區
황학루[25] 광경은 참말로 빼어난 경치요	黃鶴樓光眞絶勝
봉황대 정경은 호탕하여 시에 담지 못하네	鳳凰臺景浩難收
삼산은 모두 청천 밖에 떨어져 있고	三山盡落靑天外
두 강물은 백로주[26]에서 갈라져 나오네[27]	二水元流白鷺洲
소상강[28] 앵무주[29] 악양루[30] 명승지를	瀟湘鸚鵡岳陽勝
하룻밤에 너울너울 흐드러지게 노닐었네	一夜飄然爛熳遊

개골산
皆骨山

금강 1만 봉우리에 옥이 겹겹 쌓였는데	金剛萬疊玉重重
유람 길손 올라 보니 감흥이 끝이 없네	翫客登臨興未窮
금전에 부처님 돌아오니 연기는 선탑 두르고	金殿佛還烟繞榻
옥창에 스님 떠나니 향초는 하늘 이어지는데	玉窓僧去草連空
선녀 음악은 맑은 밤 달에 끊이지 않고	仙音不盡靑宵月
학 울음은 푸른 나무 바람에 들리지 않네	鶴唳微聞碧樹風
오직 지금까지 맑은 경쇠 소리 여운 있어	唯有至今淸磬在
때로 저문 구름 사이 드문드문 들려오네	踈聲時到暮雲中

조 원장의 입암정 시에 차운하다
次趙院長立巖亭韻

글 짓는 늙은이가 입암정으로 거처 옮겨	文翁移接立巖亭
풍물 맑고 화창한 곳에 작은 정자 세웠다네	風物淸和起小軒
경승지 깊고 그윽하여 티끌 생각 끊어지고	勝地邃幽塵念斷
신선 땅 높고 고요하여 맑은 마음 지녔어라	仙區岑闃淨心存
그윽한 회포에 한가로이 거문고[31] 줄 타고	幽懷閑把素琴過
고요한 언약에 오직 검은 학[32] 따라 의론하네	靜契唯從玄鶴論
오래도록 산수의 시흥을 넉넉하게 얻었으니	長得湖山詩興足
백 년을 사립 닫고 높이 드러누우리라	百年高臥掩柴門

오언장편
五言長篇

월란사로 가는 학 대사를 보내며
送學大士之月瀾寺

아 그대 학 선사여	嗟爾學禪室
날 버리고 지금 어딜 가시는가	捨我今何之
그대 한번 떠난 후로	自君一去後
난 긴 그리움에 젖어 들걸세	使我長相思
귀로는 맑은 음성 듣는 것 같고	耳如接淸響
눈은 마주 합장한 것 같으리	目若對手儀
이슬은 마당 가 국화를 적시고	露浥庭畔菊
바람은 돌 위의 가지를 울리리라	風鳴石上枝
너울너울 차가운 달그림자	婆娑寒月影
맑고 텅 빈 밤빛이 옮겨 가는데	寥朗夜色移
그대 향한 그리움은 예껏 이어져	懷君屬此時
산보하며 공연히 머뭇거리네	散步空踟躕
머리 들어 하늘 밖 멀리 향하니	矯首向天外
눈은 차기운데 미음은 번뇌로 치달리네	眼寒心煩馳
그대 아직 스무 살이 안 되었으나	君年未二十
학식이 동료들보다 빼어났었지	學識超等夷
용모도 비로소 빛이 나기 시작하니	容貌始煒燁
연꽃이 푸른 연못에서 나온 격	芙蕖出綠池

마음의 때는 이미 다 정화하였으니	心垢已淨盡
빙호33에 유리를 담아 놓은 격	氷壺貯琉璃
태전34처럼 자못 총명하였고	太顚頗聰明
문창35처럼 능히 시를 알았지	文暢能解詩
이심전심으로 옛 성인을 조술하고	傳心述古聖
계율은 조사께 품부 받았지	受戒稟祖師
용맹으로 반야용선에 오르고	勇登般若舟
의심으로 보리 계단 도달하였네	疑到菩提墀
손으로 한 그릇을 적당히 떠서	手把一應器
어제 남긴 양식을 들지 않았지	不繼昨夕資
한 조각의 영대36 위에서	一片靈臺上
이 아이와 이야기 나눔 기뻤네	怡談却些兒
멀리 친척과 일가 떠나서	緬離親與黨
고생스레 찾아와 기산에 머물러	辛勤來住岐
해조음37은 옥경 소리 울리고	潮音響玉磬
연사38에서는 서재를 열었다네	蓮社闢書帷
기름 사르며 밤낮으로 공부하였고	焚膏夜作晝
부지런히 닦고 게으름을 잊었지	矻矻忘倦疲
명성이 방장실을 흔들었고	聲名動丈室
여러 동료 아사리39를 굽어보았네	俯視羣闍梨
손을 모으고 나에게 하던 말	叉手向我道
언제나 스승을 따르고 싶습니다	願言日相隨
평생에 배움 향한 정성이	平生向學誠
이때부터 흐트러지지 않았네	從此期不虧
개밋둑에 처함을 부끄러워하며	還羞處蟻蛭
계곡 옮겨 가는 꾀꼬리를 본받았지40	自效遷谷鸝

한가하게 푸른 절벽 위에서 노닐고	投閑翠壁上
맑은 시냇가 걷는 길 따라다녔지	隨跡淸溪湄
어여쁘게도 강학하는 도량에서는	可憐講道場
높이 올라 울타리 안을 엿보았고	高步窺藩籬
『치문』[41]이면 『치문』, 사교면 사교[42]를	緇門與四敎
아주 좋아하여 단것 먹듯이 하였네	酷嗜如啖飴
강마하여 의지 나약해지지 않았고	講劘志不懈
물음에 답하며 의문점을 따졌네	答問難所疑
나같이 부박한 얕은 지식 가진 자	如吾浮淺者
그대에게 어찌 도움이 되었겠나	於君何所裨
스승 노릇 비록 감당치 못하나	爲師縱不敢
두터운 마음 진실로 외면하기 어렵네	厚意誠難遺
흉금에 은연중 서로 부합하여	襟期暗相符
우리의 정의는 나날이 깊어졌지	情誼日盆深
잘 기억하게나 돌밭을 캐려면	聊知在礦土
반드시 쇠망치 도움 필요하다네	必須資琢瑂
마음을 열고 묻는 것에 대답하여	披心對所問
곧고 성실하게 아는 바를 알려 주시게	端誠告攸知
내 좋아하는 바는 그대 즐겨 정좌하여	愛君好靜坐
오직 책 읽는 데만 전념하는 것	所事唯唔呷
간절하게 서로 아끼는 마음	綢繆兩相愛
생사 불문하고 약해지지 않기 바라네	生死誓不衰
잘 생각하소 요즘 사람들	願念今世人
습속이 점점 경박해져 가니	習俗漸澆漓
마음 조심하기를 얼음 밟듯 하고	操心若履氷
공경하기를 바둑돌 쌓듯 하게	持敬如累碁

오래된 책[43] 펼쳐 보는 사이에	陳編卷舒間
점점 연마되어 감을 깨달으리	漸覺就礪砥
현담을 나눔에 여래를 법 삼고	譚玄法如來
불도를 강할 때 석가를 스승 삼아	講道師牟尼
성큼성큼 깊은 이치에 나아가면	駸駸詣奧旨
나날이 배부르고 주림은 잊게 되리라	日日忘飽飢
정을 나눔에 형제같이 돈독하고	情交篤弟兄
지극한 즐거움을 형제[44]와 함께하소[45]	樂極和塤箎
학인에 대하여 시샘하는 것은	妬娟嚮學人
비천한 세상 사람이 되어 가는 것	世如趍下卑
오직 함께 울력할 일 생각하며	惟思共賦役
다만 나누어 밥 짓는 일 기뻐하라	只喜分爨炊
불교를 이 땅에서 다 쓸어버렸으니	佛教掃地盡
우러러 믿을 분 바로 누구일거나	尊信便是誰
절굿공이 가는[46] 공부 아직 반도 안 됐는데	磨杵工未半
그대 몸에 괴로움 많이도 만났구나	爾身多遭罹
어찌 구름 밖의 자취가	那知雲外蹤
들새의 속박과 같음을 알리오	還同野鳥羈
세상길이 진실로 이와 같으니	世道苟如此
내가 마침내 무얼 할 수 있으리	而我竟何爲
그대 굳은 마음 옥 같음을 믿나니	恃君堅如玉
맑은 도랑에 금빛 가지 비치는 듯해	清溝映金枝
그대 홀연 나를 버리고 떠나니	君忽棄我去
갈림길에 다다라 슬프고 안타까워	恨悵臨路歧
옷소매 잡으며 아무 말 없이	搽裙不相語
서로 마주 보며 눈물 머금네	脉脉含涕洟

고개 돌려 자꾸만 나를 바라보면서	回首屢顧我
산문 나설 때 짐짓 느릿느릿 걷는구나	出山故遲遲
정암사는 본래 아무 인연 없었고	淨菴本無緣
월란사 또한 정해진 곳 아니라	月瀾非所期
그대 산에 들어온 날 헤아려 보니	計君入山日
지금까지 한 해도 차지 않았네	于今未周朞
사람이 살아가며 어찌 이별 없겠냐만	人生豈無別
그대와 작별하니 내 슬픔이 배가 되네	別爾倍我悲
오늘 그대 떠난 이후로는	自從君去後
벗이라곤 사슴과 고라니겠지	所侶鹿與麋
차가운 샘물 찡그리며 서러이 울고	寒泉嚬嗚咽
푸른 산은 근심스레 눈썹을 모으겠지	靑山攢愁眉
밝은 달밤에 일어나 산보할 때	起步明月夜
그 누구와 더불어 청담 나누리	誰與和淸詞
때때로 꿈속이나 찾아와서는	時來入夢想
그대 의용 완연히 여기 있음 알려 주기를	儀容宛在玆
바라건대 그대는 더욱 뜻을 도타이 해	願君愈篤意
경전 공부를 밭 갈듯이 힘써서	經訓乃畬菑
고요한 낮엔 부지런히 책을 펴고	晝靜勤披閱
깊은 밤엔 밀랍 기름 태워야 하리	夜深費蠟脂
정양은 본디 스스로 잘하였으니	靜養本自餘
어찌 꼭 간곡하게 가르질 것 있으리	何須待切偲
나아감에 반드시 탁월함 있겠고	造詣必有卓
글솜씨는 나날이 빛을 더하리라	文辭日益輝
마땅히 물외에서 노닐어야 하리니	宜從物外遊
어찌하여 티끌세상 고삐 되리오	肯作塵間縻

안개 노을 속 운수의 토굴에	烟霞雲水窟
그대와 함께 청려장 잡고 오르리니	與爾携靑藜
내가 그대 잊지 않는 마음 드러내어	表我不相諼
그대에게 몇 구절 보내노라	贈君多少辭

주

1 요해遼海의 학 : 한漢나라 요동 사람 정령위丁令威가 영허산靈虛山에 가서 신선술을 배워 천년이 지난 뒤에 학이 되어 요동으로 돌아왔다는 고사가 있다. 『수신후기搜神後記』.
2 하늘 깁고자(補天) : 돌을 구워 하늘을 메운다는 연석보천鍊石補天의 준말로, 불리한 형세를 만회하는 것을 가리킨다. 옛날에 공공씨共工氏가 전욱顓頊과 싸우다가 성이 나서 부주산不周山을 머리로 치받자 하늘 기둥이 부러지면서 하늘은 서북쪽으로 기울고 땅은 동남쪽으로 꺼졌는데, 이에 여와씨女媧氏가 "오색의 돌을 구워서 터진 하늘을 메우고, 자라의 다리를 잘라서 땅의 사방 기둥을 받쳐 세웠다.(鍊五色石以補蒼天。 斷鼇足以立四極。)"라는 전설에 기인한 것이다. 『회남자淮南子』「남명훈覽冥訓」.
3 천태天台 : 천태산. 예로부터 신선이 사는 곳으로 알려져 있다. 손작孫綽의 〈천태산부天台山賦〉에서 "도사를 단구에서 방문하여 불사의 복지를 찾노라.(訪羽人於丹丘。 尋不死之福庭。)"라고 하였다. 『태평어람太平御覽』 권41.
4 자부紫府 : 본 서 제1권의 주 34 참조.
5 옥빛 면모(圭面) : 규면의 원뜻은 직사각형 옥돌의 윗면이다.
6 옥골玉骨 : 옥같이 맑은 뼈라는 뜻으로 매화나무를 가리키는 경우가 많다. 여기서는 나무나 산세를 가리키는 것으로 해석할 수도 있다.
7 삼태성 : 국자 모양으로, 북두칠성의 물을 담는 쪽에 비스듬히 길게 늘어선 세 쌍의 별.
8 선관禪關 : 참선하는 관문(화두). 여기서는 수행하는 사찰을 가리킨다.
9 삼주三洲 : 미상. 청송 지역과 관련 있는 듯하나 정확한 의미는 미상이다.
10 오령五嶺 : 미상. 청송 지역과 관련 있는 듯하나 정확한 의미는 미상이다.
11 오류五柳 : 도연명의 문 앞에 있는 다섯 그루의 버드나무를 말한다. 진晉나라 때 도연명이 팽택령彭澤令으로 있다가 뜻이 맞지 않아 그만두고 집에 돌아와 문 앞에 버드나무 다섯 그루를 심어 놓고 오류 선생五柳先生이라 자칭하며 음주와 독서를 하며 즐겼다 한다. 『도정절집陶靖節集』 권6 「오류선생전五柳先生傳」.
12 영대靈臺 : ① 마음, ② 높은 누대. 원래는 주 문왕이 후원에 세운 누대. 『시경』 「영대」에 문왕의 덕을 칭송하면서 말하기를, "왕이 영유靈囿에 계시니, 사슴이 그 자리에 가만히 엎드려 있도다. 사슴이 살지고 윤기 나거늘, 백조白鳥는 깨끗하고 희도다. 왕이 영소靈沼에 계시니, 아, 물고기들이 가득히 뛰놀도다." 하였다. 이 작품에서는 두 가지의 해석이 가능할 듯하다.
13 단사丹砂 : 진晉나라 갈홍葛洪의 『포박자抱朴子』 「금단金丹」에서 "모든 초목은 태우면 재가 되지만 단사는 태우면 수은이 된다. 태우는 과정을 여러 번 거치면 도로 단사가

되는데, 이를 먹으면 장수할 수 있다." 한 데서 인용한 것으로, 선약仙藥을 뜻한다.

14 꿈속 나비(夢蝶) : 나비를 꿈꾼다는 뜻으로, 인간의 굴레를 벗어나 자유롭게 노니는 것을 비유한 말이다. 『장자莊子』「제물론齊物論」에서 "언젠가 장주가 꿈속에서 나비가 되었다. 나풀나풀 잘 날아다니는 나비의 입장에서 스스로 유쾌하고 만족스럽기만 하였을 뿐 자기가 장주인 것은 알지도 못하였는데, 조금 뒤에 잠을 깨고 보니 몸이 뻣뻣한 장주라는 인간이었다.(昔者莊周夢爲胡蝶。栩栩然胡蝶也。自喩適志與。不知周也。俄然覺則蘧蘧然周也。)"라는 나비의 꿈 이야기가 나온다.

15 신선님들(喬松) : 교喬는 주周나라 태자 왕자교王子喬이고, 송松은 적송자赤松子이다. 신선술을 익혀 불로장수한 인물들로 일컬어진다.

16 새의 길(鳥道) : 새들이 다니는 길. 새들만 다닐 수 있는 험한 길. 높은 봉우리로 통하는 오솔길. 이백李白의 〈촉도난蜀道難〉 시에서 "서쪽으로 태백성太白星을 바라보니 조도가 있다." 하였다.

17 소무의 편지(蘇武書) : 소무蘇武는 전한前漢 무제武帝 때의 지조 있던 신하. 무제 초에 중랑장中郎將으로 흉노匈奴에 사신 갔다가 땅굴 속에 유폐되어 음식이 끊어지므로 눈과 담요의 털을 씹으며 연명하였다 한다. 또 북해 근방으로 이동되어 양을 기르고 있었는데, 역시 양식을 주지 않으므로 그는 들쥐를 잡아먹는 등 신고를 겪었다. 그러나 그는 사신 갈 때 가지고 갔던 한漢의 절부節符를 굳게 지켜 마침내 거기에 붙어 있던 장식물이 다 떨어져 버렸다 한다. 또 19년 만에 한나라와 화친이 되어 그를 돌려보낼 것을 요구하였으나 흉노에서 "이미 죽어 버렸다."라고 하였다. 한에서는 "소무가 기러기발에 써 보낸 편지(雁足之書)가 한나라 상림원上林園에 도착하였으니, 그가 죽지 않고 있음을 안다."라고 속여 마침내 되돌아오게 되었다 한다. 『한서漢書』 「소무전蘇武傳」.

18 장주의 꿈(莊周夢) : 본 서 제2권의 주 14 참조.

19 돌제비(石鷰) : 제비 모양의 돌이다. 『수경水經』「상수湘水」주註에서 "상수가 동남쪽으로 흘러 석연산石燕山을 지나는데, 이 산에는 까만 제비 모양의 돌이 있으므로 이 산의 이름을 석연산이라 하였다. 이 돌은 혹 크기도 하고 혹 작기도 하여 어미 제비와 새끼 제비와 비슷한데, 우레가 치고 바람이 불게 되면 이것이 떼를 지어 난다." 하였다. 풍우風雨를 만나면 곧장 날아올랐다가, 풍우가 그치면 다시 돌로 변화한다고 한다.

20 여산의 혜원(廬山慧遠) : 법명은 혜원慧遠(335~417)이며, 동진 때 스님이다. 안문雁門 누번樓煩 사람으로 13세에 이미 육경을 연구하였고, 노장학에도 정통하였으며, 21세에 향산정 도안道安을 찾아가 수학하였다. 373년(전진 건원 9) 부비苻丕가 양양襄陽을 공격해 도안을 데리고 돌아가자 제자들과 함께 여산에 은거하며 동림사東林寺를 창건하였다. 그곳에서 『아비담심론阿毘曇心論』·『삼법도론三法度論』을 다시 번역하고,

『십송률十誦律』을 완전히 번역하는 등 역경 사업에 크게 공헌하였으며, 그의 덕을 사모해 모인 명사들과 백련사白蓮社를 결성해 염불행을 닦았다. 저서로『대지도론요략大智度論要略』20권,『문대승중심의십팔과問大乘中深義十八科』3권,『사문불경왕자론沙門不敬王者論』,『법성론法性論』2권,『사문단복론沙門袒服論』1권 등이 있다.

21 **산산蒜山**: 은퇴하여 묻혀 지내는 곳. 송나라 소식蘇軾의 시 중에 〈산산은 송림 속에 있는데, 복거卜居할 만하다. 내가 그 지역에 살려고 하는데, 금산金山에 속한 땅이라 이 시를 지어 금산의 원 장로元長老에게 준다〉라는 제목의 시가 있다. 여기에서 연유한 것이다.

22 **송옥宋玉**: 전국戰國시대 때 초楚나라 사람으로 굴원屈原의 제자. 굴원 다음가는 부賦의 작가로서 굴송屈宋이라고 일컫는다. 굴원의 추방을 슬퍼하여 지은 〈구변九辯〉은 뛰어난 서정적 서사시이며, 모두 16편의 부를 남겼다.

23 **화부花府**: 안동의 옛 이름.

24 **영호루映湖樓**: 안동을 가로질러 흐르는 낙동강을 조망할 수 있는 안동의 누정. 밀양의 영남루, 진주의 촉석루, 남원의 광한루와 함께 남한의 4대 명루로 평가받고 있다.

25 **황학루黃鶴樓**: 호북성湖北省 무창현武昌縣의 황학산黃鶴山 위에 있는 누각이다. 옛날 촉蜀의 비문위費文褘란 사람이 신선이 되어 일찍이 황학黃鶴을 타고 이곳에서 쉬어 갔다는 고사에 의하여 황학루라 호칭하게 되었는데, 당나라의 문인 최호崔顥의 〈황학루〉 시가 유명하다. "옛사람이 이미 황학을 타고 떠났는지라, 이 땅에는 공연히 황학루만 남았네그려. 황학이 한번 가서 다시 돌아오지 않으니, 흰 구름만 천년토록 부질없이 왕래하누나. 비 갠 강물엔 한양의 숲이 역력히 비치고, 향기로운 풀은 앵무주 물가에 무성하도다. 날은 저문데 향관이 그 어드메뇨? 연기 자욱한 강가에서 사람을 시름하게 하네.(昔人已乘黃鶴去。此地空餘黃鶴樓。黃鶴一去不復返。白雲千載空悠悠。晴川歷歷漢陽樹。芳草萋萋鸚鵡洲。日暮鄉關何處是。煙波江上使人愁。)" 이 시는 이백李白으로부터 당인唐人의 칠언율시 가운데 제일이라는 격찬을 받았다.

26 **백로주白鷺洲**: 장강 가운데 있는 모래톱의 이름.

27 **삼산 모두~갈라져 나오네**: 이백李白이 봉황대에 올라서 지은 〈등금릉봉황대登金陵鳳凰臺〉에 보면, "봉황대 위에선 일찍이 봉황새가 놀더니, 봉황은 가고 빈 대 앞에 강물만 절로 흐르네. 오나라 궁전의 화초는 오솔길에 묻혀 있고, 진나라 시대 귀인들은 옛 무덤을 이루었구나. 삼산은 푸른 하늘 밖으로 반쯤 떨어져 있고, 두 강물은 백로주에서 중간이 나뉘었네. 이 모두가 뜬구름이 태양을 가린 때문이라, 장안을 볼 수 없어 사람을 시름하게 하누나.(鳳凰臺上鳳凰遊。鳳去臺空江自流。吳宮花草埋幽徑。晉代衣冠成古丘。三山半落靑天外。二水中分白鷺洲。總爲浮雲能蔽日。長安不見使人愁。)"라 하였다. 〈봄꿈(春夢)〉의 두 구절(三山盡落靑天外。二水元流白鷺洲。)은 바로 이백의 시를 차용한 것이다.

28 소상강瀟湘江 : 중국 남쪽 동정호洞庭湖로 흘러 들어가는 강 이름. 순舜임금의 두 아내 아황娥皇과 여영女英이 남쪽 지방을 순행하다 죽은 순임금을 소상강 가에서 애타게 그리며 통곡하다가 물에 빠져 죽었다는 전설이 있다. 또 소상팔경이라 하여 소수瀟水와 상수湘水 부근에 있는 여덟 곳의 아름다운 경치가 유명하다. 곧 평사낙안平沙落雁 · 원포귀범遠浦歸帆 · 산시청람山市晴嵐 · 강천모설江天暮雪 · 동정추월洞庭秋月 · 소상야우瀟湘夜雨 · 연사만종煙寺晚鍾 · 어촌석조漁村夕照 등이다.

29 앵무주鸚鵡洲 : 당唐나라 최호崔顥의 시 〈황학루黃鶴樓〉에 "비 갠 강물엔 한양의 숲이 역력히 비치고, 향기로운 풀은 앵무주 물가에 무성하도다.(晴川歷歷漢陽樹, 芳草萋萋鸚鵡洲。)"라는 유명한 구절이 있다.

30 악양루岳陽樓 : 호남성湖南省 악양현岳陽縣에 있는 누각. 동정호를 한눈에 조망할 수 있는 곳에 있다.

31 거문고(素琴) : 꾸미지 않은 소박한 거문고. 혹은 줄 없는 거문고. 『진서晉書』 권94 「도잠열전陶潛列傳」.

32 검은 학 : 거문고의 별칭이다. 거문고를 만든 왕산악王山岳이 거문고를 연주하자 검은 학이 와서 춤을 추었다 하여 현학금이라 한다. 현금玄琴이라고도 한다.

33 빙호氷壺 : 얼음으로 만든 호로병으로, 고결한 인품을 비유한 것이다. 두보의 〈기배시주寄裴施州〉에서 "얼음 호로 · 옥거울을 맑은 가을에 걸어 놓은 듯하다.(氷壺玉鑑懸淸秋)" 하였다.

34 태전太顚(731~824) : 당나라 선사. 석두 희천石頭希遷의 제자로 조주潮州 영산靈山에 주석하였다. 태전은 유가儒家와 불가佛家의 친숙한 교류를 말할 적마다 상징적인 인물로 인용되곤 하는데 여기에는 한유韓愈와의 인연이 있었다. 한유(768~824)는 당송팔대가唐宋八大家 중의 한 명으로 뛰어난 문장가이자 시인인데, 형부시랑 벼슬을 하던 중 헌종憲宗이 부처님의 사리를 궁궐에 봉안하려고 하자 이에 반대하여 「논불골표論佛骨表」라는 상소문(819)을 올려 사리를 태워 없애야 한다고 주장하다가 헌종의 미움을 받아 서울(장안)에서 8천 리 떨어진 변방의 조주 자사潮州刺史로 좌천되었다. 그때 조주 땅의 태전 선사를 만나 불교에 귀의하였다.

35 문창文暢 : 당唐나라 승려의 이름. 한유韓愈가 그를 전송하며 써 준 「송부도문창사서送浮屠文暢師序」가 있다. 『고문진보古文眞寶』와 『당송팔가문독본唐宋八家文讀本』에도 나온다.

36 영대靈臺 : 마음.

37 해조음海潮音 : 적절한 시기에 우렁차게 말씀하신 부처님의 설법을 조수에 비유한 말이다.

38 연사蓮社 : 동진東晉의 고승 혜원慧遠이 여산廬山의 동림사東林寺에서 유유민劉遺民 · 뇌차종雷次宗 등 명유名儒를 비롯하여 승속僧俗의 18현賢과 함께 염불念佛 결사

結社를 맺었는데, 그 사찰의 연못에 백련白蓮이 있어서 백련사白蓮社라고 일컬었다는 고사가 전한다. 『연사고현전蓮社高賢傳』「혜원법사慧遠法師」.

39 아사리阿闍梨 : Ⓢ ācārya, Ⓟ ācariya. 제자를 가르치고 제자의 행위를 바르게 지도하여 그 모범이 될 수 있는 승려를 말한다. 한역하면 궤범사軌範師·규범사規範師이다.

40 계곡 옮겨~꾀꼬리를 본받았지 : 깊은 산골짜기에서 나무꾼이 나무를 치면 새들이 함께 높은 봉우리의 나무로 옮겨 간다는 맥락에서 나온 말이다. 더 높고 넓은 세계로 나가는 것, 세속적으로는 높은 관직으로 출세하는 경우를 비유한다. 『시경』「소아」〈벌목伐木〉에서 "꾀꼬리의 울음소리 재잘재잘, 깊은 골짜기에서 나와 교목으로 옮아가도다.(鳥鳴嚶嚶。出自幽谷。遷于喬木。)"라 하였다.

41 『치문緇門』: 『치문경훈緇門警訓』. 중국 역대 고승들의 경훈법어를 모은 책이다. 조선 후기에 정립된 이력 과정 가운데 사미과에서 배우는 과목 중의 하나이다.

42 사교四敎 : 조선 후기에 정립된 강당의 이력 과정 중의 한 단계인 사교과四敎科를 말한다. 『능엄경』·『기신론』·『금강반야경』·『원각경』을 4년에 걸쳐 배운다.

43 오래된 책(陳編) : 옛날 책, 고서.

44 형제(塤箎) : 塤壎과 篪箎는 모두 악기의 이름이다. 『시경』〈하인사何人斯〉에서 "형은 훈을 불고, 동생은 지를 분다.(伯氏吹壎。仲氏吹箎。)"하였는데, 이로 인해 훈지는 형제가 모두 훌륭하고 서로 간에 우애가 지극함을 비유하는 말로 쓰이게 되었다.

45 『예기』「악기」에서 "악으로 화함을 지극히 하고 예로 순함을 지극히 한다.(樂極和。禮極順。)" 하였다.

46 절굿공이 가는 : 이백李白이 젊었을 때 상이산象耳山에서 글을 읽다가 미처 학업을 성취하지 못한 채 그곳을 버리고 떠나는 도중에 한 노파를 만났는데, 그 노파가 한창 무쇠 절굿공이를 갈고 있으므로 이백이 그 까닭을 묻자, 노파가 말하기를, "이것으로 바늘을 만들려고 한다.(欲作針耳)"하므로 이백이 그의 말에 느낀 바가 있어 마침내 다시 되돌아가서 학업을 다 마쳤다는 고사가 있다. 『촉중광기蜀中廣記』권12.

송계대선사문집松桂大禪師文集
제3권

부백 황정께 올림

소승 아무개는 실로 황공하옵니다. 식湜은 어리석어 본분사에 마땅히 해야 할 도리를 아는 바가 없습니다. 어리석어 문호도 모른 데다가 또 신을 삼거나 종이를 만들어 상납하지도 못하는 일개 조서승鳥鼠僧[1]에 불과합니다. 다행히 하늘 같은 인자한 보살핌을 입어 은혜가 금수에 미쳐 이미 쌍정[2]이 이 누추한 절에 왕림하는 은혜를 받았습니다. 두 폭의 새 시편이 티끌 책상에서 밝게 빛나는데, 빈도를 무휼하여 시로 읊으신 바가 평범함을 멀리 벗어났으니, 마치 난초가 향을 머금은 듯하고 덩굴 사이 달이 빛을 더하는 듯합니다. 풍성한 덕에 감격하여 우러러 삼가 외우고 읊으며 완미하니, 느끼지 못하는 사이에 종이의 글자가 살아 움직이고 몸이 봄바람의 온화한 기운 속에 있은 지가 벌써 몇 달 지났습니다.

얼마 전에 종이를 공납하는 스님 편에 또한 보내 주신 글을 받고, 겸하여 붓과 먹을 내려 주신 은혜를 감사히 받은 이래로 더욱 황송하고 감사하는 마음을 이기지 못하겠습니다. 오늘은 마침 구율舊律이 장차 다하고 신양新陽이 이르는 날[3]이온대 성주의 안부와 기거가 어떠신지 모르겠습니다. 삼가 생각건대 화락한 군자는 하늘이 복을 주시니,[4] 만복이 시내처럼 흘러들 것[5]입니다. 입동 이후 오랫동안 어깨 뒤편의 부증浮症을 앓아 한번 관아에 가서 인사드리고 싶었으나 겨를이 없었으니, 더욱 간절하게 두렵고 죄송한 마음이 듭니다. 마른 나물 한 봉지와 미역 두 첩으로 적으나마 작은 정성을 표합니다.

上黃府伯【최】

小衲某實惶實恐。湜愚駿無識於本分所當爲。旣蒙然不知門戶。又不能織屨。出紙地。以供奉於上。不過一鳥鼠僧耳。幸賴仁覆如天。恩及禽獸。旣蒙雙旌。寵臨於陋寺。二幅新什。輝映於塵床。其所撫恤貧道。發諸吟咏者。逈出尋常。蘭若含馨。蘿月增光。感仰盛德。莊誦諷玩。不覺紙字渝而身在春風和氣之中者。已數月矣。頃因納紙僧便。又伏承下書。兼筆墨之恩賜。拜受以來。尤不勝惶悚感激之忱。即日舊律將窮。新陽鼎至。伏未審城主體候起居何如。伏念愷悌神勞。萬福川至。入冬以後。久患肩背浮症。一造庭下之拜。懷忱未遑。益切恐悚之至。乾菜一封。海菜二貼。略表微忱。

부백 황정께 올림

　불법을 배우는 나식은 감히 목욕재계하고 재배하며 옛 성주城主께 글을 올리나이다. 삼가 따사로운 봄날 안부와 기거에 만복이 깃들기를 바랍니다. 한번 성주께서 관직을 이임[6]하신 후로 복주福州 땅 수백 리의 크고 작은 백성들 그 누가 자신의 부모처럼 사모하지 않았겠습니까. 하물며 소승도 옛날 화육化育[7] 받던 이들 중의 한 사람입니다. 비록 감히 사민四民(士農工商)과 나란히 할 수는 없지만 은덕에 감사하고 어짊을 마음에 품는 것이 어찌 그들과 다름이 있겠습니까?
　다만 생각건대 지난해 오마五馬[8]가 서쪽으로 돌아가던 날 소승은 마침 대창大瘡을 앓아 한쪽 넓적다리가 허리만 하여 꼼짝없이 외진 산골에 누워 전후 40일 동안 전혀 살고자 하는 뜻이 없었습니다. 다행히 실낱 같은 목숨을 부지하여 잠시나마 인사를 살필 수 있게 되었는데, 곧 부모님 같은 분이 이미 멀리 떠나 슬퍼 망연자실하니, 저도 모르는 사이에 느꺼운 눈물이 넘쳐흐릅니다. 그러나 수레를 잡고 수레바퀴 앞에 눕는 성의[9]는 이미 미칠 수 없었습니다. 지금 미루어 생각해 보니 한스러운 죄를 어찌 다 없앨 수 있겠습니까?
　봄이 옛 고을에 돌아오자 버드나무는 푸르고 꽃은 밝게 피었으니, 마치 작년 봄의 경색과 유풍인 것 같습니다. 남은 은택이 이 마을에 있으니, 어찌 성주께서 아니 계시다고 하겠습니까? 하물며 옥찰이 티끌 책상에 머물러 있으니 손을 씻고 펼쳐 읽음에 황홀하기가 마치 자리 왼편에 앉아 3일 동안 도란도란 이야기하는 것 같습니다. "백 년의 근심을 시원하게 푼다."라는 구절이 더욱 절실하게 어린아이가 어머니를 그리워하는 정성을 불러일으킵니다.
　삼가 바라기는 성주聖主를 보좌하여 태평성대를 이루고, 동국의 억만 창생으로 하여금 때맞추어 내리는 비의 교화[10]를 고르게 입히기를 이곳

화산花山에서와 같이 한다면 온 백성들이 더 이상 다행일 수 없겠고, 온 나라가 더 이상 다행일 수 없겠습니다. 마침 성에 들어가는 한 아전 편에 서찰을 번거롭게 보냅니다. 지극히 황송하여 감히 할 수 없음을 아오나 종이를 대하여 머뭇거릴 시간이 없어 마침내 스스로 그만두지 못합니다. 소승은 근래에 고림사高林寺에서부터 황산黃山의 정암사淨菴寺로 거처를 옮겼습니다. 거듭 백배 사죄합니다.

上黃府伯

學佛人懶溻。敢齋沐再拜。上書于前城主。伏惟春姸體候起居萬福。一自城主解龜之後。福州數百里。大小人民。孰不思慕我父母。而矧玆小衲。亦是前日化育中一物。雖不敢自齒於四民。而感德懷仁。豈有異於彼哉。但伏念前歲五馬西歸之日。小衲適患大瘡。一股如腰。僵伏窮山。首尾四十日。全無生意。幸保一縷。少得省事。則父母已遠。悵然自失。不覺感悌[1]橫流。而攀轅臥轍之誠。已無及矣。追思至今。恨罪曷極。春回故郡。柳綠花明。宛是昨年景色遺風。餘澤之在是邦者。豈曰無形像耶。況珠聯玉札留在塵床。盥手披玩。怳若方臨席左而聯翩三日話。開豁百年憂之句。尤切惹起赤子戀母之誠也。惟伏祝佐聖主致太平。使東國億萬蒼生。均被時雨之化。一如花山一區。則斯民幸甚。國家幸甚。適爾入城有一吏便。替書煩達。極知惶悚不敢。而臨紙趑趄。終不克自已矣。小衲近自高林。移錫黃山之淨菴耳。更百拜竢罪。

---
1) ㉠ '悌'는 '涕'인 듯하다.

진성 수령께 올림

취화 선자醉花禪子[11]인 나식은 재배하며 사군 합하께 글을 올립니다. 식은 몸을 초야에 숨기고 자취를 산간에 감추어 세상과 서로 왕래하지 않은 지 오래되었습니다. 합하께서는 세상에 다시없는 뛰어난 재능을 가지고 북궐의 근심을 나누었으며,[12] 혜선[13]의 은택이 사방 백 리에 흡족하게 적시어 그윽한 향기[14]가 멀리 퍼져 이웃 고을에 미쳤음을 전해 들었습니다. 식은 진실로 이를 아름답게 여기고 흠모하기를 마지않았더니, 지난겨울에 오마의 행차[15]가 다행히 누추한 이곳에 왕림해 주셔서 섬돌 아래에 잠시 머물러 대군자의 빛나는 위의를 바라볼 수 있었습니다. 또 『전등록』 1부를 찾으시니 지금까지 명심하여 감히 잊지 않았습니다만 뜻하지 않게 질병에 얽혀 나아가 모실 수 없어 세월만 끌고 있으니, 소승은 극히 황송할 따름입니다. 또한 그 책은 마침 남에게 빌려준 상황이온데 아마도 머지않아 가져올 것입니다. 병이 낫기를 기다려 곧바로 직접 나아가 드리고자 합니다. 뜻밖에도 내려 주신 글월을 읽음에 더욱 떨리는 마음 금치 못하겠습니다. 곧바로 의당 친히 그 이유를 말씀드려야 하나 병이 아직 낫지 않아 정성을 다할 수 없습니다. 진심으로 사죄하는 바입니다.

上眞城倅

醉花禪子懶湜。再拜獻書于使君閣下。湜潛身草裏。晦跡山間。不與世相聞久矣。仄聞閣下。抱不世之才。分憂北闕。惠鮮之澤。洽于百里。馨香之聞。達于傍疆。湜固已艷慕之不已。乃於前冬。五馬行李。幸得寵臨陋境。得以少立於階墀之下。而望見大君子光儀。又辱索傳燈一部。銘佩至今。未嘗敢忘。偶纏疾病。未克趨候。引拖時月。茅[1)]劇惶恐。且其書適爲人所借。似在不遠。俟病蘇。方擬躬詣奉呈矣。不自意。伏覩下書。尤不勝戰汗之至。卽宜親達厥由。而病尙未差。未能遂忱。死罪萬萬。

1) ㉑ 『한불전』에는 '茅'로 되어 있으나 저본에는 '苐'로 되어 있다. 번역은 저본에 따른다.

진성 수령께 올림

　백성이 복이 없어 성후聖后께서 승하(賓天)하시니, 무릇 산야에 있는 사람으로 달려가 목놓아 울지 않는 이가 없느니, 진실로 간절하기가 부모를 여읜 아픔과 같습니다. 하물며 합하께서는 일찍 선왕의 밝은 빛[16]을 뵙고 백 리 땅에 임금의 근심을 나누셨으니, 지금의 이 아픔은 진실로 산야에 있는 자들과 비할 바가 아닐 것입니다. 지금은 겨울이온데 삼가 합하께서 평안하시길 간절히 바랍니다. 위로하고 우러르는 마음이 지난날보다 배가 됩니다.

　식은 넘치는 보살핌에 의지하여 분수에 따라 먹고 마시고 있습니다. 솔잎을 먹고 구름에 눕는 아취와 마음을 가다듬어 정신을 수양하는 기술이 비록 마음속에 즐거움을 불러오지만 합하를 위해 번거롭게 풀어내기는 부족합니다. 돌아보면 이 잔납殘衲은 미숙하고 어리석으며 행실이 없어 궁벽한 산골에 숨어 세상에서 버린 자가 되었으나, 뜻하지 않게 소문이 합하께 그릇 미쳐 앞뒤로 인자함을 베푸신 은혜로 개미 같은 몸을 아껴 주셨습니다. 비록 황송하고 부끄러우나 대군의 백성을 사랑하는 마음이 그 지극함을 다하지 않는 곳이 없음을 충분히 알겠습니다. 『전등록』 한 질을 찾으셨는데, 비록 상문桑門(沙門)의 동지가 요청하더라도 또한 그 중 한 권도 빌려주기 쉽지 않습니다만, 이제 합하의 명을 감히 어기지 못하여 삼가 전질을 받들어 올리나니, 청컨대 한 번 살펴보시고 곧바로 돌려주시기 바랍니다. 바라옵기는 곧 공의 관아에 직접 찾아뵙고 안부를 묻는 예를 다하고자 하였으나, 한 달이 다 되도록 신음하느라 성의를 다하지 못하오니 죄송만만합니다. 정리政履[17]가 계속 도움을 받아 구구한 저의 바람에 부응하시길 빕니다.

上眞城倅

生民無祿。聖后賓天。凡在山野者。莫不奔走號哭。實切如喪之痛。矧伊閤下。早謁耿光。百里分憂。此時此慟。固非山野者之比也。即日冬令。伏惟閤下。字履對時。萬重區區。慰仰之忱。有倍於疇曩也。浞仰賴餘疵。飮啄隨分。而啖松臥雲之趣。頤神養性之術。雖有娛樂於心。而不足爲閤下煩喋也。顧妓殘衲。儱侗無行義。潜伏窮阿。爲世所賤棄者。而不意流聲。誤達於崇聽。前後仁覆之恩。眷眷於螻蟻之身。雖切惶懼感怍。而足認大君子愛物之心。無所不用其極耳。俯索傳燈一袟。雖桑門同志之請。亦靳其一借。今於閤下之命。不敢有所咈。謹以全袟奉呈。幸一賜覽觀。即爲還擲。伏望丕擬躬晋軒屛之下。以致暄涼之禮。而適薪疾。浹月沉呻。未克遂忱。尤用罪悚餘萬。惟祝政履連相。以副區區之願。

이 참봉에게 드림

　송계 산인松桂山人 식湜은 감히 목욕재계하고 재배하며 계상溪上의 이李 사문斯文[18]의 체안棣案[19]에 글을 올립니다. 식은 성품이 본래 어둡고 어리 석어 골짜기나 애써 지킬 뿐, 당세의 대인이나 군자의 집을 찾아뵙고 그 서론緖論을 들을 수 없었던 것이 지금까지 몇 해나 되었습니다. 옛날의 고 명한 스님으로 혜원慧遠[20]같이 청정한 수행을 하신 스님, 태전太顚[21]같이 밝은 지혜를 가진 스님들이 도에 통달하고 법을 이루어 곧 홍유석사鴻儒 碩士들과 교유하던 것을 생각할 때마다 흠모하지 않은 적이 없었습니다. 또한 광려匡廬[22]의 쏟아지는 폭포(懸瀑)[23] 사이에서 어깨를 나란히 하지 못 한 것을 아쉬워하였습니다. 뜻하지 않게도 가을이 저물 때 한 줄기 산길 을 찾아 우리 동방의 추로지향鄒魯之鄕[24]으로부터 곧바로 나와 월란사月瀾 寺에서 이틀을 묵고 맑은 낙동강 물을 세 번 건너 곧 선생의 문하에 찾아 뵙고 인사를 드렸습니다. 덕용을 우러러보니 형제들(棣花連枝)[25]이 춘당을 모시고 있는데 기쁜 기색이 화기애애하였으며, 하찮은 이 몸을 보살펴 주 시는 은혜가 매우 두터워 따스한 음성으로 하룻밤 머물기를 허락하셨습 니다. 비록 인후한 덕이 여기에 미친 것을 감사하였으나, 다만 방포方袍의 다른 풍속과 원정圓頂[26]의 다른 제도로 말미암아 감히 모시지 못하고 해가 저물자 급히 하직하였습니다.

　도산서원에 도착하니 서녘 해가 바야흐로 저무는데, 지난 일이 마치 어 제런듯, 지팡이 떨치며 올라 보니 천연天淵은 왼편에 있고 운영雲影은 오 른편에 있어 합장하여 공경하고, "석양의 멋진 풍경 시내와 산을 움직이 고"[27] 장을 읊고, "한가로이 하늘 연못 향하여 늦은 노를 희롱한다."[28]라는 구를 반복하니, 천년이 지나도 다할 수 없는 회포가 일어나서 울며 내려 왔습니다. 아, 인생 세간에서 이러한 명교名敎 중의 좋은 땅을 알지 못하 고 머리를 깎고 공空의 세계로 숨어들어 가 이 가시밭에 넘어진 채 길을 잃었으나 다시 찾지 못하고 마침내 그 몸을 마감한다면, 오륜의 천상天常에 죄를 얻고 성현의 대법大法에서 버림받은 것이 또한 마땅하지 않겠습니까? 그러니 식의 이번 행차는 또한 행운이라 하겠습니다. 옛날 중국의 동쪽으로 유람하는 사람이 연성공衍聖公[29]의 얼굴을 뵌다면 곧 사람들이 바다에 들어가 용을 보는 것에 견줄 것이니, 이는 대개 대성大聖의 지극한 은택을 공경하여 그 후손을 존귀하게 여겼기 때문일 것입니다. 그러한즉 지금 제가 있는 선성宣城[30]은 곧 중국 땅의 궐리闕里이며, 천연天淵은 곧 행단杏壇의 남은 자취입니다. 여러 공들은 곧 대현大賢의 후손들이며, 동토東土의 한 연성衍聖입니다. 이제 이와 같은 비천한 몸이 시례詩禮의 청재淸齋에서 감히 당돌하게 좋은 가르침을 받들고, 궐리闕里의 유풍이 있는 경치(雲物)를 넘치도록 감상하니, 상쾌하기가 꿈을 깬 듯하고 개운하기가 술을 깬 듯합니다. 이것으로 산을 넘고 바다를 건너지 않고도 천하의 기이한 경관을 다 볼 수 있었으니, 어찌 다행이 아니겠습니까? 이때부터 티끌 찬 가슴이 더욱 확 트이고 비루한 마음이 모두 사라져 스스로 앞에서 말한 혜원慧遠과 태전太顚같이 청유淸遊하는 무리라 여기나니, 물외에서 현허玄虛[31]를 흠모하는 것이 어찌 이 장관에 비교할 수 있겠습니까? 여러 군자들은 덕업이 풍성하여 옛날의 홍유 석사에 비해 많이 양보하지는 않을 것인즉, 바다에 들어가 용을 보는 비유가 뜻하지 않게 내 앞에 나타난 것입니다. 비록 산골짜기에서 늙어 죽더라도 어찌 이 세상에 남은 여한이 있겠습니까? 지금은 겨울이 저물어 차가운 바람이 눈을 흩뿌리는 때이오니, 여러 시하侍下께서는 몸의 건강이 이로부터 더해지시기를 축원하는 마음 간절합니다.

　식이 한번 산문 밖으로 발을 잘못 내딛은 후로 한 달이 다 되어 가니, 청산은 근심에 가득 차고 녹수는 성을 내어 시끄럽게 하니, 다만 부끄러운 탄식만 간절하여 후회해도 소용이 없을 듯합니다.[32] 작별함에 이르러 정중한 가르침을 주시니, 이 또한 대군자께서 사람이 모두 선하기를 바라는 깊은 뜻이겠습니다. 조만간 다시 지극한 은혜를 베푸시어 이 간절한 소원을 이루어 주신다면 곧 마땅히 운결殞結[33]하여 만분의 일이라도 갚고자 할 따름입니다. 작은 정성을 다 기울이고자 하나 말이 많아 망령되오니, 바라건대 그 어리석음을 취하시고 그 죄를 취하지 않으시며, 이 가난한 승려로 하여금 지언知言[34]의 군자에 숨김이 없게 하면[35] 실로 다행이라 하겠습니다. 황공하오나 이만 줄입니다. 여러분의 체력이 때를 따라 더욱 편안한 가운데 더욱 대업에 힘써 사모하는 마음에 부응하시길 빕니다.

與李叅奉

松桂山人浞。敢齋沐再拜。上書于溪上李斯文掾[1)]案下。伏以浞性本昏愚。苦守一壑。不能往來。趍謁于當世大人。君子軒屏。以聽其緒論者。于今積有年矣。每念古之名僧。淸脩如慧遠。聰慧如太顚者。道通法成。乃能托交於鴻儒碩士。未嘗不欽慕。且恨不得比肩於匡廬懸瀑之間也。不意秋晦。尋山一逕。直出於吾東方鄒魯之鄕。而再宿月瀾之寺。三渡淸洛之水。乃投謁于先生之門而禮焉。瞻仰德容。掾[2)]花連枝。陪侍春堂。喜氣融融。庇恤微蹤。恩貸特甚。命之以溫音。許之以宿留。雖感仁厚之德。有以及此。而但方袍殊俗。圓頂異制。不敢執侍。移日而遽爾徑辭。來抵陶院。西日方曛。徃事隔晨。振策登臨。天淵在左。雲影在右。叉手起敬。流吟乎夕陽佳色動溪山之章。反復乎閑向天淵弄晚輝之句。有以起千載不盡之懷。而繼之泣下也。噫。人生世間。不知有此名敎中樂地。而落髮逃空。蹟此荊榛。迷不知復。遂終其身。得罪於五倫之天常。見棄於先聖之大法。不亦宜乎。然浞之玆行。亦云幸矣。古之東遊於中國者。若得按衍聖公之顔範。則人比之以入海觀龍。是蓋敬大聖之至澤。而尊貴其雲來也。然則今我宣城。乃是中土之闕里。天淵乃是杏壇之遺躅也。僉公乃是大賢之雲仍。而東土之一衍聖也。今以么麼賤踪。乃敢據突穩承嘉誨於詩禮之淸齋。飽賞雲物於闕里之遺風。灑灑然如夢之覺。飄飄乎若醉之醒。

是則不勞於跨山航海。而能盡天下之奇觀也。豈不侈幸哉。自是以後。塵胸益豁。鄙吝全消。自以爲向所謂惠遠太顚之淸遊徒。物外慕玄虛者也。何足比於玆觀。而僉君子德業之盛。不多讓於古之鴻儒碩士。則入海觀龍之比。不期而當我之前矣。雖老死丘壑。豈有餘憾於斯世也。目今冬序向闌。朔吹釀雪。伏惟僉侍下體力。履玆增休。慰賀萬萬。渠一脚妄出山門。浹月言旋。而靑山攢愁。綠水喧嗔。只切慙歎。噬嗜無及。就臨別鄭重之敎。是亦大君子。欲人皆善之盛意也。早晚倘史垂至惠。遂此區區之願。則從當殞結。以報萬一耳。磬竭微衷。語多顚妄。幸望錄其愚。而不錄其罪。使此一窮髡。無隱於知言之君子。則實幸莫大焉。惶恐只此不備。惟伏祝僉體力。對時珎衛。益勵大業。以副慕望。

1) ㉠ '捸'는 '棣'인 듯하다. 2) ㉡ '捸'는 '棣'인 듯하다.

어떤 이에게 주다

지난해에 여러 사람이 모인 가운데 일찍이 한두 번 얼굴을 뵈었으나 편안하게 함장(函丈)[36]의 가르침을 받을 수 없었습니다. 그러하니 어찌 선생(下執事)[37]에게 기억될 수 있었겠습니까? 새해를 맞이하여 도체[38]가 시냇물이 밀려오듯 경사스런 일 많으시기 바랍니다. 소생은 평생 재주나 수완이 없어 다만 시서詩書나 가업(箕裘)[39]을 지켜 일생의 학업으로 삼았습니다. 그러나 우둔한 근성인 데다 얕고 용렬하기까지 하여 어려서는 큰 힘을 펴지 못하였고, 자라서는 과거 보는 선비의 소굴에 떨어져 종사하는 바가 선배(先進)들의 유행하던(時尙) 문자에 지나지 않았고, 교유하는 바가 단지 강장講場에서 입으로만 맴맴거리는(佔畢)[40] 무리들뿐이었습니다. 발걸음은 선생과 장자長者의 뜰에 들어가지 못했고, 귀로는 힘써 도와주는 좋은 벗의 절차탁마切磋琢磨를 들어 보지 못했습니다.

같은 고을에서 태어나 다행히 마치 밀옹密翁[41]·옥천玉川[42] 같은 대인을 만났으나, 또한 부지런히 비질하고 정성스레 서론緖論을 들을 겨를도 없었습니다. 보잘것없는 문장[43]으로 반평생을 미치광이로 살아 마침내 이룬 것이 없었으니, 이른바 군자가 버리는 바요, 소인이 귀의하는 바입니다. 지금은 머리카락이 이미 듬성듬성해지고, 둔한 걸음은 점차 절뚝거리는 지경에 이르렀으며, 명리 마당(名場)[44]에서 글재주를 겨루다[45] 이미 서당西堂[46]의 퇴물이 되었습니다. 마음공부는 다만 동문東門[47]의 노장老將에 지나지 않아 걸음마다 모두 도와주고자 하였으나, 후회와 부끄러움이 산처럼 쌓여 처연히 하늘을 바라보며 부질없이 날은 저무는데 길은 멀다는 탄식을 하게 됩니다. 정말 중병에 든 사람이 바야흐로 반은 죽고 반은 살아 있는 것과 같으니, 때를 잃고 당제當劑[48]를 투여하지 않으면 장차 병을 어찌할 수 없을 것입니다.

그리하여 편작扁鵲 대수大手[49]와 함께 푸른 주머니[50]를 소매에 감추고 그

곁에 있으면서 곁눈으로 흘겨보며, 태평하게 처방을 주지 않으면 곧 인인仁人 군자君子들이 뭐라 할지 모르겠습니다. 생각건대 선생께서는 도를 독실하게 믿고 넓은 덕을 잡아 평생 공력을 들이셔서 사문斯文에서 눈으로는 도리의 긍경肯綮[51]을 환히 보고, 손으로는 문장의 사명司命[52]을 잡았으니, 이것이 질병을 다스리는 의원이 아니겠는지요? 만약 깊은 병에 든 사람을 살린다면 진나라 초나라의 길[53]도 멀지 않다고 여길 것입니다. 선생께서 한번 애긍심을 베풀어 주셔서 월인越人[54]의 덕망을 본받아 아픈 곳에 정문일침頂門一鍼을 놓아 하나의 활로를 가리켜 보여 주시지 않겠습니까?

비록 그러하나 소생은 속으로 크게 두려워하는 것이 있습니다. 무릇 배움이 끊어지고 풍속이 경박하여 문변지지問辨之地[55]가 오랫동안 쓸모없는 존재[56]가 되었으니, 스승이니 제자니 하는 이들이 저를 다른 지역의 이상한 사람으로 보면서 손가락질하며 비웃으며, 무리지어 욕하고 헐뜯는 사람이 넘쳐 나지 않을까 두렵습니다. 선생은 높고 밝으며 광대한 생각을 가지고 있으니 꼭 세속의 설월雪月 같은 소란을 꺼리지 않으시고, 가시밭 길에 방랑하던 자취를 살려 주신다면 학문의 방면에 온 마음을 다 쏟겠습니다. 이는 진실로 관중管仲과 상앙商鞅[57]의 재주로 공자와 맹자의 문하에 드나드는 것과 같으니, 비단 남들이 믿지 않을 뿐 아니라 선생 역시 믿지 않을 것입니다. 믿지 않으면 곧 비난하고 업신여기는 이가 반드시 많아질 것이니, 좋은 스승과 위대한 장인의 가르침을 행하지 않는 자가 거의 드물 것입니다.

저[58]를 선생에 비하자면 서울과 지방으로 그 지세가 다르고, 정교함과 조박함으로 그 습상習尙(기풍)이 다르며, 저 강토와 이 경계로 다르며, 서로 말과 소가 도달할 수 없을 만큼 멀리 떨어져 지냈습니다.[59] 앞으로는 고문高門(고대광실)을 곡진하게 받드는 것을 싫어하고, 뒤로는 당돌하게 대인을 참람함이 있어, 열 개의 포 묶음[60]과 한 묶음의 회초리를 가지고 감히 빠르게 선생에게 품을 팔지 못합니다. 그러나 다만 이 간절한 정성[61]

은 마음속에 담아 둔 지 오래입니다.

　조만간 자상한 가르침을 받으며[62] 문하門下에 있게 된다면, 비록 정법안장正法眼藏[63]에는 감히 그 규모를 엿볼 수 없을지라도 마음속의 거친 다북쑥은 베어 낼 수 있을 것이고, 책 속의 몽매한 안목을 아마도 다스릴(鐁) 수 있을 것입니다.[64] 문장의 맥락과 작자의 문호도 또한 그 한 무늬[65]나마 엿보고 작은 살점이나마 맛볼 수 있을 것이니, 삼밭의 쑥은 휜 것을 바로잡지 않아도 저절로 곧아질 따름입니다. 무릇 그러한 이후에 소생에게는 경형黥刑을 돕고 월형刖刑을 돕는 효험[66]이 여기에 있을 것이요, 선생에게는 기사회생시키는 공덕이 이에 클 것입니다. 소생이 앞에서 말씀드린 지껄이는 자의 입을 끝내 돌아보지 않고 큰마음을 분발하는 까닭은 선생의 채찍질을 바라는 것입니다. 이렇게 간절한 속마음을 선생께 펴서 언젠가 직접 찾아뵙는 단계로 삼고자 하오니, 여기에서 그 뜻을 구하는 것은 곧 십분의 칠, 팔이 될 것입니다. 광솔狂率하고 아는 것이 없어 더 이상의 이야기[67]가 꺼려집니다. 선생께서는 너그러이 용서해 주십시오. 이만 줄입니다.

與或人

昔年間於稠廣中。嘗一二獲拜顏色。而不能穩承警咳於函丈下。其何能見記於下執事也。即惟新元。靜中道體。迓慶川至。小生平生。無他伎倆。謹守詩書箕裘。以爲一生學業。而鈍根庸性。兼爲薄冗所奪。少也。不能大肆其力。中也。墮入擧子窠窟中。所從事者。不過先進時尙之文字。所交遊者。只是講場佔僻之流輩。迹不入先生長者之門庭。耳不聞强輔勝友之磨切。生同一鄕。幸得大人。如密翁玉川。而亦未暇源源奉等。歆聽緖論。彫虫小枝。[1] 狂了半世。畢竟無所成。所謂君子之所棄。而小人之所歸矣。即今頭髮已種種。駑步漸至彳亍。白戰名場。已作西堂退釋。而向裏工夫。不啻東門老將。擧足咸輔。悔吝山積。悵望宇宙。空有日暮途遠之歎。

正如重病之人。方在半生死之地。失今不投當劑。將至病不可爲矣。於是
而和扁大手。袖靑囊而在其傍。睨而視之。恝然不加治方。則未知仁人君
子。以爲如何也。仰惟執事信道之篤。執德之弘。平生用工。於斯文上。眼
透道理之肯綮。手握文章之司命。此非疾病之醫門乎。如生沉痼之人。可
以不遠秦楚之路矣。尙執事一賜怜憐。不效越人之望。走痛下頂門一鍼。
指示一條活路否。雖然小生竊有所大恐者。夫學絶俗偸。問辨之地。久爲
弁髦。曰師曰弟子者。視如異方詭物。指點而非笑。羣吠而毁詆者。滔滔
也。執事高明廣大之量想。不必顧忌於流俗雪月之骸。而如生放浪迷陽之
踪。自謂回頭轉腦於問學之方。政猶管商術而孔孟門者也。非但人不信。
執事亦不信。不信則姍侮者必多。其不爲名師鉅匠之所麾者。幾希矣。不
佞於執事。京鄕異其地勢。精粗殊其習尙。彼疆此界。馬牛相風。前有曲
奉高門之嫌。後有唐突大人之僭。是以十胝之脩。一卷之策。不敢徑賣下
執事。而只此慕羶之誠。蘊諸方寸者久矣。早晩負劍呵門下有地。雖於正
法眼藏。不敢窺其涯涘。而心中之蓬艾。庶可芟得。卷裏之蒙眼。庶可鐥
得。文章之路脉。作者之門戶。亦可窺一斑。嘗一臠。在麻之蓬。不待矯
楺而自直耳。夫然後。小生補黤助刖之效。於是乎在。而執事起死回生之
功。於是乎大矣。此生之所以終不顧向之所謂啾啾者之口。而奮發大心。
願爲執事執鞭者。玆布區區腹心於下執事。以爲他日進焉之階。卽此而求
其志。則可什七八矣。狂率不識忌諱。葛藤至此候。執事恕。不宣。

1) ㉠ '枝'는 '技'의 오기인 듯하다.

대암 화상께 올림

지난해 동짓달에 한사閑師가 지나가는 편에 서신 하나를 써서 올렸는데 이미 읽어 보셨을 줄로 생각합니다. 이번 새해를 맞이하여 삼가 대주실大籌室[68]의 안부에 하늘의 가호가 있기를 바라고, 경사로움이 덩굴져 가득하기를 우러르는 마음 지극합니다. 다만 연세가 점점 높아져 한 해만 더하면 회갑으로 나아감에 다만 한 해를 다툴 뿐입니다. 평생에 정해진 힘은 진실로 마음대로 할 수 없으니, 흐르는 세월을 따라 노쇠해지게 됩니다만, 저의 근심하고 연모하는 정은 어버이의 그것에 못지않을 것입니다.[69] 소승이 스승을 떠난 후로 벌써 12년 성상이 흘렀습니다. 비난은 점점 극에 달하여 살아오면서 여러 일을 당하여 길에서 분주하게 다니고 본분상의 사업을 버렸습니다. 돌이켜 봄에 슬프고 안타까운 일은 다만 헛되이 이생을 보내는 것만 죄가 아니라 평일에 허다히 이끌어 주신 노력에 마침내 한 터럭도 보답하지 못하는 것입니다. 두렵고 죄송하기 그지없습니다. 때마침 이번 새해를 맞이하여 곧바로 지팡이를 끌고 남쪽으로 내려가 문하에서 소쇄하는 일을 하고 싶습니다만, 근심과 잡일로 인해 생각만 있고 이루지는 못합니다. 이 죄 어찌 용서받을 수 있겠습니까? 나머지 많은 이야기는 줄이옵고, 삼가 도체가 연이어 이어져 이 정성에 부응하시기를 바라며 간절히 축원하옵니다.

上大菴和尙

客年至月中。因閑帥過去便。修上一書。伏想已登覽矣。卽日新元。伏惟大籌室道體起居。祐納蔓慶。區區慰仰之至。但伏念尊年漸高。添却一臘。前去晬甲。只爭一歲。平生定力。固不可便。逐流光以致衰換。而顧此憂戀之私。無減於顧我復我者也。小僧自離顏範。已周十二星霜。而挪揄轉劇。生受多端。奔走道路。抛却本分上事業。撫躬傷悼。不但虛度此

生爲可罪也。平日許多提撕之力。竟無以絲毫報答也。恐悚恐悚。屬此新
正。亟欲振策南下。以供灑掃之役於門屛之下。而憂冗掣肘。有懷莫遂。
罪何可容也。餘萬惟伏祝道體連廸。副此區區。興祝千萬。

대암 화상께 올림

　지난 가을 가는 인편(遞便)에 글월 하나를 올렸는데 혹 부침을 면하여 보셨는지 모르겠습니다. 그 후 계절이 이미 바뀌어 간절한 연모의 정이 나날이 깊어지고 해를 좇아 쌓여 가니 아마도 숭화봉崇華峯을 잠기게 할 듯합니다. 오늘 가을을 맞이하여 단풍 비단이 산을 꾸밀 적에 삼가 도체道體가 덩굴 같은 복을 무성하게 받으시기를 멀리서 간절하게 위로하는 마음 지극합니다. 소승의 운명은 간난하고 험하여 지난해 중춘仲春에 두 다리에 부종浮腫이 생겼는데 열흘도 되지 않아 독기가 크게 번져 두 다리가 거의 허리만 해졌고, 갈수록 더 고통스러운 것은 차마 필설로 다할 수 없습니다. 밤낮으로 신음하고 인사를 분간하지 못한 지 거의 아홉 달 지난 이후에 의원에게 치료 받았으나 터무니없이 침을 근맥筋脈에 놓는 바람에 겨울 지나고 봄 지나서 비로소 석장 짚고 산문을 나서니, 만 명 죽는 데 하나 살아난 것이라 하겠습니다. 이제는 곧 처음 신음하던 때와 비교하면 거의 완치된 것 같으나 큰 병을 치른 후라서 혈기가 다 허해지고 두 다리는 마르고 가늘어져 비틀걸음으로 걷고 있습니다. 이와 같은 지경이니 어찌 세상에 살고 싶은 생각이 조금이라도 있겠습니까?

　고사高寺는 또한 나그네 절이라 몸조리하는 것 하나도 매우 편하지가 않아서 이미 지난 중추中秋 13일에 다시 황암黃菴으로 거처를 옮겼습니다. 궁해지면 근본을 되돌아본다던 옛말이 정말로 빈말이 아니라서 깊은 산속에 칩거하니 만 가지 생각이 다 사라집니다. 또한 삼가 생각건대 소자小資는 일찍이 골육의 은혜를 입고 어려서 남쪽 유람하던 때에 서론緖論을 직접 들었으나, 중간에 의식을 염려하는 마음이 들어 사람으로 하여금 얼굴을 바꾸게 하고 분주함에 빠지게 하여 다시 문하에 나아가 대업을 마칠 수 없었습니다. 지난 가을 내내 또 이수二竪[70]가 이와 같이 장난질치는 바를 입었으니, 소자의 죄가 몸에 쌓이지 않음이 없어서 두 다리에 재앙을 만나 그렇게 된 것이니, 누구를 원망하며 누구를 탓하겠습니까? 서천西天의 백련지교白蓮之敎[71]를 병중에 더욱 힘써 믿으니 느꺼운 눈물이 눈에 잠깁니다. 각화사覺華寺의 이안移安 기문記文을 소자小資의 거친 문장으로 어찌 감히 경솔하게 쓸 수 있겠습니까? 각사覺寺 화주로서 제 절을 지나는 자가 사문師門의 교명敎命을 전달하고 이어서 재촉하니, 두 번씩이나 존귀한 교시를 범할까 봐 황망한 가운데 초안을 쓰고 다시 고치지 못한 채 인편에 우러러 바칩니다. 식은땀이 얼굴에 흐름을 느끼나니, 어찌 감히 이 글로 마음에 흡족하여 후대에 전해지길 바라겠습니까? 간절히 바라옵기는 이로 인해 바로잡아 고쳐 주고 가르침을 돌려주셔서 미혹하고 몽매함을 드러낸 것을 깨쳐 주시기 바랍니다. 남은 이야기는 줄입니다. 마침 스님이 왔다가 돌아가는 편에 끙끙대며 안부를 올립니다. 삼가 도체가 시절 따라 모든 일이 평안하시어 병든 소자의 간절한 정성과 소망에 부합하시길 빕니다.

上大菴和尙

前秋憑遞便。修上一書。或免浮沉。而已入登覽否。厥后穀燧已換。區區戀慕之忱。隨日而長。逐年而積。殆沒崇華峯矣。卽日秋凉。楓錦粧山。伏惟道體。茂膺蔓祉。遙切攢慰之至。小僧軀命艱險。客年仲春。偶得兩股浮腫。而一旬之內。毒氣大肆。兩股之大。幾至如腰。去益辛苦。有非筆舌所可盡也。晝夜呻嘆。不分人事者。殆近九朔而後。爲俗醫之妄加針砭。誤中筋脉。經冬涉春。始得扶杖出門。可謂得一生於萬死者也。今則比初吟病。庶幾完蘇。而大病之餘。血氣俱虛。且兩股枯縮。行步蹣跚。如是而寧有一分生世之願也。高寺便是客土。調護一節。殊甚難便。已於中秋十三。更爲移錫於黃菴。窮而返本。古語直不虛。跧伏窮崖。萬念俱灰。仍伏念小資。早蒙骨肉之恩。預聞緖論於弱齡南遊之日。而中間衣食之念。都令人換改頭面。奔走汩汩。未得更進門下。以卒大業。前秋一期。又被二竪所戲劇如此。莫非小資罪積于身。而罹此灾蹇於慈門之兩脛而然也。誰怨而亦誰尤也。西天白蓮之敎。尤釀病中。感涕之潛潛也。覺華移安記文。以小資拙斲。何敢率爾犯手。而覺寺化主之經過鄙寺者。以傳師門敎命。委來敦迫。故重違尊敎。忙裏起草。未及修改。因便仰呈。自知汗顔。何敢以此爲足於心。而傳於後耶。切欲因此望得斤正回敎。以破迷昧之發也。餘萬。適得僧來回便。忍呻修候。惟伏祝道體。對時萬安。以副病資。血誠懇仰。

와운당에게

만물의 변화가 적료해진 즈음에 한 점 신령스런 물소(靈犀)[72]가 멀리 성스런 굴(聖穴)을 비추어 홀연히 제천회諸天會 벗들이 석장을 날려 옛 산에 모였습니다. 산 아래 우리 와운공臥雲公께서는 기거起居가 어떠하신지요? 천궁天宮의 한 마리 용이 하늘의 명을 받아 과연 떨어졌는지 안 떨어졌는지 궁금합니다. 저는 이들 중생 가운데 앉아서 비록 대백우大白牛로 인도[73]하고자 하였으나, 80년의 세월이 다만 한낮의 터럭 하나에 불과할 따름입니다. 매번 고사高師를 적막한 물가에 모시고 우리 집안의 선교禪敎의 설을 강하는 것을 듣고자 할 때마다 고사께서는 외려 앞장을 서셨으나, 한편으로는 내켜 하시지 않아 내려와 노졸老拙한 이의 벗이 되었습니다. 저 또한 저 묵법默法에서 멀지 않을 것입니다. 직접 만나면 좌우께서 우리 선사先師의 삼매三昧의 학學을 더욱 힘써 이 사부대중으로 하여금 인간 세상에서 대수大樹의 가르침을 알게 할 수 있을 것입니다. 이는 비단 저의 간절한 소망에 그치는 것이 아니라 또한 장차 하늘의 영령인 우리 선사先師에게도 영광이 있을 것입니다. 더욱 힘써 주시길 바랍니다. 이제 떠나는 회우會友들은 자못 총명하고 도리를 알아 성인의 무리 가운데 부처의 종자(佛種)[74]를 호지護持하는 자라 할 수 있습니다. 남은 이야기는 편지에 다 하지 못합니다. 하늘빛이 물든 물가 어느 길에서 함께 뜰 앞의 잣나무(庭前栢樹子)[75] 화두를 함께 나누기를 바랄 뿐입니다.

與臥雲堂

寂寥萬化之際。一點靈犀。逈照聖穴。忽此諸天會友。飛錫古山。山之下吾臥雲公。起居如何。而一龍天宮。持令果不落莫否。湜坐此衆生之中。雖欲導之以大白牛。八十光陰。只是過午一髮耳。每欲攀提高師於寂寞之濱。講吾家禪敎之說。高師猶唱。一方不肯。下爲老拙之友。湜亦去彼默法不遠矣。末由面對。惟左右益勉吾先師三昧之學。使此四衆。得知大樹之敎於人世。非但湜之區區之望不已。亦將有光於吾先師在天之靈。幸勉幸勉。此去會友。頗聰明識道理。足爲聖徒之護持佛種者也。餘臨紙不備。惟天水一道。共分庭前栢樹子話耳。

잡저
雜著

남명[76]시집 서문

　육의六義[77]가 이미 폐해진 후로 성률聲律과 대우對偶가 만들어졌으니, 시詩의 변화가 극도에 이르렀다.[78] 고시古詩는 변하여 제齊나라 양梁나라에 이르러 섬약해졌고, 율시律詩는 변하여 만당晩唐에 이르러 번쇄해졌다. 오직 두 공부杜工部(두보)가 여러 체를 겸비하여 때에 맞게 내보이자 고상한 풍조가 먼지를 쓸어 고금을 널리 뒤덮었다. 그 사이에 초연하고 묘오妙悟함이 있어 세속의 유행에 빠지지 않은 이로는 도연명陶淵明과 맹호연孟浩然과 같은 이들이 있었으니 시대마다 어찌 인물이 없었겠는가? 그러나 편집하여 전해진 것이 매우 드문 것은 애석하다 하겠다. 지금 도연명과 맹호연 두 시집은 겨우 약간 편만 전해지니, 사람들에게 갖추지 못한 아쉬움을 가지게 한다. 그러나 이로 인해 그 사람을 천년 후에도 알게 되며, 노두老杜(두보)가 천양지간天壤之間에 아름다움을 다 차지하지 못하게 하였으니, 이러한즉 문집을 편찬하여 전하는 공이 작다고 하겠는가? 또한 당나라의 한유韓愈, 송나라의 증공曾鞏과 소동파蘇東坡[79] 이래로 문사에 능한 자들이 시도詩道에 만족하지 못하는 바가 있어 식자들이 한스럽게 여긴다. 그런즉 시가 시 된 것이 어찌 교졸巧拙과 다과多寡로써 논할 수 있는 것이겠는가? 내가 이 말을 외운 지 오래되었는데 남명 대사南溟大士의 시를 읽음에 이르러 더욱 믿게 되었다. 대사의 시는 담박한 것 같으면서도 얕지 않고, 화려한 듯하면서도 사치스럽지 않으며, 뜻을 둔 곳이 진실로 심원하여 읽을수록 더욱 맛이 우러나니, 이 또한 초연하고 묘오妙悟한 무리로다. 반드시 후세에 전해질 것이로다.

대사는 일찍 입적하여 제자가 없으나 오직 이 시로 후세에 전하니, 이 또한 아름답다 할 것이다. 마침내 대사의 즐거움을 찬미하여 말하노라.[80]

"세상에는 종신토록 즐길 즐거움이 있다. 구차하게 얻은 즐거움은 진정한 즐거움으로 삼기에 부족하다. 무적無適하고 무막無莫[81]하는 가운데 동정動靜과 부앙俯仰의 사이에서 조금도 부끄러워할 여지가 없게 된다면, 이른바 나의 낙이라고 하는 것이 그 속에 담연湛然히 존재하게 되는 것이다. 사생死生과 수요壽夭는 하늘에 속한 일이요, 길흉吉凶과 영욕榮辱은 인간에 속한 일이니, 이것은 모두 내가 어떻게 할 수 없는 것들이다. 그럼에도 내가 이 때문에 조금이라도 기뻐하거나 두려워한다면, 이것은 정욕情欲이 나를 이기는 것이다. 정욕이 나를 이기는 현상이 계속되면, 내 속의 천성天性이 없어지기 시작할 터인데, 이렇게 하고서도 '나는 종신토록 즐길 즐거움을 가지고 있다'라고 한다면, 나는 그 말을 결코 믿지 않을 것이다.

관작官爵은 나를 귀하게 해 주는 것이요, 봉록俸祿은 나를 부유하게 해 주는 것이지만, 나를 부유하게 해 주는 자는 반드시 나를 빈궁하게 만들 수도 있는 것이요, 나를 귀하게 해 주는 것은 반드시 나를 천하게 만들 수도 있는 것이다. 그럼에도 불구하고 내가 감히 그런 명命을 듣지 않을 수 없는 것은, 그렇게 할 수 있는 권한이 상대방에게 있고 나에게는 없기 때문이다. 따라서 본래 나의 소유가 아닌데도 하루아침에 나에게 주어진다면, 그것이 비록 더할 수 없이 영광스러운 부귀라 할지라도 나로서는 기뻐할 이유가 하나도 없는 것이다. 이런 것은 기뻐해서도 오히려 안 되는 것인데, 더군다나 종신토록 즐길 즐거움으로 삼을 수 있겠는가.

이른바 종신토록 즐길 즐거움이라고 하는 것은 자기 자신만이 알고 있을 뿐이어서, 스승이라도 제자에게 줄 수 없고, 아버지라도 자식에게 줄 수가 없는 것이다. 이 세상에서 지극히 친근하고 지극히 밀접한 관계 중에서도 부자父子와 사제師弟지간보다 앞서는 것은 없는데, 그럼에도 불구하고 서로 줄 수도 없고 뺏을 수도 없다고 한다면, 거기에는 그럴 만한 이유가 반드시 있다고 해야 할 것이다. 이러한 도리를 머릿속으로 이해할 뿐만 아니라 또 몸으로 반드시 실천해 나간다면, 밖에서 오는 환란 같은 것은 여기에서 없어지게 될 것이 분명하다."

南溟詩集序

六義旣廢。聲律對偶又作。詩之變極矣。古詩之變。纖弱於齊梁。律詩之變。破碎於晚唐。獨杜工部兼衆體。而時出之。高風絶塵。橫蓋古今。其皆[1] 間。超然妙悟。不陷流俗。如陶淵明孟浩然輩。代豈乏人哉。編集罕傳可惜也。今陶孟二集。僅存若干篇。令人有不備之歎。然因是以知其人於千載之下。不使老杜專美於天壤間。是則篇集之傳。其功可小哉。又況唐之韓子。宋之曾蘇之下。名能文辭者。於詩道有慊識者恨之。則詩之爲詩。又豈可以巧拙多寡論哉。予之誦此言久矣。及讀南溟大士之詩。益信也。大士之詩。似淡而非淺。似麗而非靡。措意良遠。愈讀愈味。其亦超然妙悟之流歟。其傳也必矣。大士早沒無嗣。而獨以斯詩。傳於後世者。亦可謂美矣。遂讚其樂曰。世間有終身之樂。苟得之樂。不足以爲樂也。無適無莫。動靜俯仰。怍與愧不少萌。則所謂我者。湛乎其中存焉。生死壽夭。天也。吉凶榮辱。人也。皆非我也。而我少爲喜懼則情勝矣。情勝不已。天始滅矣。如是而曰。我有終身之樂。吾不信也。爵之所以貴我也。祿之所以富我也。富我者。必能窮我。貴我者。必能賤我。而我不敢不聽命焉。以其在彼而不在我也。是以素非我有。而一日得之。則我雖窮貴極富。而我不以爲喜也。喜且不可。況以爲終身可樂乎。所謂可樂者。吾自知爾。師不得予之弟。父不得予之子。夫天下至親而至密者。莫如父子師弟。而猶且不得而相予奪。其必有所以然者矣。不徒知之又踐之。必外患於是乎絶矣。

---
1) ㉠ '皆'는 연문인 듯하다.

명감정기

 일선부一善府(善山) 동쪽에서 연향역延香驛[82] 옆으로 낙동강을 끼고 오산烏山을 마주 보는 곳에 깊숙한 땅[83]이 있다. 주인은 화산花山에서 여러 집안을 거느리고 온 사람인데 이곳에 온 지 여러 해가 되었다. 이곳은 나의 고향 마을[84]로서 옛집이 아직도 그대로 남아 있는 곳이다. 대밭 언덕에 띠로 얽은 초당이 초연히 마을 집 수십 채 사이에 서 있고, 평평한 언덕이 주위를 감싸고, 넓은 들판이 앞으로 펼쳐져 있는데, 만 그루 솔숲에서 무수한 솔방울이 흩어져 떨어지고 닭이 울고 개가 짖으니, 유연히 하나의 별천지 선계이다.
 주인은 갈건야복葛巾野服으로 이곳에 편안하게 누워 마음껏 즐기며, 아이들에게는 책을 읽히며 일꾼들에게는 밭 갈고 김매게 하는데, 한 줄기 맑은 시내와 야밤의 맑은 달이 모두 궤안几案에 들어오니, 이들을 거두어 초당 풍경의 일부로 삼았다. 그 방에 들어가면 깨끗한 것이 마치 청량 세계에 머무는 듯하니, 그 편액을 '명감각明鑑閣'이라 하였다. 이는 대개 그 실제 정경을 취한 것으로, 이로 인해 속칭 '수교水橋'라 칭했던 옛 이름을 바꾸었다. 나는 그 뜻을 아름답게 여겨 주인에게 말하였다.
 "그대 또한 저 명明과 감鑑의 뜻을 아는지요? 맑고 텅 빈 것은 저와 같아서 휘저어도 더러워지지 않으며, 밝게 빛나는 것은 이와 같아서 티끌에도 때 묻지 않습니다. 밝음은 달을 만나 맑음이 더욱 맑아지고, 거울은 빛을 얻어 밝음이 더욱 밝아지니, 이것이 바로 천지간에 맑고 밝음의 본체입니다. 이제 그대가 이를 취하여 자기 집의 경물로 삼았으니, 서로 만나고 서로 의지하여 사물을 만드는 것이 무진장 다채로우니, 일이 우연이 아니라 할 만합니다. 비록 그러하나 명감의 경치가 있고 명감의 이치가 있는데 경치로 보는 것은 이치로 보는 것만 못하고, 눈으로 감상하는 것은 마음으로 감상하는 것만 못할 것입니다. 무릇 밝음의 본체는 맑아서 이를 보고 군자는 이로써 가슴속의 때를 씻을 것을 생각하며, 거울의 빛은 밝아서 군자는 이로써 마음속에 민몰된 것을 드러낼 것을 생각합니다. 이것은 옛사람이 많이 취했던 것입니다. 공자는 흘러가는 것을 보고 도체道體를 알았으며,[85] 맹자는 빛을 받는 것을 보고 본원을 깨달았으니,[86] 이는 모두 최고의 지혜를 가진 이들이 사물에 부딪쳐 통연한 경지로서 더할 나위 없는 경지입니다. 그런데 자양紫陽[87]의 활수活水[88]와 염계濂溪[89]의 제월춘풍霽月春風,[90] 기상沂上[91]의 낙수洛水, 안락安樂[92]의 오동梧桐에 이르러서는 달이 어찌 명감의 이치에서 얻은 것이 아니겠습니까? 채석采石[93]의 명감明鑑은 청련靑蓮[94]이 얻어 백 편의 장구長句로 빚어 빛이 우주에 머물렀고, 적벽赤壁의 명감明鑑은 소식(蘇仙)이 얻어 두 편의 웅장한 글[95]을 빚어 장단將壇[96]을 다투었으니, 이는 곧 소인묵객騷人墨客이 명감의 경치에서 도움 받은 것이 적지 않은 것입니다. 이들 가운데 주인장은 어떻게 취한 바가 있는지요, 없는지요?"

주인은 웃으며 대답하였다.

"그대 말은 어찌 그리 깊고, 추구하는 바는 어찌 그리도 먼지요? 사도斯道(유학)는 깊고 오묘하여 밝아도 찾기 어렵고 비추어도 잡기 어려워서 공자와 맹자의 명감을 저는 그 끝자락도 우러르기 어렵습니다. 물욕에 빠지고 불과 물에 휩쓸려 달이 먹혔으니, 염계와 소옹의 명감은 저는 그 기상을 붙잡을 수 없습니다. 저의 문사는 거칠고 졸렬하여 막혀 흐르지 않으니 빛나지 않음을 탄식합니다. 미산眉山[97]과 이백의 명감도 또한 그 풍류를 낮게 볼 수 없습니다. 나는 우러러보아서 다만 저 밝게 비추는 것이 밝은 것(明)임을 알 뿐이고, 굽어보아서 다만 저 맑은 것이 비치는 것(鑑)임을 알 뿐입니다. 밝게 솟은 달빛은 술 마시기에도 좋고 거문고 타는 데도 어울리고, 달그림자(鑑影)의 맑음은 노닐기에 좋고 좋아할 만하니, 이것이 저의 명감의 진정한 흥취입니다. 어찌 다른 것이 있음을 알겠습니까?"

나 또한 크게 웃고 헤어지며 말하였다.

"그대는 진정 명감이 스스로 그러한 흥취를 깨달았으니, 아마도 이치를 완미玩味하는 자에 가깝다 하겠습니다."

그리고는 마침내 그 문답한 말을 써 기문으로 삼는다. 또 이어 노래하였다.

낙동강 물 맑아라. 옥이 만 이랑, 우리 초당 비추네.
낙동강 달 밝아라. 은이 한 조각, 우리 초당 가득 찼네.
강물은 마를 날 없고 달은 다할 날 없어라.
저 불타오르는 것들 어찌 이 초당의 청명함을 더럽힐 수 있으랴.

明鑑亭記

距一善府之東。延香驛之傍。傍洛江面烏山。而有一奧區焉。主人自花山。絜[1)]家家焉者。有年矣。不佞以桑梓舊宅歷在焉。竹塢茅堂。蕭然介於居民數十家之間。平岡週擁。曠野前開。萬松鱗鬣之百菓籬落焉。鷄鳴犬吠。迥然一別洞府矣。主人葛巾野服。偃臥於斯。嘯傲於斯。課童讀書於斯。敕丁耕稼於斯。一帶淸漪。半夜霽輪。皆几案間物。收而爲一堂之助。入其室。灑然若在淸凉世界。遂扁其楣曰明鑑閣。蓋取其實境。而因換其俗稱水橋舊號也。不佞雅其義。乃作而爲主人。言曰。子亦知夫明與鑑乎。淸虛者。如彼而撓不淬也。光影者。如此而塵不淄也。明得月而淸益淸。鑑得光而明益明。是天地間淸明本體。今吾子取而爲自家物。相須互資而爲造物者。無盡藏也。事可謂不偶矣。雖然有明鑑之景。有明鑑之理。觀之以景。不若觀之以理。玩之以目。不若玩之於心。夫明之體淸。君子以思以洗胷中之查滓。鑑之光明。君子以思以祛心上之泯沒。此古人之多取焉者也。孔夫子觀逝者而認道體。鄒孟氏見容光而悟本源。是皆上智人。觸類洞然處。不可尙已。而至於紫陽之活水。濂溪之霽月春風。沂上之洛水。安樂之梧桐。月何莫非有得於明鑑之理耶。若夫采石之明鑑。靑蓮得之。而百編長句。光留宇宙。赤壁之明鑑。蘇仙得之而兩篇雄詞。爭衡將壇。是則騷人墨客之得助於明鑑之景者不少也。數者君何取焉。有之乎。無之乎。主人笑而答曰。子何言之深而求之遠耶。斯道之窈奧。明難摸而鑑難捉也。孔孟之明鑑。吾不可仰其末也。物欲之膏。火波之蕩。而蟆之蝕也。濂邵之明鑑。吾不可攀其氣像也。余之文詞。荒且拙。塞不流而噓不光也。則眉山太白之明鑑。亦不可以屛其風流也。吾仰而觀之。只知皎然者。明而已。俯而臨之。只知澄然者。鑑而已。明出之皎。宜酒而宜琴。鑑影之澄。可遊而可好。此吾明鑑之眞趣也。烏識其有他哉。余亦大笑而別曰。子眞得明鑑自然之趣矣。其殆庶幾乎玩理者乎。遂叙其問答之語以爲記。又從而歌曰。洛江之水淸兮。玉萬頃兮。映吾堂兮。洛江之月明乎。銀一片兮。盈吾堂兮。水無盡兮。月無窮兮。彼炎炎者。焉能洗我堂之淸明。

---

1) ㉑ '絜'은 '挈'과 통한다.

『화엄경칠처구회품목』 발문

　복주福州(안동) 땅의 나식懶湜은 처음에 청파당淸波堂 강하에서 4년을 모시고, 그분을 부도浮屠의 스승으로 삼았다. 다시 대암당大菴堂 강하에서 16년 동안 가까이 모시며 교법을 전수받았는데, 이는 곧 사교四敎·사집四集 31권, 『전등록』·『선문염송』 30권, 『화엄경』 80권 등이었다. 생각건대 우리 대암당 스승께서는 37품品을 손으로 삼으시고, 80경론經論을 몸으로 삼으셨으니, 가히 화엄보살이라 할 만하고, 여래의 사자使者라 할 만하다. 위대하도다. 일대 화엄一大花嚴은 곧 제불諸佛의 비밀스런 창고(密藏)요, 실로 여래의 성해性海[98]로다. 보는 자도 그 요체(指歸)[99]를 알지 못하고, 물을 긷는 자도 그 끝을 측량하기 어렵도다. 이승二乘[100]도 넘겨다볼 생각을 끊나니, 보살이 어찌 듣고 이해하기 바라겠는가? 태허太虛와 하나 되는 것으로 양量을 삼았으니, 어찌 숫자로 계산할 수 있으며, 아주 작은 겨자씨에도 담겨 있으니, 언어 문자로는 표현할 수 없는 것이로다. 한 구절 내에 가없는 법계가 담겨 있고, 터럭 하나 속에 찰토刹土가 자리잡고 있으나 비좁지 않다. 부처님(金仙)[101]이 뜻을 내리심에 큰 구름의 노래가 먼저 밝게 드러나고, 왕의王扆[102]가 상서로움을 여니, 보배로운 비의 문채가 뒤따라 미치는 것이다. 가장 수승한 종지種智[103]와 장엄한 자취가 이미 지극히 크고, 보현과 문수의 대원행大願行의 씨앗이 이에 가득 찼도다. 그런즉 원융한 대교大敎[104]는 널리 끝없이 퍼지고, 크고 넓은(方廣)[105] 진전眞筌[106]은 멀리 유식有識(중생)에게 갖추어지도다.

　먼 후손인 나식은 한번 보배로운 게송[107]을 엿보고 기쁨이 마음에 넘쳐 여러 번 종요로운 글(宗文)을 외우니, 기쁨이 몸과 마음에 가득하였다. 오호 오호라. 이는 누구의 은혜의 힘을 받은 것인가? 부처님의 힘이기도 할 뿐만 아니라 우리 스승의 은혜이기도 하도다. 이로 인해 재주 없음을 헤아리지 않고 삼가 법사의 명을 받들어 그 과목을 잡아서 과도科圖[108]를 베겼으니, 어찌 어지러운 구름 속의 지남指南이 아니겠는가? 그러나 글자와 줄이 온전히 이루어지지 않았고, 검게 번진 부분도 많아 찾아보는 이들에게 곤륜산의 옥으로 인도하려다가 쥐구멍으로 잘못 보내지나 않을지 두렵다. 이에 발문을 쓴다.

華嚴經七處九會品目跋

福州懦湜.[1] 初於淸波堂講下。執侍四稔。而因爲浮屠師。再於大菴堂講下。侍巾十六載受敎法。則敎集三十一。燈頌三十。花嚴八十也。惟我大菴師也。三十七品爲其手。八十經論爲其身。可謂花嚴菩薩焉。可謂如來使焉。偉哉。一大花嚴。乃諸佛之密藏。實如來之性海。視者。莫識其指歸。把者。罕測其涯涘。二乘志絶窺覦。菩薩寧希聽受。混大虛而爲量。豈筭數之能窮。入纖芥之微區。匪名言之可述。一句之內。包法界之無邊。一毫之中。置刹土而非隘。金仙降旨。大雲之偈先彰。王屐披祥。寶雨之文後及。最勝種智莊嚴之跡旣隆。普賢文殊願行之因斯滿。然則圓融大敎。普被於無窮。方廣眞筌。遐該於有識。遠孫懦湜。一窺寶偈。慶溢心靈。數誦宗文。喜盈身意。嗚呼嗚呼。承誰恩力。不惟佛之力。乃師之恩矣。由是不揆不才。謹以受法師命。撮其科。寫其圖。豈非迷雲中指南耶。然字行不成。多有染黑處。探覽者。或恐將於崑玉。而投於鼠竅也。於是乎跋。

---

1) ㉠ 저자의 법명이 '懶湜'인데 여기에는 '懦湜'으로 되어 있다.

남명 전령을 곡하는 글[109]

아, 대사여. 대사가 살아 계실 때도 사람들이 이상하게 여기더니, 대사가 돌아가심에 사람들은 더욱 이상하게 여기는구려. 왜 그러한가? 세속의 현자는 말을 잘하여 말의 교묘함이 생황(簧)의 혀[110]와 같고, 시속은 무턱대고 좇는 것(詭隨)[111]을 숭상하여 그 나긋나긋하기가 다룸가죽[112] 같습니다. 대사는 그렇지 아니하였으니 간묵簡默하여 말이 없으셨고, 대사는 바름을 지켜 시세를 따라 옮겨 가지 아니하였으니, 범부들은 이를 보고 선생이 어눌하고 노둔하다 의심하였습니다. 어진 이를 무시하고 세력에 붙지 않은 사람이 없고,[113] 이익과 봉록이 있는 곳으로 모든 세상 사람이 다투어 달려가는데, 대사는 그렇지 아니하여 차라리 굶어서 구렁에 빠져 죽더라도 구차하게 얻으려 하지 않았으며, 차라리 일생을 비천하게 살지언정 망령되게 구하려 하지 않았습니다. 선한 일을 하면 비록 머슴이나 거지 같은 미천한 이라도 지초나 난초처럼 좋아했으며, 악한 일을 행하면 비록 조맹趙孟[114]과 같은 귀인일지라도 원수처럼 미워하였으니, 범부들은 이를 보고 대사가 우활하고 망령스럽다고 했습니다. 사람들은 죽음을 당하면 모두 죽기를 두려워하고 살기를 중하게 여겨 치욕을 무릅쓰고 살려달라 애걸복걸하는데, 대사는 그렇지 아니하여 의롭다 생각하면 죽음을 편하게 받아들이며, 차라리 호랑이의 입에 들어갈지언정 의를 저버리고 살기를 구하지 않았고, 내 몸은 죽일 수 있어도 나의 도는 굽힐 수 없다 하였습니다. 범부들은 이로써 대사의 도를 의심하였습니다.

군자는 곧 말하기를, 대사의 도는 부종수교扶宗樹敎[115]했다고 할 만한데 세상에 행해지지 못하였고, 대사의 학문은 고금을 꿰뚫을 수 있는데도 사람들에게 믿음을 얻지 못하였으며, 의로운 빛이 늠름하지만 여러 소인들은 성을 낸다고 생각하였고, 말씀은 곧고 간절했으나 하늘은 듣지 않았으니, 이로써 대사의 운명이 어그러지고 시운이 어려운 것이 아닌가 의심한다 합니다. 또 대사가 선을 행한 것을 보면 복록을 영원히 받을 것인데도 그 천수를 다 누리지 못하고 그 몸을 보전하지 못하였으니, 이로써 대사가 불행한 것이 아닌가 의심한다 합니다.

나는 곧 저들의 의심이 모두 대사를 알지 못해 나온 말이라고 생각합니다. 도가 행해지거나 행해지지 않는 것은 시운에 달린 것이고, 사생과 화복은 운명에 달려 있는데, 대사께서 이들에 대해 장차 어떻게 하시겠습니까? 나의 의를 행할 따름인 것입니다. 대사가 살아 계실 때도 저는 믿었고, 대사가 돌아가셨어도 저는 더욱 믿습니다. 대사는 탐욕하고 비루한 자들과 함께 귀하게 되지 않으셨고, 간사하고 아첨하는 자들과 함께 살지 않으셨습니다. 그런즉 그 죽음이 바로 자신의 몸을 보호한 것이요, 귀하지 않음이 곧 영광스럽게 된 것이니, 무엇을 또 의심하겠습니까? 그렇다면 무엇 때문에 곡을 하는가? 이 백성들이 대사의 은택을 입지 못한 것을 곡하며, 우리 도가 의지할 바 없음을 곡하고, 우리들이 본받을 데 없음을 곡하는 것입니다. 죽은 사람을 위해 곡하는 것이 아니라 살아 있는 사람들을 위해 곡하는 것입니다. 곡은 다음과 같습니다.

아 대사여! 이제 진정 끝이로다!
정녕 불행한 시절(不淑)[116]을 만남이여, 사람들이 아무도 알아주지 않았도다.
시세의 위태로움 안타깝게 여기심이여, 차마 묵묵히 있지 않으셨도다.
일찍이 몇 번이나 작은 몸을 던졌던가? 바다의 광분하는 파도를 막아 누름이여.
물에 떠내려가도 구할 수 없음이여, 마침내 그 목숨 잃으셨도다.
사람들은 이로써 대사를 평하기를, 죽어서 미친 명성 얻으셨다 하도다.
그러나 진실로 그곳을 얻으셨나니, 마음속이 매우 평안하리라.
오직 현달한 이의 우뚝한 궤적이여, 참으로 우매한 이들은 알기 어려워라.

　우리들은 의리 저버리고 구차하게 사나니, 다만 분주할 뿐 누구를 의지하랴.

　아, 면목이 무안하도다. 마음에 부끄러움 쌓이고 슬픔을 머금노라.

　아, 구원九原[117]을 지을 수 있다면, 오직 우리 대사와 함께 돌아가리라.

哭南溟展翎文

噫乎大士乎。大士之生也。人疑之。大士之死也。人益疑之。何者。俗賢利口。其巧如簧。時尙詭隨。其柔如韋。大士不然。簡默無言。大士守正。不與時推移。凡人以此。疑大士爲訥爲魯。簡賢附勢。無人不是。利祿所在。擧世爭趨。大士不然。寧餓溝壑而吾不苟得。寧終身卑賤而吾不妄求。此爲善。雖在傭丐之微。好之如芝蘭。彼爲惡。雖在趙孟之貴。疾之如仇讐。凡人以此。疑大士爲迂爲妄。當其死也。人皆畏死而重生。蒙恥冒辱。迭出哀鳴。大士不然。吾義之安於死也。寧觸虎狼之口。吾不負義以求活也。吾身可殺也。吾道不可屈也。凡人以此疑大士之道也。君子則曰。大士之有道也。可以扶宗樹敎。而不得行於世。大士之爲學也。可以貫穿古今。而不得信于人。義色凜然而羣小之慍。誠言直切而天不之聞。以此疑大士之命之屯而時之屯也。大士之爲善也。可以福祿永終。而不得享其壽。不得保其身。以此疑大士之不幸也。吾則以爲彼之疑。皆不知大士者也。道行不行。時也。死生禍福。命也。大士於此。將何爲哉。行吾義而已矣。大士之生也。吾信之。大士之死也。吾益信之。大士不與貪鄙者同貴。不與姦佞者同生。則其死乃所以保其身。其不貫乃所以爲榮也。而又何疑乎。然則何哭乎。哭斯民之不被大士澤也。哭吾道之無所托也。哭吾輩之無所取則也。非哭死也。爲生者哭也。哭曰。嗚呼大士兮。已而已而。丁時不淑兮。人莫我知。閔時世之嶔嶬兮。不忍默默以無言。曾微軀之幾何兮。橫抑河海之狂奔。遭漂溺而莫救兮。竟隕其生。人以此議大士兮。卒得狂名。我苟得其所兮。中心孔寧。惟賢達之卓軌兮。亮愚昧之難明。吾輩負義以偸活兮。徒遑遑其疇依。嗟面目之有靦兮。內抱羞而懷悲。嗚呼九原如可作兮。惟吾大士之與歸。

상월당 대선사 행장

　대사의 휘는 민행敏行이요 자는 추담秋潭이며 호는 상월霜月이다. 성은 장씨張氏이고 본관은 옥산玉山이다. 옥산 장씨는 모두 장태사張太師를 시조로 삼는다. 대사는 여헌旅軒[118] 선생의 후예이다. 조부의 휘는 염임廉臨으로 어버이를 섬김에 효성을 다하였고, 사람을 대함에 신의가 있었는데, 이는 학문의 힘에서 나온 것이 아니라 대개 천성이 그러했기 때문이었다. 부친은 휘가 운길雲吉로 풍류가 아주 빼어난 분인데 불행하게도 일찍 세상을 떠났다. 모친은 오천烏川 정씨鄭氏로 공손하고 정숙하였으며, 예에 밝아 행실을 삼갔는데, 부인의 도와 어머니의 위의에 대해 사람들이 흠을 잡지 못하였으니, 이야기하는 이들이 여자 중의 군자라 하였다.

　어머니가 평소에 사내아이를 갖기를 원하여 밤낮으로 상제에게 기도하였는데, 어느 날 꿈에 도솔천에 올라 보니, 사천왕四天王이 있었다. 왕이 말하기를, "나는 할미 마음속의 큰 소원을 알고 있소. 나에게는 무수히 많은 동자들이 있는데 할미가 두 아이를 선택하여 손잡고 떠나기 바라오." 하자, 절하며 명을 들었다. 천왕天王은 큰 집의 방을 가리키며 말하기를, "비록 여러 아이들이 있으나 따라가려 하지 않는구려. 부인이 손으로 두 아이의 정수리를 쓰다듬으면 스스로들 마땅히 따라갈 것이오." 하였다. 마침내 기쁜 마음으로 손으로 두 아이의 머리를 쓰다듬었는데 너무 기쁜 나머지 꿈을 깨었으니, 곧 꿈을 꾼 것이었다. 그날 밤은 달빛이 창창蒼蒼하고 주렴 하나가 공중에 드리워졌을 따름이었다. 마음과 정신이 크게 놀라 침식을 다 잊었다. 곧바로 그해 그 날짜에 회임하여 쌍둥이를 낳았는데, 모발과 얼굴 모양이 정말로 꿈속의 두 아이와 닮아 이름을 수천受天이와 응천應天이라 하였다. 수受와 응應 두 글자는 천왕의 은혜를 잊지 않기 위한 것이었다.

　불행히도 응천이 일찍 죽어서 애통한 마음이 너무 커서 다시 하늘에 올라가 다시 구하고자 하는 뜻이 있었으나 하늘과 땅 사이가 너무 멀어 오르지 못하였다. 하루는 잠이 들어 하늘 길을 향하였는데, 천왕은 없고 다만 응천을 보고 손을 부여잡고 통곡하였는데, 놀라 깨어 보니 또한 하나의 꿈이었다. 땀이 흘러 등이 촉촉이 젖고 정신이 혼란스러운 가운데 새벽닭이 어지러이 울고 새벽이 벌써 밝아 왔다. 조모가 명감明鑑이 있었는데 천동天童을 얻을 것이라 하였다.

대사는 과연 정유년 10월 19일에 홍해군興海郡에서 태어났다. 어려서도 겸손했으며 공손한 행동거지가 다른 아이들과 달랐다. 온화한 기상과 부드러운 태도를 지니고 있어 권계하지 않아도 스스로 배움을 좋아하고 외우고 읽기를 매일같이 힘썼다. 스님이 되어서는 문하에 많은 승려가 가득 찼다. 대사가 활용한 자취들은 고봉高峯 대사와 대혜大慧 대사의 기풍을 취한 것이다. 고봉 광제高峯廣濟는 임제 의현臨濟義玄 조사의 18대 적손이요, 대혜 종고大慧宗杲는 육조 혜능惠能 조사의 17대 적손이다. 대사는 바다 밖의 사람으로 능히 5백 년 전의 종파를 계승하였다. 이는 마치 유가儒家의 정자와 주자가 천년 뒤에 태어나서 멀리 공자와 맹자의 덕업을 받드는 것과 같으니, 이어 전하는 도는 유가와 다름이 없다.

대사는 걸식하는 이를 보면 먹을 것을 다 비워 주고, 가난하여 굶는 이를 보면 저축한 것을 다 비워 주고, 죽어 장사하는 이가 있으면 울며 부의를 보냈으니, 그 인자하고 측은히 여기는 마음은 지극한 정성에서 나온 것이었다. 이와 같다 보니 여러 사람들이 다 기뻐하여 덕이 도타운 군자라 하였다. 대사는 얼굴이 환하고 미려한 용모를 가지고 있었으며, 두 눈동자가 샛별처럼 빛났으니, 진실로 천동天童이 진환塵寰 세계에 강탄降誕한 것이 아니겠는가? 대사의 풍신風神은 높고 시원하며, 식견과 도량은 시원하게 트여 아직 만나 보지 못한 이들은 모두 한번 만나 보고자 하였으며, 이미 만나 본 이들은 봄바람 부는 데 앉아 술을 마시는 듯하였다. 대사는 평소에 산수를 좋아하여 그윽한 경승지를 탐방하였으며 지칠 줄을 몰랐다. 매번 경치 좋은 곳을 만나면 반드시 여러 가지 구절로 묘사하였는데, 담긴 뜻이 청아하고 준일하여 사람들의 의표意表를 뛰어넘었고, 그 그려 낸 곳마다 정경을 적당하게 그려 내어 조금도 거짓됨이 없었으니, 함께 동행하는 무리들이 모두 감복하여 미치지 못한다고 여겼다. 그 좋아하는 것 중에서도 『초사楚辭』에 가장 애착을 가졌는데, 옛 시인의 취미를 깊게 터득하였으며, 성운聲韻의 격식 같은 기법에는 힘쓰지 않았다. 대사가 지은 시문은 몇 백 수가 되는지 알 수 없을 정도이나 젊어서 읊은 시편은 초고가 남아 있지 않고, 만년에 수창한 시들도 흩어져 없어져서 남아 있는 것은 얼마 되지 않는다. 이제 남은 것은 다만 세상에서 입으로 불려 전해진 것일 뿐이다.

대사는 을축년 정월 27일 청송靑松 주왕산周王山 대전사大典寺에서 입적하였고, 같은 해 2월 8일 산의 서쪽 기슭에서 다비하였는데, 통곡하는 이가 4천 명이나 되었고, 장지에 모인 이는 8천여 명이나 되었다. 하얀 빛이 하늘에 뻗친 가운데 무수히 많은 천동天童이 나타났고, 바람이 불지 않았는데도 향기가 풍겨 5일간 머물다 그쳤으니, 어찌 영이한 일이 아니겠는가? 대사의 나이는 89세요, 법랍은 63세이다. 정수를 얻은 이(得髓者)[119]는 대사 명성明性이고, 터럭을 얻은 이(得毛者)는 증해證海와 지헌智軒 등이다.

숭정崇禎 후 117년[120] 임신壬申 3월 일 화산 산인花山山人 나식懶湜은 삼가 쓰다.

霜月堂大禪師行狀

師諱敏行。字秋潭。號霜月。姓張氏。本貫玉山。玉山之張。皆祖張太帥。師即旅軒先生之後也。祖諱廉臨。事親孝與人信。非藉學問之力。蓋天性然也。考諱雲吉。風流絶人。不幸早世。妣烏川鄭氏。肅愼貞靜。明禮飭行。婦道母儀。人無間然。談者謂之女中君子云。母氏平日。願得男子。日夜禱于上帝。夢登兜率天。有四天王。王曰。我知老嫗中心至願矣。吾有無數童子。老嫗須擇二童。扶而去之。拜而聽命。天王指大廈之房曰。雖有諸童。不肯隨去。老嫗以手摩二童之頭頂。則自當隨去矣。遂欣然手摩二童之頂。喜極而覺。乃一夢也。其夜月色蒼蒼。一簾空垂而已。心驚神馳。寢食俱忘。乃於是年月日娠。產雙童。毛髮顏貌。定如夢中二童。命名之曰。受天應天。受應二字。不忘天王恩義也。不幸應天早沒。痛惜之極。又有昇天更求之意。而穹壤逈隔。難可以梯。一場睡魔。又向天路。而天王不在。但見應天。握手慟哭。驚覺亦一夢也。汗流濕背。心神馳走。晨鷄亂鳴。曙色已明。祖母有明鑑。謂得天童。師果以丁酉十月十九日。生于興海郡。幼而能遜弟。擧止異凡兒。和氣婉容。不勞勸戒。自好學誦讀日孜孜。及爲僧。門下衆盈千指。師之活用之蹟。全取於高峯大師大慧大師之風也。高峯廣濟。臨濟義玄祖師十八代嫡孫。大慧宗杲。六祖惠能祖師十七代嫡孫也。師以海外之人。能嗣五百年前宗派。恰似儒家程朱氏。生于千載之下。遠承孔孟之緒。而係傳之道。與儒家一般也。師見乞食者。則盡傾食。有窮餓者。則盡傾儲。有死喪者。則哭送賻物。其仁慈惻隱之心。出於至誠者。有如此。衆人咸悅。以爲厚德君子云。師白晳美姿。雙眸瑩如明星。信乎天童降誕塵寰者非耶。師風神俊爽。識度淸曠。人之未獲見者。皆願一識。旣獲見者。如坐春風飮醇醪也。師雅好山水。探幽訪勝。而不知爲疲。每逢佳處。必形諸句語。意思淸高俊逸。出人意表。而其模寫處。的當情景。無少虛假。一時輩行。咸推服以爲不可及。而其所好。最着於楚詞。深得古騷人之趣。不專於聲韵之末也。師所著詩文。不知其幾百首。而盛歲所詠。不留草稿。晚我酬應。亦多散佚。遺存無幾。今其所有。只得於世之口誦所傳者而已。師以乙丑正月二十七日。視寂於靑松周王山大典寺。以是年二月八日。闍維于山之西麓。慟哭者。四千指。會葬者。八千餘。素光亘天之中。無數天童發現。香氣不風以馥。五日乃止。豈非靈耶。師世壽八十九。法臘六十三。得髓者。大師明性。得毛者。證海智軒云爾。崇禎後一百十七年壬申三月日。花山山人懶湜謹狀。

【유묵遺墨】[1)]

[1]
아득히 넓은 고해에 빠진 이들 많으니 　　　茫茫苦海人多沉
극락 미타 가는 길 더욱 멀어 한스러워 　　　極樂彌陀恨益深
변화는 끝이 없고 지극히 미묘한데 　　　　　變化無窮極美妙
그 누가 미타 명호 신심으로 노래하리 　　　誰爲聖號信心吟

[2]
삼십 응신 중의 네 가지 불가사의여 　　　　三十應中四不議
세상에서 곳곳마다 자비를 베푸시네 　　　　世間隨處用慈悲
온갖 오묘한 변화 보이시는 무궁한 부처님 　千千妙化無窮佛
큰 신통력을 놓으시어 자재로이 비추시네 　 放大神通自在輝

[3]
옛 이름은 황산인데 봉황으로 고쳤으니 　　 舊號黃山改鳳凰
하늘빛과 물빛이 다 함께 푸르구나 　　　　　天光水色共蒼蒼
댕댕 맑은 경쇠 소리 하늘까지 들리나니 　　 數聲淸磬穿空去
고즈넉한 천년 암자에 도의 풍미 유장하다 　千古閑庵道味長

[4]
선가에서 새로 만든 녹라의 걸쳐 입고 　　　禪家新製綠蘿衣
숲에 연기 가득할 제 학을 벗해 돌아오네 　　碧樹烟天伴鶴歸

---

1) ㉭ 이 부분은 송계 대사의 글씨를 직접 판각한 부분이다. 게송 부분은 장서각 소장 『송계대선사문집』의 65a~66b에 걸쳐 행초서로 판각되어 있다.

산 높아 산등성이에 옥소라 늘어섰고	山聳蛋[1]邉玉螺列
땅 깊어 골짜기 안에 세속 티끌 드물도다	地深洞裡俗塵稀
1천 봉의 새벽 비가 창 앞을 지나더니	千峰曉雨窓前過
1만 골의 아침 이내 발밑에서 날리네	萬壑朝嵐席底飛
수도승은 기미 잊은 지 벌써 오래되었으니	釋子忘機今已久
골짝 새야 제발 나를 방해하지 말아다오	爲言谷鳥莫余違

[5]

가섭과 아난이며 부처님 모시는 스님이	迦葉阿難侍佛僧
경쇠 쟁쟁 울리는 소리 귓가에 맴도네	錚錚小磬耳邊凝
일생을 부처님 모시는 은근한 뜻으로	一生侍佛慇懃意
신통을 스스로 얻어 계단 가운데 자리했네	自得神通位半層

---

1) ㉠ '蛋'은 초서로 되어 있는데, 『한불전』에서는 '蛋'으로 읽었으나 문맥상 '棱'으로 보는 것이 적합한 듯하다.

주

1 조서승鳥鼠僧 : 조서鳥鼠는 박쥐의 별명. 파계한 비구를 비유하거나 말법 시대의 타락한 승려를 비유하는 말로 쓰인다.
2 쌍정雙旌 : 관찰사를 가리킨다. 감사監司가 가지고 가는 한 쌍의 깃발로, 당나라 때 절도사節度使에게 쌍정雙旌과 쌍절雙節을 지급하여 정旌으로 포상하고 절節로 처벌하게 했던 데서 유래한다.
3 구율舊律이 장차~이르는 날 : 묵은해가 지나고 새해를 맞이하는 첫날.
4 화락한 군자는~복을 주시니 : 『시경』「대아大雅」〈한록旱麓〉에서 나온 말인데, 이 시는 문왕文王의 성덕盛德을 노래한 것이다. 그 일부는 다음과 같다.

저 한산의 기슭을 보라. 개암나무 싸리나무 많고 많도다.	瞻彼旱麓 榛楛濟濟
화평하신 군자여, 녹을 구함이 화평하도다.	愷弟君子 干祿豈弟
치밀한 저 옥찬에 누런 술이 들어 있도다.	瑟彼玉瓚 黃流在中
화평하신 군자여, 복록이 내리는 바로다.	豈弟君子 福祿攸降
솔개는 날아 하늘에 이르고 고기는 못에서 뛰놀도다.	鳶飛戾天 魚躍于淵
화평하신 군자여, 어찌 사람을 진작시키지 않으리오.	豈弟君子 遐不作人
청주가 술동이에 있고 붉은 희생을 갖추었으니	淸酒旣載 騂牡旣備
올리며 제사하여 큰 복을 크게 하도다.	以享以祀 以介景福
무성한 저 갈참나무 떡갈나무는 백성들이 불 때는 바로다.	瑟彼柞棫 民所燎矣
화평하신 군자여, 신이 위로하는 바로다.	豈弟君子 神所勞矣

5 만복이 시내처럼 흘러들 것 : 『시경』〈천보天保〉에서 하늘이 임금에게 만수무강의 복을 내릴 것을 기원하여 "마치 시냇물이 바야흐로 이를 것과 같이 불어나지 않음이 없도다.(如川之方至。以莫不增。)" 하였다.
6 이임(解龜) : 해구解龜는 손잡이를 거북 모양으로 만든 지방관의 인장印章을 풀어 놓는다는 말로 관직을 버리고 떠나는 것이다.
7 화육化育 : 천지자연이 만물을 만들어 내고 길러 자라게 함. 『중용장구』제22장에서 "사물의 본성을 극진히 하면 천지의 화육을 도울 수 있고, 천지의 화육을 도울 수 있으면 천지와 더불어 함께할 수 있다.(能盡物之性。則可以贊天地之化育。可以贊天地之化育。則可以與天地參矣。)"라고 하였다.
8 오마五馬 : 본 서 제1권의 주 38 참조.
9 수레를 잡고~눕는 성의 : 반원와철攀轅臥轍. 선정善政을 베푼 지방 관원이 다른 곳에 가시 못하도록 그 지방의 주민들이 수레를 붙잡고서 만류하기도 하고(攀車), 수레바퀴 앞에 누워서(臥轍) 더 이상 가지 못하도록 하소연하는 것을 말한다. 동한東漢의

후패侯覇가 회양 태수淮陽太守로 있을 때 조정의 사신이 회양에 들어가자, 백성들이 수레 아래에 누워 수레바퀴를 잡고서 가지 못하게 하고는 후패를 1년 동안 더 유임시켜 주기를 청하였다. 『후한서後漢書』 권26 「후패열전侯覇列傳」.

10 때맞추어 내리는 비의 교화 : 초목이 철 맞게 내린 비에 잘 자라듯이 교화가 미침을 말한 것이다. 『맹자』「진심盡心 상」에, 공자의 교육 방식을 다섯 가지로 분류하면서 첫 번째로 "제때에 내리는 단비처럼 교화시키는 경우가 있다.(有如時雨化之者)"라고 하였는데, 그 주註에서 "공자가 안자顏子와 증자曾子를 가르칠 때가 바로 그렇다."라는 내용이 들어 있다.

11 취화 선자醉花禪子 : 꽃에 취한 승려로 해석할 수 있으나 본인의 자호로도 볼 수 있다.

12 북궐의 근심을 나누었으며(分憂) : 임금의 걱정을 나눠 갖는다는 뜻으로 지방 장관의 역할을 수행하는 것을 가리킨다.

13 혜선惠鮮 : 혜선환과惠鮮鰥寡의 준말인데, 홀아비와 홀어미를 은혜로 덮어 주는 것을 말한다. 어렵고 외로운 사람에게 은혜를 베풀어 다시 생기가 나게 한다는 말이다. 『서경』「무일無逸」.

14 그윽한 향기(馨香) : 형향馨香은 덕정德政을 뜻한다. 『서경』「군진君陳」에서 "지극한 정치는 향기로워 신명을 감동시키니, 메기장이 향기로운 것이 아니라 밝은 덕만이 향기롭다.(至治馨香。感于神明。黍稷非馨。明德惟馨。)"라 한 데서 나온 말이다. 원래 이 것은 주周나라 성왕成王이 주공周公을 이어 은殷나라 유민遺民을 다스리러 가는 군진君陳에게 훈계하면서 한 말이다.

15 오마의 행차 : 본 서 제1권 주 38 참조.

16 밝은 빛(耿光) : 광명, 광채, 광영. 『서경』「입정立政」에서 "문왕의 밝은 빛을 뵙고 무왕의 큰 위엄을 드러낸다.(以觀文王之耿光。以揚武王之大烈。)"라고 하였다. 선왕의 덕德을 일컫는 말이다.

17 정리政履 : 서간문에서 지방 수령의 안부를 물을 적에 쓰는 말로, 정황政況의 뜻과 같다.

18 사문斯文 : 원래는 이 글, 이 학문, 이 도道란 의미로, 유교儒敎의 학문・도의・문화 또는 유학자, 즉 선비를 말한다.

19 체안棣案 : 체棣는 형제를 가리킨다. 『시경』「소아小雅」〈상체常棣〉에서 온 말로, 〈상체〉편은 형제를 연향하는 음악의 가사이다.

20 혜원慧遠 : 본 서 제2권의 주 20 참조.

21 태전太顚 : 본 서 제2권의 주 34 참조.

22 광려匡廬 : 광려산匡廬山은 여산廬山의 본래 이름이다. 혜원이 백련사白蓮社를 세우고 염불결사를 했던 곳이다. 한편 진晉나라 도연명이 팽택의 현령(彭澤令)을 그만두고 고향으로 돌아온 뒤에 여산의 동림사東林寺 주지 혜원 법사慧遠法師가 유유민劉

遺民 · 뇌차종雷次宗 · 주속지周續之 · 종병宗炳 등 18인의 명사들과 결성한 백련사의 모임에 참여하여 시를 지으며 여유를 즐겼다는 고사가 있다.

23 쏟아지는 폭포(懸瀑) : 높은 데서 떨어지는 폭포. 여산廬山은 강서성江西省 구강현九江縣 남쪽에 있는 유명한 산으로 경치가 아름답고 그 남쪽에 아홉 줄기의 폭포가 있다 한다.

24 추로지향鄒魯之鄕 : 공자孔子와 맹자孟子의 유풍遺風이 있는 문명한 곳을 말한다. 추鄒는 맹자의 출생지, 노魯는 공자의 출생지이다. 영남 지방, 안동 지역을 말하는 경우가 많다. 저자의 주석처가 안동 지역임을 알 수 있다.

25 형제들(棣花連枝) : 산매자꽃(棣華)은 형제를 가리키는 말. 연지連枝는 친형제를 가리키는 말.

26 방포方袍의 다른 풍속과 원정圓頂 : 방포는 비구比丘가 입는 방형方形의 가사袈裟를 말하며, 원정은 머리카락을 깎은 둥근 머리란 뜻으로, 모두 승려를 가리키는 말이다.

27 석양의 멋진~산을 움직이고 : 퇴계 이황의 〈산거山居〉 중 '여름(夏四吟 暮)'의 1구이다. 원시는 다음과 같다.

    석양의 고운 빛깔 시내와 산 움직이니　　　　　　　　夕陽佳色動溪山
    바람 자고 구름 한가한데 새는 절로 돌아오네.　　　　風定雲閒鳥自還
    홀로 앉은 깊은 회포 뉘와 얘기할꼬.　　　　　　　　　獨坐幽懷誰與語
    바위 언덕 고요하고 물은 졸졸 흐르누나.　　　　　　　巖阿寂寂水潺潺

28 한가로이 하늘~노을 희롱한다 : 미상

29 연성공衍聖公 : 송宋 인종仁宗 때 공자孔子의 자손에게 내린 세습世襲의 작호爵號. 공자의 직계 후예에게 내려 준 봉호封號이다. 송 인종 지화至和 2년(1055)에 공자의 후예들이 선조의 시호諡號를 이어받는 것은 부당하다고 하여 연성공이라는 칭호를 부여하기 시작한 때로부터 1935년까지 그대로 이 칭호가 폐지되지 않고 쓰였다.

30 선성宣城 : 예안禮安의 옛 이름. 퇴계退溪 이황李滉을 향사享祀한 도산서원陶山書院이 있는 예안 일대를 가리킨다.

31 현허玄虛 : 현묘한 도. 노장의 학설이나 불교를 가리킨다.

32 부끄러운 탄식만~없을 듯합니다 : 원문 '噬臍'는 스스로 자신의 배꼽을 물어뜯는다는 뜻으로, 일이 잘못된 다음에는 후회해도 소용없음을 가리킨다. 사향노루는 사람에게 잡히면 배꼽에 사향麝香이 들어 있기 때문에 잡히는 것이라고 후회하면서 자신의 배꼽을 물어뜯는다고 한다. 『춘추좌씨전春秋左氏傳』「장공莊公」 6년.

33 운결殞結 : '생당운수生當隕首 사당결초死當結草'의 준말로, 살아서는 목숨을 바치고 죽어서는 풀을 맺어 은혜를 갚는다는 뜻이다.

34 지언知言 : 천하의 말의 이치를 알아 천하의 일에 의심스러운 바가 없음을 뜻한다. 맹자가 자신의 부동심不動心을 말하면서 "나는 말을 알며 나는 나의 호연지기를 잘

기른다.(我知言。我善養吾浩然之氣。)" 하였다. 『맹자』「공손추公孫丑 상」.

35 공자는 제자들에게 일찍이 "내가 너희들에게 숨기는 것이 있다고 생각하느냐? 나는 너희들에게 숨기는 것이 하나도 없다.(以我爲隱乎。吾無隱乎爾。)"라고 하였다. 정자程子는 이 대목에 대해 "성인의 도는 마치 하늘과 같다.(聖人之道猶天然)"라는 주석을 달았다.

36 함장函丈 : 스승. 『예기』「곡례曲禮」에서 "강석에서 스승과 제자의 앉는 거리는 한 길쯤 용납할 만하다.(席間函丈)"라고 하였고, 그 주석에서 "함函은 용납한다는 뜻이니, 강론하는 자리는 서로 대하는 거리가 한 발을 용납할 만해야 가르치기에 적당하다." 라고 하였다.

37 선생(下執事) : 봉건사회에 있어서 귀인貴人의 곁에서 모시고 있으면서 잡무를 처리하는 사람. 귀인을 만나려면 반드시 먼저 집사를 통하게 되고, 귀인에게 편지할 때도 귀인에게 직접 드리는 형식을 취하지 않고 곁의 집사를 통해서 드리는 형식을 취하여 편지 받는 사람의 이름 밑에 집사執事를 붙인다. 후에는 편지 상대자에 대한 존칭처럼 되었다.

38 도체道體 : 안부安否를 물을 때에 기체氣體니 존체尊體니 하는 말을 쓰는데, 특히 도덕이 높은 사람, 학문하는 사람에게는 도체라 쓴다.

39 가업(箕裘) : 기구箕裘는 대대로 전하는 가업家業, 세업世業. 선대先代의 훌륭한 가업을 계승하는 것. 『예기』「학기學記」에서 "훌륭한 야공冶工의 아들은 그 아버지의 하는 일을 보고 배워 반드시 갖옷(裘)을 만들 줄 알고, 활을 만드는 궁인弓人의 아들은 그 아버지의 하는 일을 보고 배워 반드시 키(箕)를 만들 줄 안다." 하였는데, 후세에는 곧바로 선대의 가업을 계승한다는 말로 쓰인다.

40 맴맴거리는(佔畢) : 점필佔畢은, 교사敎師가 경서經書의 깊은 뜻은 알지 못한 채 입으로만 음송吟誦하는 것. 글자만 알고 뜻은 모르는 것.

41 밀옹密翁 : 송宋나라 장사옹張師雄의 별호別號. 장사옹은 달콤한 말로 남을 기쁘게 하기를 잘하였으므로 낙양洛陽 사람들이 그를 밀옹옹密翁翁이라 호칭한 데서 온 말이다.

42 옥천玉川 : 당나라의 시인 노동盧仝의 호이다. 노동은 집이 몹시 가난하였는데, 차 마시는 것을 몹시 즐겼다. 그가 지은 〈다가茶歌〉가 전한다. 일찍이 하남河南의 소실산少室山에 숨어 살면서 깨끗한 일생을 보냈으며, 세상을 풍자한 시를 많이 지었다. 한유韓愈의 〈기노동시寄盧仝詩〉에서 "옥천 선생은 낙양성 안에 낡은 집 몇 칸뿐이네.(玉川先生洛城裏。破屋數間而已矣。)"라 하였다.

43 보잘것없는 문장(彫虫小技) : 글귀를 수식하며 문장을 짓는 일. 서툰 문장.

44 명리 마당(名場) : 명성을 겨루는 장소. 과거 시험을 치르는 장소나 명사名士들이 회합하는 장소를 말한다.

45 글재주를 겨루다(白戰) : 백전白戰은 문인들이 글재주를 겨루는 것을 말한다. 원래는 특정한 어휘의 구사를 금하고 시를 짓게 했던 격식. 백전白戰은 송宋나라 구양수歐陽脩가 처음 시도했던 것으로서, 예컨대 눈(雪)에 대한 시를 지을 경우 눈과 관련이 있는 학鶴·호皓·소素·은銀·이梨·매梅·노鷺·염鹽·동곽東郭 등의 사용을 금하는 것이다. 그 뒤에 다시 소식蘇軾이 빈객들과 함께 이를 회상하며 시도해 본 적이 있는데, 그때의 시 가운데 "당시의 규칙을 그대들 준수하라. 손으로만 싸워야지 무기를 잡으면 안 될지니.(當時號令君聽取。白戰不許持寸鐵。)"라는 구절이 있다. 『소동파시집蘇東坡詩集』권34〈취성당설聚星堂雪〉.

46 서당西堂 : 다른 절의 주지를 일컫는다. 다른 절의 퇴임한 주지가 이쪽 절로 오면 빈객인 고로 서당, 즉 서쪽 건물에 머문다. 『선림상기전禪林象器箋』「칭호문稱呼門」에서 "他山前住人。稱西堂。蓋西是位。他山退院人來此山。是賓客, 故處西堂。"이라 하였다.

47 동문東門 : 벼슬을 그만두고 동문을 통해 향리로 돌아가는 것을 말한다. 동문은 장안長安의 동도문東都門. 한漢나라 때 소광疏廣과 그의 조카 소수疏受가 칭병稱病하여 벼슬을 그만두고 고향으로 돌아갈 때 공경대부들이 장안 동도문 밖에 모여 대대적으로 전별餞別 잔치를 베풀었던 데서 유래한다. 『한서漢書』「소광전疏廣傳」.

48 당제當劑 : 병에 맞는 약제.

49 편작扁鵲 대수大手 : 전국戰國시대 정鄭나라 사람인 명의名醫 편작. 편작은 원래는 황제 때의 인물인데, 뒤에 전국시대 정鄭 땅 사람 진월인秦越人의 의술이 신묘하여 그를 편작이라고 하였다. 신인神人 장상군長桑君이 일찍이 자기에게 금방禁方이 있다고 하며, 품속에 간직했던 약을 편작에게 주면서 "이 약을 상지수上池水로 30일 동안 복용하고 나면 눈이 밝아져서 귀물鬼物을 환히 보게 될 것이다."라고 했다. 그 약을 복용한 편작은 오장五臟을 잘 보게 되어 진맥을 잘해서 이름이 났다. 『사기史記』권105「편작열전扁鵲列傳」.

50 푸른 주머니(靑囊) : 청낭靑囊은 푸른 빛깔의 포대布袋나 푸른 주머니. 의가醫家에서는 의서醫書를 담은 포대를 이렇게 말하였고, 도가에서는 도가의 전적典籍을 담은 포대를 이렇게 말하였다.

51 긍경肯綮 : 뼈와 힘줄이 붙는 자리. 급소나 사물의 가장 중요한 부분을 가리킨다. 포정庖丁이 문혜군文惠君을 위해 소를 잡는데, 그 칼질하는 솜씨가 매우 민첩하여 문혜군이 칭찬하였다. 이에 포정이 칼을 놓고 대답하기를, "신臣이 좋아하는 것은 도道이기에 기술보다 앞서는 것입니다.…… 지금 신의 칼은 19년 동안이나 썼고 잡은 소도 수천 마리나 되지만, 이 칼날은 방금 막 숫돌에 갈아 낸 것과 같습니다. 소의 뼈마디에는 틈새가 있지만 칼날에는 두께가 없습니다. 두께가 없는 것을 틈새가 있는 곳에 넣으므로 칼날을 휘두르는 데에 반드시 여유가 있게 되는 것입니다."라고 하였다. 『장자莊子』「양생주養生主」.

52 사명司命 : 만물의 운명을 맡은 신神. 문장사명文章司命은 문운을 주관한다는 뜻이다.

53 진나라 초나라의 길(秦楚之路) : 먼 거리. 『맹자』「고자告子 상」에서 맹자가 "이제 무명지 손가락이 구부러지고 펴지지 않는 일이 생긴다면, 아프고 일을 해치는 것은 아니지만, 그 손가락을 펼 수 있는 사람이 있게 되면 진秦나라나 초楚나라의 길이라도 멀다고 여기지 않고 찾아가는 것은, 손가락이 남과 같지 않기 때문이다.(今有無名之指 屈而不信. 非疾痛害事也. 如有能信之者. 則不遠秦楚之路. 爲指之不若人也.)"라 하였다.

54 월인越人 : 편작의 자字.

55 문변지지問辨之地 : 『주역』「건괘乾卦」〈문언전文言傳〉에서 "군자가 배워서 지식을 모으고 물어서 분변한다.(學以聚之. 問以辨之.)"라 하였다. 모르는 것을 물어서 변증하는 것. 군자가 자신의 덕업德業을 닦아 진보進步시키는 것을 뜻한다.

56 쓸모없는 존재(弁髦) : 변弁은 관례冠禮의 가관加冠 때에 한 번만 쓰고 마는 치포관緇布冠이고, 모髦는 동자童子의 드리운 머리칼이다. 모두 가관의 절차가 끝나면 쓸데없는 것이 된다는 데서 쓸데없는 사람이나 사물이라는 말로 쓰인다.

57 관중管仲과 상앙商鞅 : 관중은 춘추시대 제나라의 재상으로 군사력을 강화하고, 상업과 수공업의 육성을 통하여 부국강병을 꾀했다. 법가法家 사상가 상앙은 전국戰國시대 진秦나라의 재상으로 두 차례에 걸친 변법變法을 통해 예치를 법치로 전환시키고 부국강병 정책들을 현실화시켰다.

58 저(不佞) : 불망은 재주가 없는 사람이라는 뜻으로, 자기의 겸칭이다.

59 말과 소가~떨어져 지냈습니다(馬牛相風) : 매우 멀리 떨어진 것을 형용한다. 춘추시대 초자楚子가 자기 나라로 쳐들어온 제 환공齊桓公에게 "임금께서는 북해北海에 살고 과인은 남해에 사니 바람난 소나 말(風馬牛)도 도달할 수 없는 거리입니다." 한 데서 유래하였다. 『춘추좌씨전春秋左氏傳』「희공僖公」 4년.

60 열 개의 포 묶음 : 『논어』「술이」에서 공자는 "속수 이상의 예를 행하면 내 일찍이 가르치지 않은 적이 없다.(行束脩以上. 吾未嘗無誨焉.)"라 하였다. 주석에서 "수脩는 포脯이니 열 개를 속束이라 한다. 옛날에 서로 만나 볼 적에는 반드시 폐백을 바쳐 예의로 삼았는데, 한 속束의 포脯는 지극히 적은 것이다." 하였다.

61 간절한 정성(慕羶) : 누린내 나는 고기를 사모한다는 말로, 중국 황제의 은덕을 사모하는 뜻이 간절하다는 뜻으로 쓰였다. 『장자莊子』「서무귀徐無鬼」의 "개미는 양고기를 좋아하여 모여든다. 양고기는 누린내가 나기 때문이다. 순임금의 행동에도 누린내 나는 구석이 있다. 그래서 백성이 좋아하여 모여드는 것이다.(蟻慕羊肉. 羊肉羶也. 舜有羶行. 百姓悅之.)"라는 말에서 유래하였다.

62 자상한 가르침을 받으며(負劍辟咡) : 부검벽이負劍辟咡는 자상하게 가르침을 주는 것을 말한다. 『예기』「곡례曲禮」에는 〈부검벽이장負劍辟咡章〉이 있는데, 주로 언어言

語 · 음식飮食 · 쇄소灑掃 · 응대應對 등의 일에 관한 예문禮文이 소개되어 있다. 그 가운데 "어른이 어린이의 손을 잡아 이끌어 주면 어린이는 두 손으로 어른의 손을 받들고, 어른이 마치 칼을 차는 것처럼 어린이를 끼고 어린이의 입 가까이에다 말씀하면 어린이는 입을 가리고 대답한다.(長者與之提攜。則兩手奉長者之手。負劍辟詛詔之。則掩口而對。)"라는 내용이 있다.

63 정법안장正法眼藏 : 청정법안淸淨法眼이라고도 하며, 선가에서는 이로써 교외별전敎外別傳의 심인心印을 삼는다. 부처 마음의 덕으로서, 이 마음이 밝히 정법正法을 볼 수 있기 때문에 정법안正法眼이라 하고, 깊고 넓어 1만의 덕이 포함 저장되기 때문에 장藏이라 한다. 영산회상靈山會上에서 부처님께서 꽃을 들어 대중에게 보였으나 모든 인천人天들이 이해하지 못했다. 오직 가섭迦葉만이 얼굴을 펴 미소 지었다. 세존이 이르시되, "나에게 정법안장正法眼藏과 열반묘심涅槃妙心이 있는데 가섭에게 분부한다." 하셨다.

64 옛날 인도印度의 양의良醫가 금비金篦를 가지고 맹인의 눈알에 덮인 희끄무레한 백태白苔를 긁어내어(刮眼膜) 광명을 되찾게 해 주었다는 금비괄목金鎞刮目의 고사가 『열반경涅槃經』권8에 나온다. 금비金篦는 안과 수술용 쇠칼을 뜻한다.

65 한 무늬(一斑) : 표범 무늬 중의 하나의 반점斑點이라는 뜻으로, 전체는 못 되어도 부분적으로나마 식견을 갖춘 것을 가리킨다. 진晉나라 왕헌지王獻之가 소년 시절에 도박 놀음을 옆에서 지켜보며 훈수를 하다가, "대롱으로 표범을 보고는 그 반점 하나를 보는 식이다.(管中窺豹。見一斑。)"라고 비평을 받은 고사에서 나온 것이다.

66 경형黥刑을 돕고~돕는 효험 : 경형黥刑은 묵형墨刑으로 죄인의 살에 묵실로 죄명을 자자하던 형벌이다. 월형刖刑은 발꿈치를 베던 형벌. 비유하여 지난 허물. 『장자莊子』「덕충부德充符」에, 월형을 받아 발이 잘린 무지無趾에게 공자가 "그대는 어찌하여 전날 행실을 조심하지 않아 이러한 우환을 범하고 말았는가?" 하고 묻자, 무지는 "나는 세상일을 잘 알지 못하고 가벼이 몸을 놀리다가 이 지경에 이르고 말았지만, 내가 지금 여기 온 것은 발보다 더 존귀한 본성을 지니고 있기에 내가 이것을 온전히 하는 데 힘쓰고자 해서입니다." 하였다. 이에 공자가 "제자들아, 노력하라. 무지는 발이 잘린 사람인데도 오히려 학문에 힘써서 전날의 잘못을 고쳤는데, 하물며 덕이 온전한 사람일까 보냐." 하였다.

67 이야기(葛藤) : 갈등葛藤은 칡덩굴이 마구 뒤엉켜 뻗어나가듯 언어와 문자에 사로잡혀 빠져나오지 못하는 병통을 뜻하는 선림禪林의 용어. 종지宗旨를 알지 못하고 말만 번잡한 경우. 보통 담화의 뜻으로도 쓰인다.

68 대주실大籌室 : 인도印度의 제4조인 우바국다優波毱多가 많은 사람들을 교화하여 제노濟度했는데, 한 사람을 제도할 적마다 산가지 하나씩 내려 둔 것이 높이 20여 척尺, 넓이 30여 척 되는 방에 가득 찼던 데서 온 말로 전하여 후세에는 수행인을 교화

지도하는 방장 화상方丈和尙을 주실이라 부르게 되었다.

69 어버이의 그것에 못지않을 것입니다(顧我復我) : 고아복아顧我復我는 부모가 자식을 항상 보살펴 기르는 것을 이른다. 『시경詩經』「소아小雅」〈육아蓼莪〉에서 "아버지 나를 낳아 주시고 어머니 나를 길러 주셨다네. 나를 쓰다듬어 주시고 나를 길러 주시며, 나를 길러 주시고 나를 키워 주셨도다. 나를 돌아보시고 또 나를 돌아보시며, 들어가고 나가시면서 나를 보듬어 주셨다네.(父兮生我。母兮鞠我。拊我畜我。長我育我。顧我復我。出入腹我。)"라 하였다.

70 이수二竪 : 고칠 수 없는 질병을 뜻하는 말이다. 『춘추좌씨전』「성공成公」10년 조에서 "진 경공晉景公이 병이 심하여 완緩이라는 의사를 맞이하여 치료하려고 하였는데, 전날 밤에 꿈을 꾸니, 그 병이 두 아이(二竪)로 변하여 말하기를, '저 사람은 훌륭한 의사이니 우리를 해칠까 두렵다. 어디로 숨을까?' 하니, 그중 한 아이가 말하기를, '황肓의 위, 고膏의 아래에 있으면 우리를 어찌하겠는가?'라고 하였다. 의사가 이르러 '이 병은 고칠 수 없습니다'라고 하였다."라는 구절에서 온 말이다.

71 백련지교白蓮之敎 : 서방정토를 관하거나 염불하여 왕생하고자 하는 염불신앙에 힘썼다는 말이다. 여산 혜원廬山慧遠(335~417)은 중국 동진 때 스님인데, 여산廬山 동림사東林寺에서 백련사白蓮社를 조직하여 염불에 힘썼다.

72 신령스런 물소(靈犀) : 영서靈犀는 신령스런 물소, 서각犀角이다. 서각은 무소의 뿔로서, 가루를 만들어 해독, 해열제로 쓴다. 이마의 윗부분이 튀어나온 귀인의 상을 가리킨다.

73 대백우大白牛로 인도 : 『법화경』의 「비유품」〈화택유火宅喩〉에서, 어느 장자長者가 불이 붙고 있는 집 안에서 아무것도 모르고 뛰놀고 있는 아이들을 구하려고, 문밖에 양거羊車・녹거鹿車・우거牛車가 있으니 나오라고 소리쳐서 아이들이 문밖으로 뛰어나온 것을 보고, 모두 똑같은 대백우거大白牛車를 주었다 하였다. 중생 교화의 방편을 편다는 의미이다.

74 부처의 종자(佛種) : 불종성佛種性이라고도 한다. 부처가 될 수 있는 소질. 모든 중생이 본래 지니고 있는 부처의 성품.

75 뜰 앞의 잣나무(庭前栢樹子) : 선종禪宗의 유명한 공안公案. 어떤 승려가 당나라의 조주 종심趙州從諗 선사에게 조사서래의祖師西來意 화두를 묻자, "뜰 앞의 잣나무"라고 대답했던 일화에서 유래한다. 『연등회요聯燈會要』권6.

76 남명南溟 : 남명 전령南溟殿翎(?~1826)이다. 전라도 순천 출신으로 선암사에 출가하여 묵암 최눌默庵最訥의 법을 이어받았다. 선과 교에 능통했으며, 문장에도 뛰어나서 호남 칠고붕七高朋의 한 사람으로 일컬어졌다. 이 글은 대사의 유고시집에 붙인 서문이나, 현재 시집은 전하지 않는다.

77 육의六義 : 『시경詩經』의 여섯 가지 체體. 부賦・비比・흥興・풍風・아雅・송頌이다.

부는 그 일을 솔직하게 표현하는 것이고, 비는 사물을 이끌어 비유하는 것이고, 흥은 사물을 빌려 느낌을 일으키는 것이고, 풍은 열국列國의 시가이고, 아는 주나라 왕기王畿의 시가이고, 송은 종묘 제악宗廟祭樂이다.

78 앞부분은 『동문선』 권87 「급암시집서及菴詩集序」(李穡)를 차용하고 변형한 것이다. 원문은 다음과 같다.
"六義旣廢。聲律對偶又作。詩變極矣。古詩之變。纖弱於齊梁。律詩之變。破碎於晚唐。獨杜工部。兼衆體而時出之。高風絶塵。橫盖古今。其間超然妙悟。不陷流俗。如陶淵明, 孟浩然輩代豈乏人哉。然編集罕傳。可惜也。今陶孟二集。僅存若干篇。令人有不滿之歎。然因是以知其人於千載之下。不使老杜。專美天壤間。是則編集之傳。其功可小哉。又況唐之韓子。宋之曾蘇。天下之名能文辭者也。而於詩道有嫌。識者恨之。則詩之爲詩。又豈可以巧拙多寡論哉。予之誦此言久矣。及讀及菴先生之詩。益信先生詩。似淡而非淺。似麗而非靡。措意良遠。愈讀愈有味。其亦超然妙悟之流歟。其傳也必矣。先生之外孫齊閔, 齊顔。皆以文行名于時。去歲倉卒之行。能不失隆。又來求序。其志可尙已。予故題其卷首如此。"

79 증공曾鞏과 소동파蘇東坡 : 당송팔대가에 속하는, 송나라 문장가 증공(1019~1083)과 소식蘇軾(1037~1101)을 말한다.

80 이하 문장 '세상에는 종신토록~것이 분명하다'까지는 『동문선』 권86 「기증유사암시권서寄贈柳思菴詩卷序」(이색)의 전반부를 차용하고 변형한 것이다.

81 무적無適하고 무막無莫 : 적당한 것도 없고 안 될 것도 없음. 후박厚薄이 없음. 군자가 선입견이나 감정에 치우치지 않고 중용中庸의 도리에 따라 올바른 의리를 행해 나가기 때문에 어떤 일을 하거나 부끄러워할 일이 없게 되는 것을 말한다. 『논어論語』 「이인里仁」에 "군자는 이 세상에서 어떤 일을 꼭 해야 한다고 고집을 부리거나 어떤 일을 해서는 안 된다는 주관적인 편견을 배격하고, 오직 대의大義에 입각해서 행동한다.(君子之於天下也。無適也。無莫也。義之與比)"라는 공자의 말이 나온다.

82 연향역延香驛 : 『신증동국여지승람』에서 선산부 동쪽 21리에 있다 하였다.

83 깊숙한 땅(奧區) : 오지. 산이 높고 골이 깊어 풍수지리상으로 명당인 곳을 가리킨다.

84 고향 마을(桑梓) : 『시경詩經』 「소아小雅」 〈소변小弁〉에서 "부모가 심은 뽕나무와 가래나무도 반드시 공경해야 하거든, 우러러볼 건 의당 아버지이며, 의지할 건 의당 어머니임에라.(維桑與梓。必恭敬上。靡瞻匪父。靡依匪母。)" 한 데서 온 말이다.

85 공자가 일찍이 냇가에서 이르기를, "흘러가는 것이 이러하구나, 밤낮을 쉬지 않도다.(逝者如斯夫。不舍晝夜。)" 한 데서 온 말인데, 이는 곧 공자가 잠시도 쉬지 않고 끝없이 흐르는 물을 보고 그것이 바로 도체道體의 본연本然임을 감탄한 말이었다. 『논어』 「자한子罕」.

86 『맹자』 「진심盡心 상」에 "해와 달은 밝음 덩어리라, 빛을 받아들일 만한 곳은 반드시

모두 비춰 준다.(日月有明。容光必照焉。)"라는 말이 있다. "공자孔子께서 동산東山에 올라가셔서는 노魯나라를 작다고 여기셨고, 태산泰山에 올라가셔서는 천하를 작다고 여기셨다. 그러므로 바다를 보는 사람은 물 이야기하기를 어려워하고, 성인聖人의 문에 노는 사람은 말하기를 어려워한다. 물을 보는 데는 방법이 있다. 반드시 그 물결(波瀾)을 보아야 한다. 해와 달은 밝은 빛을 지니고 있어 작은 틈바구니에까지도 반드시 다 비춘다. 흐르는 물이라는 것은 구멍을 채우지 않으면 가지 않는다. 군자가 도에 뜻을 두는데, 문채文彩를 이루지 않으면 그 경지에 이를 수 없다.(孔子登東山而小魯。登太山而小天下。故觀於海者難爲水。遊於聖人之門者。難爲言。觀水有術。必觀其瀾。日月有明。容光必照焉。流水之爲物也。不盈科不行。君子之志於道也。不成章不達。)"

87 **자양紫陽** : 송宋나라 대학자로 신유학新儒學을 집대성한 주희朱熹(1130~1200)의 별호이다. 자양은 중국 안휘성安徽省의 산 이름인데, 주희가 그의 서실 이름을 자양서실紫陽書室이라 하였다.

88 **활수活水** : 주희朱熹의 〈관서유감觀書有感〉에서 "반 묘의 각진 못이 거울처럼 트였는데, 하늘빛 구름 그림자 그 안에서 배회하네. 묻거니 어이하여 그처럼 해맑을까, 근원에서 생수가 솟아나기 때문일레.(半畝方塘一鑑開。天光雲影共徘徊。問渠那得共如許。爲有源頭活水來。)"라 하였다. 사람의 마음을 표현한 것이다.

89 **염계濂溪** : 주돈이周敦頤(1017~1073)의 호. 본명은 돈실敦實, 자는 무숙茂叔, 시호는 원공元公이다. 『태극도설太極圖說』과 『통서通書』를 지었는데, 『태극도설』이 우주론을 설명한 반면, 『통서』는 윤리론을 이야기하고 있다.

90 **제월춘풍霽月春風** : 송나라 유학자 정호程顥와 정이程頤 형제가 소싯적에 주돈이周敦頤를 공경하여 그에게 찾아가서 배운 것처럼 자신도 고운을 스승으로 받들고서 배우고 싶다는 뜻이다. 원래는 춘풍春風 대신 광풍光風이라는 표현으로 쓰이는 경우가 많다. 광풍은 고상한 인격의 소유자를 뜻하는 말이다. 송나라 황정견黃庭堅의 「염계시서濂溪詩序」에 "용릉의 주무숙은 인품이 너무도 고매해서 흉중이 쇄락하기가 마치 맑은 바람이요 갠 달과 같았다.(舂陵周茂叔。人品甚高。胸中灑落。如光風霽月。)"라는 말이 나온다.

91 **기상沂上** : 기수沂水의 물가. 『논어』「선진」. 공자의 제자인 자로子路 · 증점曾點 · 염유冉有 · 공서화公西華 네 사람이 공자를 모시고 있었는데, 공자가 하고 싶은 뜻을 말하게 하였다. 이에 자로와 염유는 나라를 잘 다스려 보고 싶다는 뜻을 말하였고, 공서화는 종묘宗廟의 제례나 제후의 회동에 집례執禮를 맡고 싶다고 하였다. 마지막으로 증점의 차례가 되자 조용히 슬瑟을 타고 있다가 크게 한바탕 튕기고 내려놓은 뒤에 일어나서는 "세 사람의 생각과는 다릅니다." 하고, 대답하기를, "늦은 봄날 봄옷이 이루어지거든 어른 대여섯 사람, 동자 예닐곱 사람과 함께 기수沂水에 목욕하고 무우舞雩에서 바람을 쐬고 시를 읊으면서 돌아오겠습니다." 하니, 공자가 감탄하면서 "나

는 증점을 허여한다." 하여 그의 쇄락灑落한 기상을 인정하였다.
92 안락安樂 : 송宋의 소옹邵雍의 자字. 소옹은 유일遺逸로 추천을 받아 관직에 제수되었으나 다 불고하고 소문산蘇門山에서 독서에만 심취하여 자기 거소를 안락와安樂窩라고 이름하고 자호를 안락 선생安樂先生이라 하였다. 그가 처음 낙양洛陽에 왔을 적에 비바람도 제대로 막지 못하는 오두막을 하나 지어 놓고는 가끔 쌀독이 비어 굶는 생활을 하면서도 유유자적하며 스스로 안락 선생이라고 일컬었다는 고사가 있다. 『송사宋史』 권427 「소옹열전邵雍列傳」.
93 채석采石 : 이태백李太白이 술에 취해 채석강采石江의 달을 잡으려다가 고래를 타고 신선이 되었다는 전설이 있다.
94 청련青蓮 : 당唐나라 시인 이백李白이 태어난 고향의 현명縣名으로, 이백은 자호를 청련 거사青蓮居士라 하였다.
95 두 편의 웅장한 글 : 「적벽부」 전후편을 가리킨다.
96 장단將壇 : 대장大將을 임명하는 의식을 거행하는 단.
97 미산眉山 : 송대宋代 문학가인 소식蘇軾을 가리킨다. 소식은 사천四川 미산眉山 사람이다.
98 성해性海 : 진여眞如의 이성理性이 깊고 넓음을 바다에 비유하여 이르는 말. 불덕佛德이 원만히 구비된 경지이다.
99 요체(指歸) : 지귀指歸는 주지主旨, 돌아갈 길, 진리라는 뜻이다.
100 이승二乘 : 이승의 교법. 성문승聲聞乘과 연각승緣覺乘.
101 부처님(金仙) : 대각금선大覺金仙의 준말.
102 왕의王扆 : 옥의玉扆. 옥으로 장식한 궁중의 호화로운 병풍. 즉 천자를 말한다.
103 종지種智 : 일체만법의 평등상平等相과 차별상差別相을 통달해 깨달음과 교화에 자재한 부처님의 완벽한 지혜. 바른 지혜.
104 대교大敎 : 여래의 교법敎法, 특히 『화엄경』을 일컫는 말이다.
105 크고 넓은(方廣) : 부처님의 깨달음이 방정方正하고 광대廣大함을 말한다.
106 진전眞筌 : 진제眞諦. 진리를 표현하는 언어. 전筌은 고기를 잡는 통발로서, 토끼를 잡는 올가미를 뜻하는 제蹄와 함께 목적을 위한 방편을 이르는 말(筌蹄)로 쓰인다.
107 보배로운 게송(寶偈) : 『화엄경』을 뜻한다.
108 과도科圖 : 과목은 경론을 해석하는 데 있어서 그 문구의 단락을 분과分科한 것이다. 즉 문장의 내용을 한번 보고 잘 알 수 있도록, 간단한 어구를 제시하고 이를 줄로 연결하여 그 내용을 그림으로 나타낸 것이다. 과문科文과 같다. 과문만을 별책으로 하여 과도科圖 또는 과과라고 하기도 한다.
109 이 글은 『동문선』 권56 「곡반남선생문哭潘南先生文」을 차용하여 남녕 선생의 추노문으로 활용한 것이다. 정도전의 『삼봉집三峯集』 권4에도 실려 있다.

110 생황(笙簧)의 혀 : 황簧은 피리(笙) 속에서 팔랑거리며 소리를 내는 것이다. 듣기 좋게 나불거리며 모함하는 말을 뜻한다.『시경』「소아」〈교언巧言〉의 "생황의 혀 같은 공교로운 말은 낯짝이 두껍기 때문이다.(巧言如簧。顔之厚矣。)"라고 한 데서 온 말로, 본래는 소인小人들의 교묘하게 잘 꾸며대는 참언讒言을 비유한 것이다.

111 무턱대고 좇는 것(詭隨) : 옳고 그른 것을 따지지 않고 함부로 남을 따르는 것을 말한다.『시경』「대아大雅」〈민로民勞〉에 "잘잘못 가리지 않고 제멋대로 남을 따르지 말 것이요, 어질지 못한 자를 삼가야 할 것이다.(無縱詭隨。以謹無良。)"라는 말이 나온다.

112 다룸가죽 : 잘 매만져 부드럽게 만든 가죽.

113 세력에 붙지 않은 사람이 없고 :『서경』「중훼지고仲虺之誥」에 "어진 이를 홀대하고 권세가에게 붙는 무리가 실로 많다.(簡賢附勢。寔繁有徒。)"라는 구절이 있다.

114 조맹趙孟 : 진晉의 경卿 중에 귀한 자를 이른다. 맹자孟子는 "조맹이 귀하게 한 사람은 조맹이 능히 천하게 할 수 있다.(趙孟之所貴。趙孟能賤之。)"라 했다.『맹자』「고자告子 상」.

115 부종수교扶宗樹教 : 선종을 붙잡고 교종을 세운다는 뜻이다. 선과 교에 두루 능통한 인물에 대한 찬사의 표현이다.

116 불행한 시절(不淑) : 불숙不淑은 죽음이나 흉년 등 불행한 일을 뜻한다.

117 구원九原 : 전국시대의 진晉나라 경대부卿大夫의 묘지가 있었던 곳에서 유래하여 일반적으로 무덤·저승·황천을 뜻한다.

118 여헌旅軒 : 장현광張顯光(1554~1637)의 호. 본관은 인동仁同, 자는 덕회德晦, 시호는 문강文康이다. 일찍부터 학문에만 힘써 이름이 알려지자 조정에서 여러 차례 관직을 제수하였으나 모두 나아가지 않았다. 정구鄭逑에게 수학하여 이황의 학통을 이은 것으로 알려졌으며, 외손 갈암葛庵 이현일李玄逸이 그의 학문을 계승하였다. 장현광의 「신도비명」에 의하면, 미수의 스승인 정구가 영남에서 학문을 제일 좋아하는 인물로 장현광을 지목하였으며, 미수의 처조부인 이원익李元翼이 시무時務에 대해 자문을 구할 정도로 인정을 받았다고 한다.『여헌집旅軒集』이 있다.

119 정수를 얻은 이(得髓者) : 중국 선종禪宗의 초조初祖인 보리달마菩提達磨가 여러 제자를 모아 놓고 질문을 했는데, 그중 혜가慧可의 대답이 가장 흡족하였다. 세 명에게는 각각 나의 가죽(皮)과 살(肉)과 뼈(骨)를 얻었다고 한 뒤에, 마지막 혜가에 대해서는 나의 정수(髓)를 얻었다고 하며 의발衣鉢을 전수한 고사가 전한다.『경덕전등록景德傳燈錄』권3「보리달마菩提達磨」.

120 숭정 후 117년은 1745년 을축이다. 임신년은 1752년으로 숭정 후 124년이다. 착오가 있는 듯하다.

송계 화상 행장

　화상의 법휘法諱는 나식懶湜이고, 자는 취화醉花이며, 호는 송계松桂 또는 회암檜巖이다. 속성은 이씨李氏이고, 이름은 수호壽浩이다. 우리 태종대왕太宗大王 둘째 아들 효령대군孝寧大君이 분파의 시조가 되고, 그 후 의성군誼成君과 영신군永新君·함원군咸原君 등 사군四君을 지나 왕족에서 제외되어 출궁하였으니, 화상 대에 이르기까지 6대이다. 5대조의 휘는 제안齊顔, 고조의 휘는 남枏, 증조부의 휘는 상발尙發, 조부의 휘는 시웅時雄, 부친의 휘는 서주瑞柱로 헌릉봉사獻陵奉事였는데, 서울(京師)에서 화산花山으로 옮겨 왔다. 모친은 박씨로 관향은 밀양密陽이며, 찰방察訪 훤暄의 딸이다. 자식으로는 다섯이 있는데, 화상은 그중 다섯째로서 숙종(肅廟) 11년 갑자년에 태어났다.

　천품이 호매하고 재주와 그릇이 비범하였다. 그때 천전川前 김 교리金校理 칠탄七灘 선생이 도의의 가르침을 펴자 배우는 이들이 문하에 가득하였다. 화상이 그 문하에서 수업받기를 청하자 선생이 격려하고 아끼는 것이 매우 도타웠고, 화상 또한 부지런히 힘쓰고 게으름 부리지 않으니, 동문들이 그 식취識趣에 감복하였고, 또한 글 짓는 재능(文藻)이 일찍 이루어져 모두 상서로운 나라의 보배(瑞國之寶)가 되어 나라에서 크게 의지하리라 기대하였다. 나이 열여섯에 기산岐山의 절집에서 독서를 할 때 스님들이 청정한 법을 행하는 것을 보고 그로 인해 숙세의 인연을 깨달아 마침내 가선공嘉善公의 법단法壇에서 낙발을 하였다. 이후 화상은 청파당淸波堂 보전 선사諟詮禪師에게서 구족계(毘尼)를 받았다. 김 선생이 이를 듣고는 탄식하여 말하기를, "애석하다. 좋은 자질을 가진 그릇인데 어찌 부도浮屠에게 빼앗길 수 있겠는가?" 하면서 불러오게 하여 꾸짖고 매를 때렸다. 화상은 더욱 스스로 분발하여 힘써 곧바로 금강산金剛山 징신澄神의 승지勝地로 들어가 활구活句 참선을 3년간 한 후에 비로소 자가自家의 본분초료

本分草料¹를 깨달았으니, 이로부터 가슴속에 품은 생각이 더욱 트이게 되어 남쪽 길²을 열었다. 경진년에 전주 송광사松廣寺에서 침굉 장실枕肱丈室을 참학하여 4년을 보냈고, 갑신년에는 춘파 장실春坡丈室을 참학하여 몇 해를 보냈고, 후에 백암 장실栢庵丈室에게 6년을 참학하였고, 대암 장실大庵丈室에게는 5년을 참학하였다. 을사년에는 환성 노사喚醒老師에게 오순五旬을 참학하였다. 낙암 장실落巖丈室은 처음에 배운 스승인데, 전후로 합해 8년을 참학하였다. 이들은 모두 『시사록侍師錄』에 실려 있는데, 다만 공문空門 여기저기에 기록이 흩어져 있어 그 전말을 상세히 다 기록하지는 못한다. 일찍이 지은 시에서 말하였다.

    스승 은혜 보답하길 망각하고 백 세를 살려 하고
    부모 사랑 영원히 이별 후 평생토록 탄식하네.
    깨달은 마음 펼치기 전 몸이 먼저 변하나니
    부끄러워라, 경론 가지고 학인들 가르침이.

부모와 스승에 보답하고자 하는 정성을 이를 통해 알 수 있다. 화상은 환성喚醒의 적손嫡孫인 대암 화상大庵和上에게서 의발을 전해 받았으니, 옛 연원을 살펴보면 서산西山으로부터는 7세요, 태고太古로부터는 13세요, 달마達磨로부터는 42세요, 세존世尊으로부터는 70세이니, 곧 남종南宗 정맥正脈이 흘러 내려온 것이다. 화상은 처음에 계림鷄林의 백련사白蓮寺에서 개당開堂하였고, 이후 축서산鷲棲山의 통도사通度寺, 황학산黃鶴山의 용담사龍潭寺, 태백산太白山의 부석사浮石寺와 고운사孤雲寺·불국사佛國寺·오대五臺·청량淸涼,³ 주왕산의 대전사大典寺, 기산岐山의 봉황사鳳凰寺 등이 모두 화상이 오래 주석하며 대중을 교화한 곳이다. 청구靑丘의 승지가 일을 다스리고 지휘하지 않은 곳이 없었다.

화상의 성품과 도량은 진실하며 과묵하고, 검박하고 소탈하여 구속받는 것을 좋아하지 않고 시속과 다투지 않았으니, 비록 창졸간에 급할 때라도 조용하고 한가로워 아무 일 없는 때와 다름없었다. 시율詩律에 이르러서는 곧 절대 꾸미거나 갈고 다듬는 태도로 세속의 감식안에 아첨하는 일이 없었으며, 붓의 필력 또한 부드럽고 매끄럽게 획을 긋는 데 힘써서 세속의 명성 길을 구하지 않았다. 남을 가르칠 때는 더욱 평등하게 대하였으며, 자애함에 멀고 가까움이 없이 한결같이 정성스럽게 가르쳤다. 어느 날은 사형을 찾아가서 인사하는데 사형이 탁자 위의 술을 스스로 찾아서 마시라 하였는데, 화상은 잘못하여 간수干水를 몇 그릇이나 마시고는 돌아갔다. 날이 저물었을 때에야 사형은 비로소 이를 알고 곧 크게 놀라가서 보니, 안색이 태연하였고 평소와 같이 정진하고 있었으니, 사람들이 모두 삼매의 힘(定力)[4]으로 이룬 것이라 하였다. 만년에는 기산岐山에 주석하였다. 임종할 때(啓手之日[5]) 문하의 제자들을 불러 "나는 이제 떠나련다." 하고는 게송 하나[6]를 즉석에서 입으로 불렀다.

    건곤은 본래부터 면목 없으니
    겉 드러난 형상이 있다 하리오.
    허깨비 몸과 영별하노니
    온전한 대도만 홀로 밝도다.

말을 마치고는 입적하였으니, 곧 영조(英廟) 42년(1766) 을유 8월 8일로, 향년은 82세요, 법랍은 66세였다. 적통을 전한 제자가 여섯 명이요, 아사리阿闍利[7]가 두 명이요, 스님에게서 계율을 받은 이가 수백여 명이다. 입적하던 날 밤에 신령스런 빛이 크게 발하여 3일 동안 없어지지 않았다. 다비하던 날 저녁에는 천지가 갑자기 어두워지고 바람과 구름이 크게 회오리쳤는데, 장지에 모인 치소緇素 천여 명이 모두 "겉 드러난 형상이 있다 하리오?" 하니, 서풍이 크게 이르러 다비 불이 꺼지다가 다시 타오른게 두 번이다. 두 조각의 정골精骨을 얻어 미타번彌陁幡으로 인도하고 바위 위에 안치시켰다. 그리고는 설월 법사雪月法師를 초대하여 기산岐山 정암淨菴에 사리를 봉안하기를 청하였다. 정근精勤한 지 7일 만에 기산에서 호랑이가 으르렁거리는 소리가 세 번 울리자 새와 짐승들이 놀라 날뛰지 않는 것이 없었다. 갑자기 화살촉 나는 소리가 서쪽에서부터 들려오면서 밝았던 등불들이 일시에 다 꺼졌다가 잠시 후에 다시 밝아졌다. 다음날 새벽에 사리함을 열어 보니, 곧 종이로 네 겹을 쌌는데, 적연히 아무 흔적이 없었고, 물이 세 구멍을 뚫은 곳에 진주 세 개가 영롱하게 빛을 드러내고 있었다. 바로 그날로 부도浮屠에 봉안하고서 석종石鍾을 위동渭洞에 세우고자 다듬기 시작하여 일을 마치자, 저절로 가루처럼 부서졌으니, 여러 사람들이 모두 크게 놀라워했다. 다음날 무량수전無量壽殿에서부터 상서로운 기운이 곧장 고천高川의 갈석碣石에 비쳤는데, 가서 보니 곧 석종이 천연스레 완성되어 있었다. 소문을 들은 사람들이 비로소 그 신이한 도움을 알게 되어 원근을 가리지 않고 모두 모여 힘을 다해 이 일을 마칠 수 있었다. 아, 화상은 왕손이시고 재주 또한 훌륭하시니, 어찌 무슨 일이든 못하셨으며, 무슨 관직이든 얻지 못하였겠는가? 스스로 어둠에 빠지는 것을 달게 여겨 유자의 옷을 벗고 승복을 입으셨고, 무루無漏의 묘과妙果를 이루셨고, 돌아가실 때 신령한 자취를 보이셨다. 또한 돌에 점안하고 구전으로 새긴 것은 곧 이 소자의 대롱 같은 좁은 안목을 기다릴 필요도 없다. 생각건대 소자는 비록 화상의 법전法詮을 받들지 못하였지만 은택을 입은 것은 곧 5세世에도 부끄럽지 않다고 말할 수 있다. 영험한 깨우침이 나날이 희미해져 가는 것을 안타깝게 여겨 남은 게송 약간 편을 찾아 모으고, 사실에 근거해 그려 내어 산문에서 만에 하나라도 채택할 것을 갖추어 놓는다.

숭정崇禎 기원후紀元後 195년(1822) 임오 윤삼월 일 문손門孫 전홍展鴻은 손을 씻고 삼가 쓰다.

松桂和上行狀

和上法諱懶湜。字醉花。號松桂。又曰檜巖。俗姓李氏。名壽浩。我太宗大王第二子孝寧大君。寔爲分派祖。其後歷誼成永新咸原四君。而族除出宮。於和上間六代也。五代祖諱齊顏。高祖諱栴。曾祖諱尙發。祖諱時雄。考諱瑞柱。獻陵奉事。自京師移花山。妣朴氏。貫密陽。察訪諱暄女。子男凡五。和上於第爲五。生於肅廟十一年甲子。天禀豪邁。才器殊凡。時川前金校理七灘先生。倡敎道義。學者盈門。和上請業于門。先生獎愛甚厚。和上勤勵不怠。同門服其識趣。且文藻早成。咸期瑚國之寶。而倚重焉。年十六。讀書歧山僧舍。見僧行淸淨法。因感悟宿因。遂剃髮于嘉善公法壇。和上受毘尼于淸波堂諟詮禪師。金先生聞而嘆曰。可惜。好箇資器。其可失之浮屠哉。因召致責撻之。和上愈自奮厲。直入金剛澄神勝地。叅詳活句三年而后。始得自家本分草料。自此襟懷益豁。南路轉開。歲庚辰。於全州松廣寺。叅枕肱丈室。限四稔。甲申叅春坡丈室。限數稔。後於栢庵丈室。叅六祀。於大庵丈室。限五祀。乙巳喚醒老師。限五旬。落巖丈室。是初學師。前後八稔云。俱載侍師錄中。而第恨空門散籍。未盡詳其顚末也。嘗有詩曰。忘報師恩限百歲。永離父愛歎生平。覺心未展身先變。羞執經論訓學星。其報答父師之誠。可見于此矣。得傳鉢於喚醒嫡孫大庵和上。稽古淵源。於西山七世。於太古十三世。於達磨四十二世。於世尊七十世。則南宗正脉。有自來矣。始開堂於鷄林白蓮。而彼鷲棲之通度。黃鶴之龍潭。太白之浮石。孤雲佛國五臺淸涼。與周之大典。歧之鳳凰。皆和上之久住化人之場。而靑丘勝地。無不爲其管攝領略之資也。和上之性度。眞默儉素。不屑拘束。不競時俗。雖在倉卒急遽之際。從容閒暇。一如無事時。至如詩律。則絶無粉餙雕琢之態。而以媚於俗眼。筆勢則亦無强勉軟柔之畫。而以要於名路。敎人尤用平等。慈無親踈。一是諄諄誨也。一日徃拜釋兄。兄令自酌卓上酒。和上錯飮干水數器而還。日旣暮。釋兄始覺。乃大驚徃視。神色自若。精進如常。人皆以爲定力所致也。晚住岐山。啓手之日。

呼門弟子曰。吾將逝矣。卽口點一偈曰。乾坤無面目。能道有形端。永別浮虛體。孤明渾大開。言訖寂。卽英廟四十二年乙酉八月八日。享年八十二。法臘六十六。得嫡傳六人。闍利二人。受律儀數百餘人。唱滅之夜。大放靈光。三日不絕。茶毗之夕。天地晦瞑。風雲大作。會葬緇素千餘人。皆言能道有形端口。[1] 因西風大至。火滅而復燃者再。有二片精骨。引彌陁幡。坐於巖上。因邀雪月法師。請舍利於岐山淨菴。精勤七日。岐山三鳴於菟唬吼。飛禽走獸。無不驚騰。忽有矢鏃之聲。自西而入。煌煌火燭。一時盡滅。有頃復明。翌日昧爽。見舍利器。則紙封四疊。寂然無痕。而水穿三穴。眞珠三箇。玲瓏呈光。卽日奉安浮屠。始磨石鍾於渭洞。功旣訖。自碎如粉。衆方驚惶。翌夜自無量壽殿。瑞氣直抵高川碣石。徃視之。則石鍾天成。聞風者。始知其神相。無遠近。咸臻致力。以竣厥功。噫。和上摺自天枝。兼以材萃。抑何做不成。何官不得。而酒甘自晦淪。釋素被緇。以成無漏妙果。而寄歸靈跡。且石頭點眼。銘在口碑。則不必待小子蠡管之窺測。而自念小子。縱未承和上法詮。以澤則亦可謂五世不斬矣。懼靈諦之日晦。搜輯遺偈若干條。且敢據實摸葫。以備山門採擇之萬一云。

崇禎紀元後一百九十五年壬午。閏三月。日。門孫展鴻盟手謹狀。

---

1) ㉘ 이 글자는 저본이 희미하여 『한불전』에는 결자 처리되어 있으나 장서각본에는 확실하게 '否' 자로 되어 있다.

송계 대사 문집 뒤에 쓰다

무릇 산에 있는 나무 중에 오직 소나무(松)와 계수나무(桂)가 가장 빼어나니, 또한 어찌 속세를 벗어나 홀로 선 옛 스님과 다르겠는가? 대개 그 티끌세상에 물들지 않고 세상의 변화를 겪으면서도 고심을 지켜 나가는 것은 곧 마찬가지인 것이다. 나는 송계松桂 대사의 행장을 살펴보고 이를 더욱 징험할 수 있었다. 대사는 본래 유가儒家의 자제인데, 숙세宿世의 혜근慧根으로 불가로 도주하여 법을 강講하였다. 서산西山 대사의 7대 제자이며, 선종의 맥을 얻은 이로서 이는 진실로 쌍림雙林[8] 중의 늙은 소나무요 계수나무로다. 대개 그 풍치風致를 떠올려 보면 시방 사계沙界[9]에 맑고 깨끗하니, 대사가 소나무와 계수나무로써 자신의 호를 붙인 것은 그 뜻이 심원하다 하겠다. 또 임종게를 보면, "묘각妙覺의 삼신三身은 본성과 같은데, 만고의 높은 하늘에 외로운 달만 남아 비치네."라 하였는데, 곧 저 소나무나 계수나무는 모두 그림자인 것이니, 누가 대사의 보진葆眞[10]을 알겠는가? 광명을 비추는 땅(放光之地)에서 대사를 불러 함께 술을 마시며 소나무와 계수나무에 의탁했던 이유를 물어볼 수 없음이 한스럽도다.

지금 그 법사法嗣인 웅파 상인雄波上人이 몇 편의 원고를 묶어 내어 장차 간행하여 후세에 전하려고, 고족高足인 천오天悟를 보내 나에게 치사하며 문집 끝에 한마디 말을 써 달라 하였다. 나는 공자의 문도로서 비록 물리치고 떨쳐내지는 못할지언정 어찌 글을 쓸 수 있겠는가? 다만 "소나무가 마르면 더욱 울리는 소리가 좋고, 계수나무가 죽으면 향을 남긴다.(松枯益韻, 桂死畱香.)"라는 여덟 자를 써서 보내노라. 천오 스님, 돌아가 스승에게 말을 전하시오.

"온 산의 소나무와 계수나무를 찾으면 곧 그대의 스승이 바로 그곳에 있거늘 어찌 글로써 알리려 하시는가?"

임오년(1822) 계춘季春(3월) 하순에 병든 늙은이 다천茶泉이 쓰다.【상사공上

舍公 이상발李祥發[11]】

書松桂師卷後

夫木之在山者。惟松桂最秀。亦奚異於古釋之離世獨立者哉。蓋其不染浮塵。閱世變守苦心則一也。余於松桂師。考其狀。尤驗焉。師本儒家子也。以宿世慧根。逃佛講法。得西山七世禪宗。此眞雙林中老松桂也。槃想其風致。灑灑然十方沙界。師之寓號於松桂者。其意遠矣。且其觀化一偈。妙覺三。如本性。萬古長空。孤月畱照。則彼松也桂也。皆是影也。孰能知師之葆眞乎。恨不起師於放光之地。與之酒而一問其故。托松桂意也。今其法嗣雄波上人。編就其略千藁。將繡梓以圖不朽。使其高足天悟。致辭於余。要一言以尾。余孔子徒也。縱不能闢而揮之。又安用文爲。只書松枯盆韻。桂死畱香八字。贈之云。悟乎歸告爾師。遍求萬山松桂。則爾尊師在是。何待副墨以爲證。

壬午季春下澣。茶泉病傖書。【上舍公。李祥發。】

주

1 본분초료本分草料: 인간 본래의 모습으로 되돌아가게끔 하는 데 쓰이는 먹이. 학인을 우마牛馬에, 스승의 지도를 여물(草料)에 비유한 말이다.
2 『화엄경』「입법계품」에서 선재동자善財童子가 법을 구하기 위해 남방을 편력하면서 110성의 53선지식을 찾아다닌 것에 비추어 보면, 여러 선지식을 참방하러 떠난 대사의 행적을 말하는 것으로 보인다.
3 오대五臺 · 청량淸凉 : 오대는 오대산, 청량은 청량산으로 추정된다.
4 삼매의 힘(定力) : 오력五力의 하나. 선정禪定의 힘이란 뜻이니, 곧 선정으로 마음을 적정寂靜케 하는 힘을 일컫는 말이다. 오력은 신력信力 · 진력進力 · 염력念力 · 정력定力 · 혜력慧力 등이다.
5 계수지일啓手之日 : 임종이 다가옴을 말한다. 『논어』「태백」에서 "증자가 병이 들어 제자를 불러 모아 말하기를, '나의 다리를 펴 보아라, 나의 손을 펴 보아라'라고 하였다.(曾子有疾。召門弟子曰。啓予足。啓予手。)"라고 하였다는 데서 유래한다.
6 문집의 권1에 〈임행게任行偈〉라는 제목으로 수록되어 있다.
7 아사리阿闍利 : 본 서 제2권의 주 39 참조.
8 쌍림雙林 : 석가모니가 열반한 발제하跋提河 언덕 사라쌍수沙羅雙樹의 숲.
9 사계沙界 : 항하恒河의 모래와 같이 헤일 수 없이 많은 세계.
10 보진葆眞 : 순수하고 참된 본성을 지켜 가지다. 葆는 보保와 통한다. 『장자莊子』「전자방田子方」에서 "자연을 따름으로써 참됨을 기르며, 맑은 마음으로 만물을 포용한다.(緣而葆眞。淸而容物。)"라 하였다. 여기서는 대사의 진영眞影, 참모습을 말한다.
11 이상발李祥發(1745~?) : 본관은 영천, 거주지는 의성. 1790년 진사시에 합격한 인물이다.

찾아보기

ㄱ

각화사覺華寺 / 254
개골산 / 219
고림사高林寺 / 238
고봉 광제高峯廣濟 / 272
고운사孤雲寺 / 290
고한高閑 / 39
곽박 / 75
구월산 / 131, 160
금강산金剛山 / 52, 71, 107, 116, 126, 131, 160, 185, 208, 209, 289
금산사 / 167, 174
금수사 / 208
금정암 / 64, 127, 178
기산岐山(歧山) / 39, 108, 137, 289, 291
기산岐山 정암淨菴 / 292

ㄴ

나포 / 90
낙동강 / 261
낙서암 / 101, 213
낙암 장실落巖丈室 / 290
남명 대사南溟大士 / 258
남명 전령 / 267
남연사 / 200
남파南坡 / 40
노두老杜(두보) / 258

『능엄경』 / 84
능연綾淵 / 89

ㄷ

대둔사 / 189
대암 화상大庵(大菴)和上 / 39, 60, 251, 290
대전사大典寺 / 181, 273, 290
대혜 종고大慧宗杲 / 272
도산서원 / 243
도연명陶淵明 / 119, 258
동경 / 170
동파의 / 72
두보 / 258

ㄹ

류범휴柳範休 / 40

ㅁ

맹호연孟浩然 / 258
명감각明鑑閣 / 261
묘향 / 131, 160
문창文暢 / 39
미산眉山 / 262

민행敏行 / 271
밀옹密翁 / 247

백련사白蓮寺 / 290
백수암 / 204
백암 장실栢庵丈室 / 290
백졸암 / 70
백화 대사 / 191, 199
보 상인 / 129
보전 선사葆詮禪師 / 289
복주福州(안동) / 265
복주성 / 214
봉황사鳳凰寺 / 137, 162, 173, 290
봉황산 / 173
부석사浮石寺 / 72, 290
부용산 / 74
불국사佛國寺 / 168, 290

사교四敎 / 265
사교면 / 223
사수泗水 / 87
사집四集 / 265
상월霜月 / 271
『선문염송』 / 265
선찰사 / 123, 124
설악산 / 160, 209
설월 법사雪月法師 / 292
소동파蘇東坡 / 120, 258

소식(蘇仙) / 262
속리산 / 131
송계암 / 216
송광사松廣寺 / 175, 290
송림사 / 177
수우 대사 / 212
숭화봉崇華峯 / 253
승인 수좌 / 206
쌍계사 / 176, 197

여헌旅軒 / 271
연라암 / 178
연향역延香驛 / 261
염임廉臨 / 271
영호루 / 159, 214
오대산 / 126, 131, 160
옥천玉川 / 247
용담사龍潭寺 / 204, 290
용사龍寺 / 39
용연龍淵 / 195
용와慵窩 / 39
운길雲吉 / 271
웅파 상인雄波上人 / 295
원혜元惠 / 39
월란사月瀾寺 / 221, 225, 243
위성偉性 / 39
율목사 / 215
읍령 / 169
이백 / 262
이상발李祥發 / 296
인仁 대사 / 67, 102

인희 상인 / 68
일선부一善府(善山) / 261
임제 의현臨濟義玄 / 272
입암정 / 220

추담秋潭 / 271
『치문緇門』 / 223
칠탄七灘 / 289
침굉 장실枕肱丈室 / 290

『전등록』 / 239, 265
전령展翎 / 62
전홍展鴻 / 292
접회接會 / 163
정암사淨菴寺 / 225, 238
정운 대사 / 166
제천회諸天會 / 256
증공曾鞏 / 258
지리산 / 131, 160, 185, 209

태백산 / 120
태전太顚 / 243, 244
통도사通度寺 / 290

학 대사 / 221
한유韓愈 / 39, 258
혜능惠能 / 272
혜원慧遠 / 119, 204, 243, 244
호연정浩然亭 / 184
화산회花山會 / 161
『화엄경』 / 187, 265
환성 노사喚醒老師 / 290
황암黃菴 / 253
황정黃晸 / 235, 237
흥해군興海郡 / 272

천오 스님 / 295
청련靑蓮 / 262
청원 수좌 / 152
청위 유 공 / 164
청파당淸波堂 / 151, 265, 289
초사楚辭 / 273

상월대사시집
| 霜月大師詩集 |

상월 새봉霜月璽篈
박재금 옮김

---

* ㉬ 저본은 숭정崇禎 기원후 153년 경자년에 간행된 징오서발본澄寤書跋本(동국대학교 소장)이다.

상월대사시집霜月大師詩集 해제

박 재 금
이화여자대학교 한국문화연구원 연구교수

1. 개요

『상월집』은 18세기에 활동한 불승 상월霜月(1687~1767, 숙종 13~영조 43) 대사의 시집이다. 여기에는 총 84수의 시가 수록되어 있는데, 분량이 적은 이유는 원래의 온전한 원고를 분실하여 남은 것을 간추렸기 때문이다. 이 시집은 대사의 사후 1780년에 문인들이 간행하였는데, 신경준申景濬(1712~1781. 舜民은 신경준의 字)과 현천 거사玄川居士 원성原城 원중거元重擧(1719~1790)의 서문과, 문인 징오憕宭가 찬한 「상월 선사 행적」과 발문이 있다.

서문을 쓴 신경준은 신숙주의 후손으로 당시의 학자로서 성리학뿐 아니라 제자백가에 대해 해박하였으며 불교에 대한 이해가 깊었고 승려들과의 교분이 두터웠다. 상월과 용담龍潭, 추파秋波 등 여러 승려 시문집의 서문을 썼다. 서문에 의하면, 그는 상월 대사와 대면한 적이 있는데 대사의 모습은 걸출하고 안광이 사람을 쏘았으며 그와 대화하면 가슴속이 후련하였다고 하였다. 상월의 문인 비은 근원費隱謹遠이 서문을 부탁하였다고 하였다. 원중거는 연암 그룹의 일원으로서 통신사 서기로 수행하여 일본에 다녀온 서얼문사이다. 상월 대사와는 간접적으로 알고 있었던 사이로서 대사의 제자인 징오와 원중거가 친밀한 관계에 있으면서 서신을 주고받아서, 대사가 생전에 징오에게 간접적으로 시집의 서문을 부탁했던 것으로 보인다.

「상월 선사 행적」은 상월 대사를 20여 년 따랐던 제자 징오에 의해 상세하게 기술되었다. 이후 상월 대사의 삶에 대한 기록은 이것에 의하였다. 이어 씌어진 발문에서 원고를 분실한 사실을 밝혔다. 시집에 수록된 시 84수는 비록 전체 중 일부분일 뿐이나, 이것으로 미루어 보건대 당시 불교계의 종사이자 시승詩僧으로서의 상월 대사의 면목이 여실히 드러나 있다. 시는 승속 간에 오고 갔으므로 대내외적 관계를 드러내 주고 있다. 그러나 승가 내의 인물과 수답한 것이 대부분이며, 그 내용도 불가적 사실과 정서를 주로 표출하고 있어 불교문학의 귀중한 자료로서 의의를 지닌다.

2. 저자

저자 상월 대사는 조선 후기의 불승으로서 이름은 새봉璽篈, 자는 혼미混迷, 상월은 호이며, 성은 손씨孫氏, 순천 출생이다. 청허의 5대 적자로서 청허淸虛·편양鞭羊·풍담楓潭·월저月渚·설암雪巖을 이어 의발을 전해 받았다. 화엄종사로서 선암사의 고승이며 대흥사 13대 종사의 한 사람이다. 11세 때 조계산 선암사의 극준極俊 장로에게 출가하였고, 16세 때 문신文信 대사로부터 구족계를 받았다. 18세 때 설암을 참배하였는데 이때 이미 도가 통하였으므로 설암의 의발을 전수받았다. 그 뒤 벽허碧虛·남악南岳·환성喚惺·연봉蓮峯 등 당시의 고승들을 두루 찾아뵙고 모두 심인心印을 얻었으므로 그 명성이 널리 퍼졌다. 1713년(숙종 39) 선암사에 돌아와 개당을 하여 삼승三乘의 종지를 설하니 사방에서 수많은 승려들이 모여들었다. 1748년(영조 27)에 예조로부터 선교도총섭 규정팔로치류사禪教都摠攝糾正八路緇流事에 임명되었고, 2년 후 주표충원장 겸 국일도대선사主表忠院長兼國一都大禪師에 임명되었다. 1754년 선암사에서 화엄대회를 개최하였는데, 1,207인이 운집하여 성황을 이루었다고 한다. 이때의 일을 기록한『해주록海珠錄』1권이 선암사에 보관되어 있다.

1767년 10월, 선암사에서 임종게 "물은 흘러서 원래 바다로 돌아가고, 달은 져도 하늘을 떠나지 않네.(水流元去海。月落不離天。)"를 읊고 열반에 들었으니, 세수 81세, 법랍 70년이었다. 문도들이 받들어 평진대종사平眞大宗師로 추존하였다. 다비를 했으나 사리가 없었다. 스님이 생전에 하신 말씀을 따라 문인 탁준卓濬이 유골을 가지고 묘향산妙香山에 가는 도중 영변寧邊의 오도산悟道山에 이르렀을 때, 신몽神夢에 의해 유골에서 사리 3과를 발견하였다. 그래서 오도산에 부도를 세워 1과를 봉안하고, 선암사와 대흥사에 각각 1과씩 봉안하였다. 유골은, 묘향산의 승려들이 청하여 그들에게 주니 석탑을 세워 안치하였다. 비는 선암사와 대흥사에 세워졌다. 선암사의 비문은 이은李溵, 대흥사의 비문은 채제공蔡濟恭이 지었다. 문인 32명 중 용담龍潭·해월海月·화월華月 세 사람이 세상에 이름을 떨쳤다.

그의 수행과 사상을 살펴보면, 문자에 얽매이는 것을 경계하고 그 본원을 통찰하도록 지도하였으며 계율을 존중하였고, 화엄정신을 생활화하였다. 매일 1불과 5보살의 명호를 천 번, 아미타불을 천 번씩 외었다. 마음을 가르칠 때는 지혜를 증득함을 법문의 중심으로 삼아 무명無明을 깨닫게 하였으며, 무착무주無着無住를 기본으로 삼아 수행할 때에도 한곳에서 해를 넘기지 않았다고 하였다.

유불일치론을 천명하여 유교와의 화합을 추구하였는데, 유가의 아직 드러나지 않은 기상은 불가의 여여한 이理와 같고, 유가의 태극太極은 불가의 일물一物과 같으며, 유가의 이일분수理一分殊는 불가의 일심만법一心萬法과 같다고 하였다. 그의 가장 특이한 사상으로는 북두 숭배를 들 수 있다. 매일 자시에 북두칠성을 향해 절하였다고 하였는데, 이는 조선 시대 고승이 북두를 숭배한 최초의 사료상의 등장으로 평가되고 있다.

3. 서지 사항

동국대학교 중앙도서관에 『상월집』이 전하는데, 이것은 1780년에 간행된 목판본으로 1책 19장이며 간사자는 미상이다. 상월 대사의 원고는 간행되기 전에 분실하였는데 원중거의 서문에 의하면, 온전한 원고는 엉터리 선비에게 도둑맞았고, 남은 시편을 자신이 가려 뽑았다고 하였다. 징오憕寤의 발문에 의하면, 원래 1, 2 양 권이 있었으나 상월 대사의 제자 탁준이 묘향산에서 분실하였고, 남은 시편들을 묶어 문장가에게 물어서 간행하였다고 하였으며, 간행의 일은 문인 해월海月이 주관하여 수고하였다고 하였다.

책의 차례는, 신경준申景濬과 원중거元重擧의 서문이 있고, 이어 84수의 시가 시체별로 정리되어 있으며, 끝에는 문인 징오가 찬한 「상월 선사 행적」과 발문이 있다. 신경준의 서문은 1768년(戊子) 중하仲夏로 기록되어 있다. 원중거의 서문은 1773년 9월 9일(昭陽大荒落重九日)로 기록되어 있는데, 난해한 초서로 씌어졌기 때문에 저자가 원중봉元重峯으로 잘못 알려져 있다. 징오가 쓴 「상월 선사 행적」과 발문은 1780년 초하(時龍集庚子初夏)로 기록되었으므로 이 시집의 간행 시기로 간주된다.

4. 내용과 성격

시집에는 총 84수의 시가 시체별로 편수를 붙여 수록되어 있다. 오언절구 9수, 육언절구 1수, 칠언절구 13수, 오언율시 6수, 칠언율시 55수로서 칠언율시가 과반이다. 이 중 오언율시 6수 속에는 6언 8구의 장두체藏頭體 1수가 들어 있다. 잡체시인 장두체 시 〈주초 상인 시축의 운을 따라 짓다(次住初上人軸韻)〉는 앞 구의 끝 글자로써 그 다음 구의 첫 자로 삼되, 이 첫 자를 숨겨 놓았는데, 1구에서 8구까지 순환되는 형식이다. 일종의 유희적 글짓기로서 당시 시승으로서 존재했던 자취를 느낄 수 있다.

원중거는 서문에서, 상월 대사의 시는 충담순결冲淡淳潔하여 당나라 시승 영철靈澈과 교연皎然의 풍미가 있다고 하였다. 그리고 "기미가 고요하기 때문에 생각이 미묘하고, 정신이 맑기 때문에 말이 순수하다고 하였으며, 선계禪偈를 근본으로 하여 달과 이슬 같은 자연에서 소재를 취하여 자연과 일을 서술했다.(其機靜故。其思微。其神湛故。其辭精。本之禪偈。而取材於月露。鋪叙石林物事。)"라고 하였다. 이러한 시평은 유학자이자 문사의 관점에서 불가시佛家詩의 특성을 포착하여 말한 것으로 불가시의 정신을 이해하는 데 가까웠다고 할 만하다. 『상월집』의 시를 내용상 대별하면 불교 외적인 것으로 유불일치와 유불교류가 있고, 불교 내적인 것으로는 불승의 삶과 서정을 드러낸 것이 있다.

1) 유불일치와 교류

불교 외적 내용은 많지는 않으나 대외적 관계에 관한 것으로서 유불儒佛 관계를 들 수 있다. 〈회포를 펴서 생질 김세귀에게 보이다(述懷示甥侄金世龜)〉에서는 생질 김세귀가 근래에 경전을 열람하는 것을 가상히 여기며 유불일치를 말하고 있다.

녹야원과 니구산이 비록 길은 다르나	鹿苑尼山雖異路
천연대도는 들어가는 대문이 모두 같다네.	天然大道共門庭

석존이 성도 후 처음으로 설법한 녹야원鹿野苑과 공자가 탄생한 곳의 니구산尼丘山은 바로 불교와 유교를 상징하는데, 유불이 길은 다르다 해도 들어가는 대문은 같음을 말한 것이다. 불승이 유불일치를 거론하는 대상은 대개 유자들인데 여기에는 조선 후기 불교계가 놓인 열악한 상황이 반영되어 있다.

이와 같이 불승에 의한 유불교류가 갈등을 내포하고 있음은 〈복천사 유산객의 시운을 따라 짓다(次福泉遊山客韻)〉에 잘 드러나 있다.

문사들과 빈번하게 만나다 보니	文士相逢數甚多
대개 유교에서는 우리 선가를 폄하하네.	大抵儒敎貶禪家
모두들 분주히 달 속 계수나무 잡으려 하고	盡走蟾宮攀桂樹
영축산의 연꽃 감상 외려 꺼리네.	還嫌鷲嶺賞蓮華
홀로 도를 맑히려니 마음 답답하더니	獨使道澄情欝欝
문득 시인을 만나니 마음이 즐겁구나.	忽逢韓子意嘉嘉
저문 봄 꽃 핀 아래 알아줄 사람 없다만	暮春花下無知己
새 시 지어 읊으니 흥은 되려 더해지네.	轉咏新詩興反加

달 속 계수나무는 입신출세를 의미하며, 영축산 연꽃은 석존의 깨달은 마음을 상징한다. 이 시에는 불승으로서 유불 관계를 원만히 이루려고 하는 노력과 함께 유자들의 배척을 받는 실상이 드러나 있다.

유자들과의 교류에 있어서 시는 주요 수단으로서 기능하고 있다. 상월대사가 주로 머물렀던 선암사가 있는 승평의 부사에게 올린 시는 4편이 된다. 이 중 〈승평 사또께 드리다(呈昇平倅)〉는 지방 수령의 선정을 바라는 뜻을 담았다.

가난한 집 한 어미가 여러 자식 키우자니	貧家一母養諸子

자식들이 굶어 여위어 어미가 슬퍼합니다.	諸子窮疲一母悲
자식들의 죽고 삶이 한 어미에 달렸는데	諸子死生存一母
누군 배불리고 누군 굶주리게 하겠습니까.	使渠誰飽又誰飢

불교가 핍박 받는 시대 속에서 세상에 도를 펼치기 어려운 심적 고뇌를 〈제야에 탄식하다(除夜歎)〉에서 토로하였다.

넓디넓은 이 불문에 어찌 일찍 들어왔던가.	空門廣濶何曾入
우리 도의 고달픔을 홀로 잘 알고 있네.	斯道艱難獨備諳
어제는 그렇고 내일 또 그러하리니	昨日伊摩明日又
승려 되어 부끄럽구나. 지위는 세 번째 올랐는데.	爲僧自愧位登三

여기에는 사회적으로 억압받는 불교의 처지와 불승의 좌절과 비애의 감정이 드러나 있다. 상월 대사는 유불일치를 논리적으로 제시하면서 유불의 조화와 교류를 추구했던 것으로 보인다.

2) 불승의 삶과 서정

불교 내적 내용을 보면, 시제에 승려들의 법호와 법명이 들어 있어서 상월 대사의 법맥과 사승 관계 및 개인적 친분 등이 잘 드러나 있다. 〈삼가 『청허집』의 시운을 따라 짓다(謹次淸虛集韻)〉에서는 상월이 법맥을 계승한 청허 대사를 기리는 뜻을 담고 있다.

한 송이 부용꽃이 나무에 피었으니	芙蓉一朶花開樹
누가 알리오. 돌사람이 나무 닭 소리 듣는 것을.	誰解石人聽木鷄
비 온 뒤 맑은 가을 하늘 보름달 밝았으니	雨後淸虛秋滿月

| 초한과 연제 땅이 분명히 보이도다. | 分明楚漢與燕齊 |

연꽃 한 송이는 청허 대사를 가리키며, 돌사람과 나무 닭은 정식情識을 벗어난 경지를 의미한다. 대사의 호 '청허'를 사용하여 맑고 텅 빈 대사의 깨달은 마음자리를 나타내었는데, 중추절의 밝은 달 아래 모든 사물이 분명히 드러나듯이 본래면목을 터득한 경지를 시적으로 표현한 것이다.

묘향산 보현사와 해남의 두륜산 대흥사는 서산 대사의 후손에게는 성지로서 중요시되는 사찰이다. 〈묘향산 보현사 극락암의 영자각을 새로 짓기 위한 모연게(妙香山普賢寺極樂庵影子閣新建募緣偈)〉는 불사의 내용을 밝혀 주고 있다. "서쪽으로 설암 화상 진영을 걸고 돌아서서 동쪽으로 월저 대사 진영을 바라보리.(西掛雪巖眞影後。東瞻月渚畫形先。)"에서 상월 대사의 스승인 설암 추붕雪巖秋鵬(1651~1706)과 추붕의 스승인 월저 도안月渚道安(1638~1715)의 진영을 안치할 전각을 신축하기 위한 것임을 알 수 있고, 십시일반으로 시주들의 보시를 권유하고 있다. 이 모연게는 게송의 현실적 활용성을 보여 준다.

| 원래 뭇사람 숟갈 모여 바다 되거니 | 元來衆勺同成海 |
| 원하건대 시주님들 곡식과 돈 베푸소서. | 伏願檀那施穀錢 |

상월 대사는 스승으로서 남악 태우南嶽泰宇(?~1732)와 설암 추붕을 존숭하는 마음을 〈회포를 풀어 읊다(述懷)〉에서 나타내었다.

참선은 남악의 달이요	禪叅南岳月
교설은 설암의 가풍이다.	敎說雪巖風
이 두 곳 내 마음 변함없이	二處無他意
종신토록 예를 다해 함께 섬기리.	終身禮事同

여기서 남악과 설암은 자연과 사람의 이중적 의미를 담아 시어화되어 있으며, 선과 교를 겸수하는 한국 불교의 전통이 드러나 있다. 스승인 설암은 시에 자주 보이는데 〈돌아가신 설암 대화상의 제하당 시운을 삼가 따라 짓다(謹次先雪巖大和尙霽霞堂韻)〉에서는 "깊은 골짝 노을 걷히자 새벽달 솟고 옛 바위 눈이 개자 봄 구름이 선명하다.(幽壑霽霞生曉月。古巖晴雪爛春雲。)"라 하였다. 당호인 '제하'와 스승의 호 '설암'을 써서 맑고 차가운 선경禪景을 묘사함으로써 스승의 높은 도의 경지를 상징적으로 표출하였다.

수록된 시에 의하면, 그의 의발을 계승한 용담과의 관계가 가장 긴밀하고 빈번하며, 다음으로는 5편의 시가 수록된 축계竺桂다. 용담을 대상으로 한 7편의 시에는 그의 뛰어난 자질에 대한 찬탄과 깊은 신뢰, 아끼는 마음이 잘 드러나 있는데, 〈정미년 2월 22일 밤에 벽송암 조실에 앉아 회포를 써서 용담에게 보이다(丁未二月念二日夜坐碧松祖室書懷示龍潭)〉를 살펴보면 다음과 같다.

마음은 천 강에 나타난 보름달이요	心如滿月千江現
자취는 만 리를 달리는 천리마 같다.	跡似良驥萬里追
이후에 응당 화성의 주인 되리니	他日化城應作主
사람 구제함이 편작보다 수승하리라.	救人還勝越人醫

〈용담과 이별하며 지어 주다(贈別龍潭)〉에서는 용담을 종자기 지음知音이라 지칭하였는데, 상월은 자신을 백아에 비유하여 제자 용담의 도를 높이 평가한 것이다. 과연 상월의 종자기인 양 용담은 스승을 앞서 입적하였다.

운수납자의 삶은 그 자체가 만남과 헤어짐의 연속이다. 수행은 머무르지 않는 삶을 추구한다. 승려들은 하안거, 동안거를 지내고 결제와 해제를 반복하면서 만나고 헤어진다. 여기서 시 창작의 계기가 주어지며 따라서 많은 시가 지어진다. 38년 만에 백발이 되어 만난 감회를 읊은 〈남파 수안 장형에게 드리다(呈南坡秀眼丈兄)〉를 살펴보면 다음과 같다.

두류산 남악의 달 아래 한번 이별하고서	一別頭流南岳月
38년 흐른 이 가을날 다시 만났습니다.	重逢三十八秊秋
우리 청춘 모두 백발돼 버린 것 어찌하리오.	無那靑春俱白髮
나그네 길 슬픔 기쁨 모두 거두기 어렵구료.	客窓悲喜揔難收

남파 수안 스님은 문중의 형님이 되는 관계로 보이는데 서글프고 기쁜 정은 범부의 정서와 동일하게 보이지만, 무주無住의 마음자리가 다른 점이다.

만남과 헤어짐이 일상인 승려들은 명산대찰을 심방하는 것이 주요한 일이 되어 있다. 조선 시대 문인들은 금강산 기행을 소원하였고, 유람 후에는 유산기遊山記를 남겼는데, 승려들은 금강산 여행을 수행으로 여기었다. 수행으로서의 유람의 의미는 〈삼가 차운하여 금강산으로 떠나는 남곡 대사를 송별하다(謹次送南谷大師金剛行)〉에 잘 드러나 있다. 홀로 금강산으로 머나먼 길을 떠나는 남곡 대사에게 "주장자 머리엔 먼저 설산의 마음 둘렀다.(杖頭先繞雪山情)"라고 했는데, 석존이 수행했던 설산의 정은 바로 석존의 마음으로서 이는 승려의 구도求道, 수행을 의미한다. 결연은 다음과 같다.

이번 가면 반드시 담무갈보살을 보게 되리니	此行定見曇無竭
설법하는 단 앞으로 바다와 산이 예배하리라.	說法壇前海岳傾

담무갈은 1만 2천 보살을 거느리고 금강산에 주석하면서 설법한다는 보살이다. 이 담무갈보살의 설법을 듣고 바다와 산이 감복하여 경배하는

장엄한 광경을 제시함으로써 역동적 이미지를 이루고 있다. 이 시에 나타나듯이 승려의 행각은 수행의 한 방편으로서 자연의 불보살을 친견하는 의미를 지니고 있는 것이다.

운수납자로서의 삶은 자유와 청빈 속에서 자족자락하는 흥취가 있다. 〈벽송암을 제재로 삼아 짓다(題碧松庵)〉에서 "병 속 세상엔 절로 무궁한 흥취 있는데 어찌 일세 호걸의 큰 공명을 부러워하랴.(壺中自有無窮興. 豈羨功名一世豪。)" 하였다. 병 속의 세상(壺中天地)은 별천지로서 선적 의미로는 남들이 알 수 없는 해탈의 묘경이다. 남들이 보기엔 건조하기만 한 것 같은 수행자의 삶은 이러한 흥취가 있음으로써 세상의 즐거움을 떨치고 수행생활을 할 수 있는 것이다. 〈경월 근원 대사에게 답하다(賽敬月謹遠大師)〉에서는, "신선 골짝 석장 날리며 밝은 달을 뚫고 용산에 납의 떨치니 보랏빛 노을 젖어든다.(錫飛仙壑穿明月. 衲拂龍山襲紫霞。)"라고 함으로써 탈속적 흥취를 표출하였다. 석장과 납의는 불승의 환유물로서 이를 통해 행각을 묘사하였고, 공간은 선계로 미화되어 있어서 승려는 신선화되어 있는데, 이 신선화는 문학적 수사의 차원이다.

이상으로 대략 상월 대사의 시를 살핀바, 여기에는 조선 후기의 한 시대를 살았던 불승의 자취가 불가적 서정 속에 드러나 있음을 볼 수 있다. 대사의 시는 서정을 드러내되 수행승의 본분을 잊지 않았다. 즉, 정情을 펴는 중에서도 법法을 말한다. 이 점이 바로 원중거가 평한바, '선계를 근본으로 하였다'라는 점일 것이다.

5. 가치

상월 대사는 조선 시대의 고승들 중에서 아직 제대로 조명 받지 못한 인물이다. 따라서 불교학과 문학 양 분야에서 주목 받지 못하여 학술적

연구가 제대로 이루어지지 못하였다. 소략하게나마 시집이 남아 있는 덕분에 시에 대한 고찰이 이루어졌는데, 이종찬의 『한국불가 시문학사론』 속에서 칠언율시 7수를 들어서 보인 「상월의 자연 소재가 두드러진 시풍」이 그것이다.

일반인에게는 선암사의 상월 대사 비가 관심을 끌고 있다. 상월 대사의 입적지도 묘향산 보현사로 잘못 알려진 경우도 있다. 상월 대사의 사리가 안치된 세 곳의 부도에 있어서 선암사와 대흥사 외에 보현사로 알려져 있기도 하다. 그러나 징오의 「상월 선사 행적」에 의하면, 입적지는 선암사이며, 사리를 안치한 곳은 보현사가 아니라 영변의 오도산이다. 보현사에는 영골을 안치하고 석탑을 세웠다.

상월 대사는 조선 후기의 시승으로서, 그리고 청허 휴정의 법맥을 계승한 적전嫡傳으로서 정당한 자리매김이 필요한 인물이다. 시집에는 당시의 승려들과 그들의 삶, 불교계의 사정 등을 고찰할 수 있는 단서가 담겨 있다. 그러므로 고승의 시집은 문학 분야만이 아니라 불교학 연구의 대상으로서 자료적 가치가 인정되어야 한다. 생애를 기록한 행적기와 여러 가지 상황에서 씌어진 시들을 자료로 하여 다양한 측면에서 학구적 동기를 끌어낼 수 있을 것이다. 안타깝게도 일부만이 남아 있어 전모를 볼 수는 없으나, 당시 불교계와 상월 대사와 연관된 타 자료들과 함께 고찰함으로써 조선 후기 불교학 연구가 풍부한 연구 성과를 이룰 수 있기를 기대한다.

6. 참고 문헌

범해 각안, 김두재 옮김, 『동사열전』, 동국대학교출판부, 2015.
　이능화李能和, 동국대학교 불교문화연구원 조선불교통사역주편찬위원회, 『역주 조선불교통사』, 동국대학교출판부, 2010.

누카리야 카이텐(忽滑谷快天), 『조선선교사』, 경인문화사 영인, 1986.
이종찬, 「상월의 자연 소재가 두드러진 시풍」, 『한국불가 시문학사론』,
　　　불광출판부, 1993.

상월대사시집霜月大師詩集 총 목차

상월대사시집霜月大師詩集 해제 / 303
상월대사시집 총 목차 / 316
일러두기 / 320
상월 대사 시집 서문 霜月大師詩集序 / 321

오언절구五言絶句 9편
파근사의 용추에서 봄에 읊다 波根龍湫春詠 327
승평 부사께 드리다 呈昇平衙門 328
회포를 풀어 읊다 述懷 329
홍 처사 시축의 운을 따라 짓다 次洪處士軸韻 330
솔바람은 밤에 거문고를 울리네 松風鳴夜絃 331
용담 조관 대사에게 지어 주다 贈龍潭慥冠大師 332
귀청 대사의 시운을 따라 짓다 次歸淸大師 333
삼가 도암 선생의 시운을 따라 짓다 謹次陶庵先生韻 334
철언 사미에게 지어 주다 贈徹彦沙彌 335

육언절구六言絶句 1편
선산의 전붕 화상에게 부치다 寄仙山典朋和尙 336

칠언절구七言絶句 13편
회포를 풀어 쓰다 書懷 337
삼가 남악 대화상의 진영을 제재로 삼아 짓다 謹題南岳大和尙影子 338
사진을 제재로 삼아 짓다 題寫眞 339
승평 사또께 드리다 呈昇平倅 340
초임 도인에게 지어 주다 贈楚任道人 341
상률 동자가 구하기에 답하다 賽尙栗童子之求 342

삼가 『청허집』의 시운을 따라 짓다 謹次淸虛集韻 343
남파 수안 장형에게 드리다 呈南坡秀眼丈兄 344
죽와 문 처사의 시운을 받들어 따라 짓다 奉次竹窩文處士韻 345
회포를 풀어 쓰다 書懷 346
소 처사의 시운을 따라 짓다 次蘇處士韻 347
차운하여 해암 감홍 대사에게 주다 次贈海巖感洪大師 348
회포를 풀어 쓰다 書懷 349

오언율시 五言律詩 6편
법우 정하 대사 시축의 운을 따라 짓다 次法雨芝遐大師軸韻 350
차운하여 성혜 상인에게 주다 次贈性慧上人 351
차운하여 석준 장로와 작별하다 次別碩俊長老 352
묘학 상인에게 지어 주다 贈妙學上人 353
붓을 달려 용악 성우 대사의 조소 운을 따라 짓다 走次龍岳性宇大師嘲所韻 354
주초 상인 시축의 운을 따라 짓다 次住初上人軸韻 355

칠언율시 七言律詩 55편
순창 책실 정 공의 시 〈객지에서 새해를 맞이하다〉를 따라 짓다 次淳昌册室鄭公客中逢歲韻 356
축계 상인에게 부치다 寄竺桂上人 357
석연 상인을 기다리며 짓다 待釋然上人 358
섭인 상인에게 지어 주다 贈攝印上人 359
득유 상인이 구하기에 답하다 賽得裕上人之求 360
제야에 탄식하다 除夜歎 361
축계 사미에게 장난삼아 지어 주다 戲贈竺桂沙彌 362
삼가 차운하여 금강산으로 떠나는 남곡 대사를 송별하다 謹次送南谷大師金剛行
 363
동악을 대신하여 승평 사또와 이별하는 시를 짓다 代東岳別昇平倅 364
돌아가신 설암 대화상의 제하당 시운을 삼가 따라 짓다 謹次先雪巖大和尙霽霞堂韻
 365
우연히 태천의 서재에서 화훙 천불산 사미를 만나 서툰 시를 읊어서 주다 偶逢咸興千佛山沙彌於泰川書齋拙吟贈之 366

용담의 시운을 따라 짓다 次龍潭韻 367
묘향산으로 가시는 월파 태눌 어른을 송별하다 送月波泰訥丈之妙香山 368
외당숙 유풍헌을 애도하다 挽外堂叔兪風憲 369
금파 장실에 시를 써서 남기다 留題金波室 370
차운하여 용담에게 부치다 次寄龍潭 371
정미년 2월 22일 밤에 벽송암 조실에 앉아 회포를 써서 용담에게 보이다 丁未二月念二
 日夜坐碧松祖室書懷示龍潭 372
또 앞 시의 운을 따라 써서 주다 又次前韻以贈 373
회포를 펴서 생질 김세귀에게 보이다 述懷示甥侄金世龜 374
축계와 이별하며 지어 주다 贈別竺桂 375
실명과 왈명을 대신하여 축계를 송별하다 代實明曰明送竺桂 376
차운하여 원민 대사에게 주다 次贈圓旻大師 377
차운하여 풍악산의 보인 대사에게 답하다 次賽楓岳寶印大師 378
운월 숙민 대사와 이별하며 지어 주다 贈別雲月淑憫大師 379
서헌 상인에게 지어 주다 贈瑞憲上人 380
금화산 상원암을 제재로 삼아 짓다 題金華山上院庵 381
차운하여 묘향산으로 떠나는 설순 대사를 송별하다 次送雪淳大師妙香之行 382
삼가 월화 대사의 시운을 따라 짓다 敬次月華大師韻 383
황악 우징 대사와 이별하며 지어 주다 贈別黃岳雨澄大師 384
삼가 무용 대화상을 애도하다 謹挽無用大和尙 385
설월 두오 대사에게 부치다 寄雪月杜五大師 386
봉성의 책실 김 공께 드리다 呈鳳城册室金公 387
용담과 이별하며 지어 주다 贈別龍潭 388
또 기다렸으나 용담이 오지 않다 又待龍潭不至 389
지월 담정 대사에게 지어 주다 贈智月湛淨大師 390
개활 상인에게 지어 주다 贈開活上人 391
회운 지민 대사의 시운을 따라 짓다 次晦雲志愍大師 392
선암사 향로암을 제재로 삼아 짓다 題仙巖寺香爐庵 393
승평 부사에게 올리다 上昇平府門 394
설월 두오 대사에게 부치다 寄雪月杜五大師 395
평안도 병사 장 공께 올리다 上平安兵使張公 396
태진 상인에게 답하다 賽泰震上人 397

만선 어른의 시운을 따라 짓다 次萬善丈韵 …… 398
경월 근원 대사에게 답하다 賽敬月謹遠大師 …… 399
묘향산 보현사 극락암의 영자각을 새로 짓기 위한 모연게 妙香山普賢寺極樂庵影子閣新
　建募緣偈 …… 400
설송 장로에게 드리다 呈雪松長老 …… 401
복천사 유산객의 시운을 따라 짓다 次福泉遊山客韵 …… 402
여왕 대사가 구하기에 답하다 賽礪王大師之求 …… 403
대광산 용문사로 가는 응운 징오 대사에게 지어 주다 贈應雲憕旿大師赴大光山龍門 ……
　404
벽송암을 제재로 삼아 짓다 題碧松庵 …… 405
불국사의 귀은과 도태 두 스님과 이별하며 짓다 別佛國寺歸隱道泰兩大師 …… 406
차운하여 영회 사미에게 주다 次贈影廻沙彌 …… 407
축계에게 지어 주다 贈竺桂 …… 408
삼가 표충사의 시운을 따라 짓다 謹次表忠祠韵 …… 409
청암 혜연 대사에게 지어 주다 贈靑巖慧衍大師 …… 410

상월 선사 행적 霜月先師行蹟 …… 411
발문 跋 …… 418

주 / 420

찾아보기 / 431

일러두기

1 '한글본 한국불교전서'는 문화체육관광부의 지원을 받아 동국대학교 불교학술원에서 수행하고 있는 '불교기록문화유산아카이브(ABC)사업'의 결과물을 출간한 것이다.

2 이 책은 「한국불교전서」(동국대학교출판부 간행) 제9책의 「상월대사시집霜月大師詩集」을 저본으로 하여 번역하였다.

3 번역문에 이어 원문을 수록하였다. 원문은 「한국불교전서」를 저본으로 하였으며, 문文과 행장行狀의 원문에 띄어쓰기를 표시하기 위해 고리점(。)을 사용하였다.

4 원문의 교감 사항은 번역문의 각주와 별도로 원문 아래 부분에 제시하였다.
   ㉮은 「한국불교전서」 편찬자가 교감한 내용이다.
   ㉯은 번역자가 교감한 내용이다.

5 약물은 다음과 같다.
   「 」: 서명
   「 」: 편명, 산문 작품
   T : 대정신수대장경
   X : 만속장경

상월 대사 시집 서문

초楚나라의 산은 기이하고 빼어나며, 바위는 진기한 것이 많다. 여기서 태어나는 사람 중에 때때로 청고한 자들이 있었으니, 노담老聃·노래자老萊子·장저長沮·걸닉桀溺[1]·접여接輿[2]·장주莊周 같은 이들이다. 이들은 무위無爲의 도를 닦으면서 현묘한 도를 지켜 세상을 떠났고, 마침내는 세상을 잊어버렸다. 혹은 수레를 타고 무리 밖으로 유세를 다녔는데, 아득하여 그 끝을 찾을 수 없다. 그 도는 대개 선禪과 가까우나 그 마음을 논하는 것은 선이 더욱 정미하다. 가령 이 부류가 선법이 동쪽으로 온 후에 태어났더라면 불문에 귀의하지 않을 자가 몇이나 되겠는가? 그랬다면 이들은 모두 청고함을 넘어섰을 것이다. 뒤에 와서 도사道士와 선의 종장이 남쪽 기운이 모인 곳에 많은 것은 그래서일 것이다.

우리나라 호남은 바로 중국의 초 땅에 해당된다. 방장산[3]·서석산·내장산·추월산·조계산·백양산·월출산·달마산·천관산·팔영산, 이 신들은 모두 임식壬識으로 뛰어나게 맑고 우뚝 빼어났으며, 그윽하고 기이하여 보면 즐겁기도 하고 놀랍기도 하다. 그러나 초나라 산도 이와 같은지는 알 수 없다. 동방의 훌륭한 선승이 여기서 많이 배출되어 깃들었으며, 또한 여기에 오래 머물러 있었던 것은 마땅히 그 얻은 바가 있었기 때문일 것이다.

상월 대사는 승평昇平 사람이며, 근세의 용상龍象[4]으로서 사방의 사문들이 모두 그를 따랐다. 을축년(1745, 영조 21)에 스님이 순창淳昌의 산사山舍에 있는 나를 찾아왔는데, 그 모습은 크고 걸출하였고, 눈빛은 사람을 쏘아보았으며, 그와 더불어 말을 하면 가슴속이 시원해졌다. 만약 머리에 유자儒者의 관을 썼더라면 세상의 쓰임을 받을 만하였다. 그러나 공자가 갔을 때 장저와 걸닉, 접여도 오히려 따르려 하지 않았거늘 또한 누가 그를 이끌어 낼 수 있었겠는가? 명산 운수雲水[5]의 뛰어난 소임은 그 홀로 제 맘대로 하는 일인지라, 내가 속으로 이것을 탄식하였다.

지금 들으니, 스님이 돌아가셨다고 한다. 제자 비은 근원費隱謹遠이 스님의 시집을 가지고 와서 나에게 글을 구한다. 아! 시는 진실로 스님의 해타咳唾[6]일 뿐이니, 후인들이 무엇으로 스님을 알겠는가? 여러 산중에서 스님을 이을 작자作者[7]가 있다면, 그 또한 이 글에 감동함이 있을 것이다.

무자년(1768) 중하仲夏에 대가 산인大伽山人 신순민申舜民[8]이 쓰다.

霜月大師詩集序

楚之山奇秀。石多瓌異。出人往往淸高。有若老聃老萊子長沮桀溺接輿莊周者。無爲守玄。離世果忘。或駕說衆外。杳不見其涯。其道盖與禪近。而其論心處。禪尤精微。使此類生於禪法東來之後。則幾何不歸於空門乎。此皆過於高者也。後來道士禪宗。多在南氣之所鍾者然歟。我國湖南。卽中國之楚分也。方丈瑞石內藏秋月曹溪白羊月出達摩天冠八影諸山。皆石耳。淸絶逈拔。幽敻詭奇。見之可怡可愕。未知楚山亦如此乎否。東方高禪。多出於此。而其所棲息。又長在於此。宜其有所得乎。霜月大師。昇平人。乃近世龍象也。四方沙門。皆宗之。歲乙丑師訪余于淳昌山舍。其形魁傑。目光射人。與之語。胸中豁然。冠其顚。則可以需世用。而孔子臨之。沮溺接輿。猶不肯從。將孰能挽之乎。名山雲水之勝任。其獨擅可也。余窃以是歎焉。今聞師已歿。師之弟子費隱謹遠。以師詩集。求余言。噫。

詩固師之咳唾耳。後之人。其何以知師乎。諸山中。有繼師而作者。其亦有感於斯文矣。

戊子仲夏。大伽山人申舜民叙。

상월 선사가 교와 선의 종주宗主가 되신 지 30여 년이 되었다. 그 육신은 이미 입적했으나 그 도는 더욱 높이 받들어지고 있으며, 그 미묘한 뜻의 참된 해설은 널리 팔방에 두루 퍼졌다. 그러나 두더지가 황하 물을 마시듯[9] 작은 분수에 매인 자들은 각자 그들의 이목으로 듣고 본 바와 계파를 받들어 믿기 때문에 그 폭이 찢어지는 것을 괴로워한다. 현비玄篚와 묘건妙鍵[10]이 필경 누구에게 돌아갈지 알지 못하겠으나, 요컨대 상월 대사의 마음을 얻어서 마음으로 삼은 자가 마땅히 상월 대사의 법인을 차게 될 것이다.

대개 불씨의 말은 본래 매우 미묘하고 심오하나 범문梵文은 너무 간결하다. 그러나 진秦나라 때의 번역[11]은 매우 번잡한데, 그것을 답습하여 부르짖는 자들이 대부분 장황하고 현란하며 각기 기이함을 자랑한다. 그 거친 것은 이미 어리석은 자가 미쳐 내달리는 것과 같고, 그 정밀한 것도 또한 현묘한 법문을 수수께끼 내어 꿈꾸게 하는 것과 같다. 그 능히 스스로 풀 단지(膠盆)를 뽑아내 버리고 현묘한 구슬을 끈적거리지 않게 할 수 있는 자는, 시대에 드물게 그러한 사람이 있을 뿐이다. 상월 대사는 그 마음이 공정하고 그 언어가 진실되며 그 솜씨는 정밀하다. 그의 책을 얻어 대략 요약해서 보면, 마음으로 증득하여 언어로 표현한 것이 모두 평이하게 설명하고 곧바로 풀이해 주어 현란한 말에 구속되지 않았다. 먼저 번뇌의 장애를 활짝 열어서 현미한 세계로 나아갔으니, 마땅히 그 진실된 마음과 진실된 행은 승려들 중에서 용상龍象으로 구별되어야 할 것이다. 그 문도門徒가 '평진平眞'이란 호를 가한 것은, 그 또한 그의 덕행을 알았던 것이었다.

내가 영은 징오靈隱憕旿와 더불어 낙천樂天[12]하기로 결의하고 유비의 사귐과 같이 한 지 20년이 되었다. 편지로 얘기를 주고받았는데 매번 그 스승이 대략 훑어보시었다. 비록 그가 바위문을 등지고 앉아 보고 듣는 것을 모두 물리쳤으나 일단의 지혜로운 생각은 이따금 열어 비추는 것이 있었다. 일찍이 징오에게 말하기를, "나의 본말을 바라건대 이 사람에게 알려서 내가 죽었을 때 다행히 자네 덕분으로 이 사람에게서 한마디를 얻는다면 이 또한 적멸寂滅[13] 가운데의 풍류이리라." 하였다. 내가 이 말을 듣고 희롱하여 말하기를, "이 늙은 오랑캐가 염치도 없구나." 하였더니, 스님도 듣고서 빙그레 웃으며 "이 서생이 괴각乖覺[14]이로다." 하였다.

다비를 하고 나서 징오 스님이 편지를 급히 보내 알려 주었다. 그가 비문碑文을 구하기 위해 재차 서울에 이르렀을 때 마침내 시의 원고를 가려내고 채우는 일을 부탁하였다. 앞서 속세의 그림자 같은 일을 돌이켜 생각하건대 내가 어찌 감히 알겠는가? 애석하게도 온전한 원고는 엉터리 선비에게 도둑맞았고, 겨우 약간의 시편이 남아 있었는데, 마침내 약간 남은 것들을 또 아낌없이 삭제하여 간추렸다. 그리하여 그 남기신 뜻을 따라 율시와 절구 합해서 85수를 얻어 책으로 엮어 간행하게 하였다.

대개 그의 시는 충담순결冲淡淳潔하여 당나라의 영철靈澈[15]과 교연皎然[16] 등의 풍미와 흡사함이 있었다. 그 기미가 고요하므로 그 생각이 미세하고, 그 정신이 맑으므로 그 말이 정교하다. 선게禪偈에 근본을 두고 달과 이슬에서 재제를 취하여 자연의 일들을 펴 서술하였으므로 시를 지으면 자연의 성률聲律이 있었다. 이것은 바로 천성이니, 소위 다생多生의 지혜로운 말이 다 없어지지 않았던 것이다. 이것들은 상월 대사가 직접 내뱉은 해타咳唾의 말단이지만 오히려 족히 그 기미를 엿볼 수 있을 것이니, 이것으로 인해 문득 은미한 경지로 들어가게 될 것이다.

계사년(1773) 9월 9일 현천 거사玄川居士 원성原城 원중거元重擧[17]가 서문을 쓰다.

霜月禪師之宗主敎禪。凡三十有餘年。其身旣寂。其道彌尊。其微旨眞
解。普遍八方。然其河飮雲分者。各自尊信其耳目其源派。苦其幅裂矣。
吾不知玄篦妙鍵。竟歸何人。而要之。得霜月心爲心者。當佩霜月之法印
矣。蓋佛氏之語。本甚微奧。梵文旣簡。秦譯多絮。襲而倡之者。率多張皇
眩耀。各以奇衒。其粗者。已狂走愚人。其精者。又謎夢玄門。其能自拔膠
盆。不黏玄珠者。僅代有其人而已。若霜月師者。其心公。其言誠。其工
精。約凡其得之書。而證之心發之言者。一切平說直解。不桎梏於詼說。
而先豁煩惱之障。以造玄微之壺。宜其實心實行。衣被緇流。辨于龍象
矣。其徒之加號平眞者。其亦知德也已矣。余與靈隱憕昕。結爲樂天。如
備之交者。二十年于玆矣。筆札論談。每被其師之領略。雖其背坐巖扃。
視聽俱屛。而一段慧思。逞逞有披照者。嘗語昕曰。惟我本末。幸而見知
於斯人。我死。又幸賴君。而得一言於斯人。則斯亦寂滅中風流。余聞而
謔之曰。底老胡不廉。師亦聽之。微哂曰。是揩大乖覺。旣茶毘。昕師走書
相報。爲丐碑文。再至京師。終以刪充詩藁爲託。追想前塵影事。余烏敢
解也。惜其全藁。被假學究肱去。餘存僅略干篇。遂因其略存者。而又刪
去不吝。以從其遺志。得律絶。合八十五首。俾繕書入刊。蓋其冲淡淳潔。
恰有唐家靈皎等風味。其機靜。故其思微。其神湛。故其辭精。本之禪偈。
而取材於月露。鋪叙石林物事。而動有自然之聲律。此正性翁。所謂多生
慧語磨不盡者耶。此在霜月直咳唾之末。尙足以窺見其機。動入微之一段
云爾。
昭陽大荒落重九日。玄川居士原城元重峯[1]序。
―――――――
1) ㉓ '峯'은 '擧'의 오기. 현천 거사玄川居士는 원중거元重擧이다.

오언절구
五言絶句

파근사[18]의 용추에서 봄에 읊다
波根龍湫春詠

흘러드는 시냇물은 줄 없는 거문고요	澗合無絃瑟
밝은 산은 그리지 않은 병풍이라	山明不畫屛
아득히 먼 천고의 일을 회고하면서	有懷千古事
홀로 작은 모래 물가에 섰노라	獨立小沙汀

승평[19] 부사께 드리다
呈昇平衙門

사해의 문장은 넉넉도 하고	四海文章富
미천의 도덕은 빈곤하지만[20]	彌天道德貧
고요한 숲 아래 이 절에서	寂寥林下寺
참마음을 얘기하니 얼마나 다행입니까	何幸話心眞

회포를 풀어 읊다
述懷

참선은 남악[21]의 달이요　　　　　　　　　禪叅南岳月
교설은 설암[22]의 가풍이다　　　　　　　　教說雪巖風
이 두 곳 내 마음 변함없이　　　　　　　　二處無他意
종신토록 예를 다해 함께 섬기리　　　　　　終身禮事同

홍 처사 시축의 운을 따라 짓다
次洪處士軸韵

인간 세상엔 머무름 없이	人間無住着
세상 밖에서 한가로이 오고 가노라	物外閒來去
밝은 달은 몇천 시내에 어려 있나	明月幾千溪
흰 구름은 정처 없이 흘러만 가네	白雲無之處

솔바람은 밤에 거문고를 울리네
松風鳴夜絃

시냇물은 누가 곡조를 타는 것일까	澗瑟誰彈曲
솔 거문고는 제 스스로 연주하네	松琴自奏絃
종자기[23]는 어디에 있나	鍾期何處在
오직 달만이 하늘에 떠 있네	惟有月當天

용담 조관[24] 대사에게 지어 주다
贈龍潭慥冠大師

뭇사람이 법고를 울리는데	衆人鳴法皷
누가 먼저이고 또 누가 나중인가	何後又何先
홀로 깊은 암자에 누워서	獨臥深庵裡
한가로이 신선한 풀빛을 읊조리네	閑吟草色鮮

귀청 대사의 시운을 따라 짓다
次歸淸大師

쌍지팡이 길 위에 머물고   雙笻住路上
발우 하나 흐르는 시냇물에 씻네   一鉢洗溪間
내 몸은 앉았어도 마음은 앉음 아니니   我坐心非坐
스님은 돌아가셨어도 어찌 마음까지 가셨겠소   師還意豈還

삼가 도암 선생의 시운을 따라 짓다
謹次陶庵先生韵

지혜의 물은 하늘 밖에 이어졌고	智水連天外
시의 성은 해동에서 우뚝 솟았다	詩城屹海東
하루아침에 적막한 곳으로 돌아가시니	一朝歸寂寞
산야에 슬픈 바람이 격동한다	山野動悲風

철언 사미에게 지어 주다
贈徹彦沙彌

파근사에서 한번 이별했는데	一別波根寺
동락산으로 다시 찾아왔네	重尋動樂山
도의 마음 아직 익지 못하여	道心猶未熟
슬픔 기쁨이 그 사이에 있구나	愁喜在其間

육언절구 六言絕句

선산의 전붕 화상에게 부치다
寄仙山典朋和尙

지금은 남쪽 바다의 새 되었지만	卽今南海爲鳥
지난날엔 북쪽 바다의 곤어[25]였지	前日北溟有魚
삼천리 드넓은 바닷물을 치고 올라가	水擊三千海濶
바람 타고 구만리 넓은 하늘 날아갔지	風搏九萬天虛

칠언절구
七言絶句

회포를 풀어 쓰다
書懷

해와 달이 등불 되니 그 등불 다함이 없고   日月爲燈燈不盡
하늘땅이 집이 되니 그 집 가이없네   乾坤作屋屋無邊
이 몸 가는 곳마다 생애가 풍족하니   此身隨處生涯足
주리면 송화 먹고 목마르면 샘물 마시네   飢食松花渴飮泉

삼가 남악 대화상의 진영을 제재로 삼아 짓다
謹題南岳大和尙影子

진영 뵘이 본모습 뵘과 무엇이 다르랴	見影何殊見本形
황홀하여 마치 입을 열어 무생을 설하는 듯하다	怳如開口說無生
화상의 법문은 북악만큼 높은데	和尙法門高北岳
몇 명이나 이로 인해 정반성을 깨달았을까[26]	幾人因悟之盤星

사진[27]을 제재로 삼아 짓다
題寫眞

형체는 그림자를 따르고 그림자는 형체를 따르니	形隨影子影隨形
거짓[28]과 참이 모두 거짓과 참으로부터 생긴다	假實皆從假實生
참과 거짓에 나아가 참과 거짓 없음을 알게 되면	卽假實知無假實
우리 부처님 새벽별 본 것[29]도 필요치 않으리라	不須吾佛見明星

승평 사또께 드리다
呈昇平倅

가난한 집 한 어미가 여러 자식 키우자니	貧家一母養諸子
자식들이 굶어 여위어 어미가 슬퍼합니다	諸子窮疲一母悲
자식들의 죽고 삶이 한 어미에 달렸는데	諸子死生存一母
누군 배불리고 누군 굶주리게 하겠습니까	使渠誰飽又誰飢

초임 도인에게 지어 주다
贈楚任道人

태백산에서 함께 삶이 우연 아닌데 　　　　太白同居非偶然
원통암에서 다시 보니 전생 인연임을 알겠네 　　圓通再見覺前緣
이 가운데 깊은 뜻 어느 곳에 분명한가 　　　　箇中深意明何處
한밤중 맑은 하늘 밝은 달이 걸렸구나 　　　　半夜晴空朗月懸

상률 동자가 구하기에 답하다
賽尙栗童子之求

동자는 무슨 맘으로 세 번이나 시구를 구하나	童子何心三乞句
노승은 흥이 없어 시가 써지지 않는다네	老僧無興不成詩
훗날 중이 되어 참된 의문 일으켜	緇衣他日眞疑作
나의 선실 찾아오면 한꺼번에 답해 주리	問我禪窓答一時

삼가 『청허집』[30]의 시운을 따라 짓다
謹次淸虛集韻

한 송이 부용꽃이 나무에 피었으니	芙蓉一朶花開樹
누가 알리오 돌사람이 나무 닭 소리 듣는 것을	誰解石人聽木鷄
비 온 뒤 맑은 가을 하늘 보름달 밝았으니	雨後淸虛秋滿月
초한과 연제 땅이 분명히 보이도다	分明楚漢與燕齊

남파 수안 장형에게 드리다
呈南坡秀眼丈兄

두류산[31] 남악의 달 아래 한번 이별하고서	一別頭流南岳月
38년 흐른 이 가을날 다시 만났습니다	重逢三十八季秋
우리 청춘 모두 백발돼 버린 것 어찌하리오	無那靑春俱白髮
나그네 길 슬픔 기쁨 모두 거두기 어렵구료	客窓悲喜揔難收

죽와 문 처사의 시운을 받들어 따라 짓다
奉次竹窩文處士韵

저 소상강 대 한 떨기 꺾어서	採彼湘江竹一叢
10년 동안 흰 구름 속 감춰 놓았다가	十季藏在白雲中
지금 시선詩仙의 손에 보내 주니	如今送入騷仙手
봉래산의 뼈에 사무치는 바람을 알겠네	認得蓬萊徹骨風

회포를 풀어 쓰다
書懷

도는 내게 사사로움 없으나 내가 항상 사사로울 　　道無私我我常私
뿐이고
경계는 어리석게 하잖으나 사람이 제냥 어리석어 　　境不痴人人自痴
진다네
팔풍32이 모두 고요해진 곳에 명합해야만 　　冥合八風俱靜處
삼계에 홀로 높은 스승이 될 수 있으리 　　可爲三界獨尊師

소 처사의 시운을 따라 짓다
次蘇處士韵

걸림 없는 외론 구름으로 세상 밖 다니다　　不繫孤雲世外蹤
선암사에서 다행히도 서로 만났네　　　　　仙巖寺裡幸相逢
가련하다 이별 후엔 석 달 봄의 꿈속에서　　可憐別後三春夢
매번 화개동 위 산봉우리를 맴돌겠지　　　　每繞花開洞上峰

차운하여 해암 감홍 대사에게 주다
次贈海巖感洪大師

청춘에 이미 경전 보는 승이 되었는데 　　　　青年旣作看經客
다시 어찌할꼬 하잖으니 어찌하겠는가[33] 　　更莫如何又若何
설산에서 수도하심 오직 6년[34]이시니 　　　修道雪山惟六歲
공부 이룸은 책 많이 외움에 있지 않다네 　　成功不在誦書多

회포를 풀어 쓰다
書懷

어제 미타사 방장 스님 말씀 들으니 昨聽彌陁丈室言
금파가 절에 와서 안부 여쭸다 하네 金波入洞問寒暄
밤새도록 애절한 맘 끝내 잠 못 든 채 夜來思切終無寐
성긴 숲엔 낙엽 지고 달은 처마 위에 올랐네 葉墜踈林月上軒

오언율시
五言律詩

법우 정하 대사 시축의 운을 따라 짓다
次法雨之遐大師軸韵

크신 명성 들은 지 이미 오래인데	大名聞已久
진면목을 금년에야 보게 되었네	眞面見今年
교의 달은 하늘 한가운데 나타났고	教月天心現
선의 등불은 바다 밖으로 전해졌네	禪燈海外傳
일찍이 감로수[35]에 젖었고	曾霑甘露水
또 『잡화』[36]의 인연을 맺었지	又結雜華緣
하물며 문수보살[37] 경계에 들었는데	況入文殊界
어찌 이백의 시편을 읊조리리오	何吟李白篇

차운하여 성혜 상인에게 주다
次贈性慧上人

꿈 허망한 줄 스님 이미 깨달았으나	夢虛師已覺
나이만 먹은 난 아직도 미혹하다	秊老我猶迷
흰 눈 속에서도 봄은 장차 오려는데	白雪春將至
청산엔 해가 지려 하는구나	靑山日欲低
가는 구름은 위아래 따라 떠가고	歸雲從上下
흐르는 물은 동서에 맡겨 흐른다	流水任東西
110성[38] 찾아가는 남쪽 길에	百十城南路
행장은 명아주 지팡이 하나 짚었네	行裝杖一藜

차운하여 석준 장로와 작별하다
次別碩俊長老

아는 사람 무수히 많다 해도	識面雖無數
내 맘 아는 이 오직 그대뿐	知音獨有君
밝은 마음은 참 즐거움의 달이요	心明眞樂月
흰 납의는 길상스런 구름이라	衲白吉祥雲
유령[39]엔 매화꽃 막 피려 할 텐데	庾嶺梅將發
조산[40]엔 해가 지려 하는구나	曺山日欲曛
갈래길에선 이별을 아쉬워 말아야지	臨歧非惜別
헤어지는 마음이란 본디 심란하니까	別意故紛紛

묘학 상인에게 지어 주다
贈妙學上人

묘향산 골짜기서 하안거를 지냈고	結夏香山洞
백학암에서 함께 겨울 났었지	棲冬白鶴庵
익숙한 얼굴 보니 시름이 녹고	愁銷逢熟面
정담을 나누니 기쁨이 피어난다	喜發打淸談
흰 납의는 묏부리서 나는 구름이요	衲白雲生岫
밝은 마음은 못에 찍힌 달이로다	心明月印潭
잡화의 향기 속에 앉아서	雜華香裡坐
각해의 대중과 함께하네	覺海衆同叅

붓을 달려 용악 성우 대사의 조소 운을 따라 짓다
走次龍岳性宇大師調所韵

세상살이 입맛 쓰다 말하지 말라	休言口味酸
끓는 방에 앉았어도 무릎 외려 차다네	處熱膝猶寒
아직 석수[41]도 뚫지 못했는데	未能穿石髓
어찌 신선의 단약 복용하길 바라랴	何望服仙丹
덕 있어도 육신에는 괴로움 많고	有德身多苦
친한 이 없어 마음 차라리 편안하다	無親意却安
지성으로 부처님 가르침을 살펴보면	至誠看佛敎
한평생 즐거움을 넉넉히 누릴 수 있다네	多得百秊懽

주초 상인 시축의 운을 따라 짓다
【장두체[42]를 본받다.】
次住初上人軸韵【效藏頭體】

청산녹수에서 노니노라니	戱青山綠水頭
두두물물에 흥취가 유유히 일어나네	頭物物興悠悠
아득히 넓은 길에서 무슨 즐거움 찾는가	悠宕路探何樂
즐겁디 즐건 신선 세계 이 몸 시름 끊어 주는데	樂仙區絶此愁
시름겨운 맘 간혹 봄 한 꿈에 현혹되지만	意或昏春一夢
꿈속 혼은 가을날 밝은 달 아래 돌아가네	魂還白月三秋
갈바람 부는 서석산에 나의 자취 찾아보면	風瑞石尋吾跡
내 자취 뜬구름같이 학과 노닐고 있겠지	似浮雲共鶴遊

순창 책실[43] 정 공의 시 〈객지에서 새해를 맞이하다〉를 따라 짓다
次淳昌册室鄭公客中逢歲韵

밤 깊도록 등불 환히 잠 못 이룬 채	夜深燈炧不成睡
아침이면 묵은해가 새해로 바뀔 테지	早是新秊遞舊秊
뜨락의 대 그림자 새벽달 아래 차고	庭竹影寒殘月下
고개 위 매화 향기 새벽 구름 가를 감도네	嶺梅香繞曉雲邊
부모를 떠났으니 이미 삼강[44]은 잃었고	離親已失三綱義
불법을 알았으나 아직도 일미선은 알지 못한다	覺佛猶迷一味禪
나그네 신세 섣달그믐 견디기 어려운데	客裡難堪添一臘
시냇물 소리는 무슨 일로 또 졸졸거리나	澗聲何事又涓涓

356 • 상월대사시집

축계 상인에게 부치다
寄竺桂上人

출산은 어찌 그리 급하고 입산은 더딘가   出山何速入山遲
달 아래 거닐거나 구름 보며 밤낮 슬펐노라   步月看雲日夜悲
가랑비 내린 뒤 꽃은 난간 앞에 떨어지고   花落檻前微雨後
저녁 바람 불 때 새는 숲속에서 지저귀네   鳥啼林下晚風時
경전 담론하던 석탑만 지금 만날 뿐   談經石榻今逢爾
법을 묻던 솔 법단엔 또 누가 있겠는가   問法松壇更有誰
슬프구나 이인은 참으로 늦게도 오니   悄悵異人來苦晚
천지에 온갖 꽃 피었는데 좋은 기약 저버리나   雜華天地負佳期

석연 상인을 기다리며 짓다
待釋然上人

가을 산과 바다에 달 떠 밤하늘이 밝으니	秋山海月夜天明
꿈에도 멀고 깊어 그리운 정만 기억나네	夢遠更深憶有情
흐르는 물 저녁 바람에 서늘한 비 그치고	流水晚風凉雨歇
흰 구름 뜬 바위에 상서로운 향기 생기네	白雲浮石瑞香生
아득히 길은 막혀 동서로 갈라져 있어	悠悠路隔東西別
답답한 심정에 아무나 반긴다	欝欝心懷老少迎
머물고 떠남 각기 나뉘매 석양은 지고	留去各分殘日落
다락서 시 읊으며 홀로 바라보매 차고 빔[45]이 느껴워라	吟樓獨望感虛盈

섭인 상인에게 지어 주다
贈攝印上人

환몽[46] 스님 강경당을 삼가 떠나서　　　　勅辭幻夢講經堂
멀리 관음보살 설법하는 곳 찾아갔구나　　遠訪觀音說法場
각해의 물결은 천 리의 달빛 아래 맑고　　　覺海波淸千里月
선림의 나뭇잎은 가을 서리에 취해 있다　　禪林葉醉九秋霜
신선 되려 반드시 방장산 갈 것 아니요　　　求仙不必遊方丈
부처 배움에 어찌 꼭 묘향산 가야만 하랴　學佛何須入妙香
천하 최고 이 무등산 꼭대기　　　　　　　　天下最高無等頂
여기 돌아와 단비 적시면 도태가 자라나리　還霑甘雨道胎長

득유 상인이 구하기에 답하다
賽得裕上人之求

나의 사립문 두드린 지 반년도 채 안 되어	扣我柴扉未半朞
『금강경』한 권을 이미 마쳤네	金剛一卷已終篇
마음은 사상[47] 잊어 경전의 뜻 뛰어넘었고	心忘四相超經旨
이치는 삼공[48]에 합하여 세상 인연 끊었네	理合三空謝世緣
법 구함엔 마땅히 번뇌가 사라져야 하고	求法正宜消惱苦
고향 그림엔 방편 찾는 데 힘쓰지 말라	望鄉休務占方便
이 해동의 선계에는 대와 바위 수승하니	海東仙界全巖勝
우리 함께 두류산 반야봉에 올라나 보세	共上頭流般若船

제야에 탄식하다
除夜歎

옛 암자에서 오늘밤 부처님께 예배하니	古庵今夜禮瞿曇
온갖 감회 교차함에 회한을 견딜 수 없네	百感交時恨弗堪
묵은해 보내는 청산엔 좌우에 구름 어렸고	送舊靑山雲左右
신년 맞는 백설당[49]엔 동남으로 물 흐른다	迎新白雪水東南
넓디넓은 이 불문에 어찌 일찍 들어왔던가	空門廣濶何曾入
우리 도의 고달픔을 홀로 잘 알고 있네	斯道艱難獨備諳
어제는 그렇고 내일 또 그러하리니	昨日伊摩明日又
승려 되어 부끄럽구나 지위는 세 번째 올랐는데	爲僧自愧位登三

축계 사미에게 장난삼아 지어 주다
戲贈竺桂沙彌

서천축의 계수나무 해동에 향기로운데	天西竺桂海東馨
더욱 또 가을서리 달빛 어린 뜰에 있어서랴	況又秋霜月下庭
누가 믿으랴 고금에 뿌리 절로 굳센 것을	誰信古今根自固
난 알지 여름 겨울 잎이 항상 푸르름을	我知冬夏葉常靑
한가로운 꽃은 이웃 스님 평상에 흐드러졌고	閒花爛熳隣僧榻
수척한 그림자는 손 보내는 정자에 너울거린다	瘦影婆娑送客亭
비 온 뒤 서늘함이 뜨거운 번뇌 씻어 주니	雨後微凉除熱惱
마땅히 단정히 앉아 선경[50]을 찾아야 하리	也宜端坐索禪經

삼가 차운하여 금강산으로 떠나는 남곡 대사를 송별하다
謹次送南谷大師金剛行

홀로 금강산 가시는 길 아득도 한데	獨向金剛渺渺程
주장자 머리엔 먼저 설산[51]의 마음 둘렀다	杖頭先繞雪山情
이미 봄바람에 나비의 꿈 깨달았거니	已悟春風蝴蝶夢
어찌 맑은 밤 두견새 울음소리에 마음 쓰랴	何嫌淸夜杜鵑聲
고요히 시내 거문고 구름 속에서 울리고	寂寂澗琴雲裡奏
아련히 솔 비파 소리 달 속에서 들리리	依依松瑟月中聽
이번 가면 반드시 담무갈보살[52]을 보게 되리니	此行定見曇無竭
설법하는 단 앞으로 바다와 산이 예배하리라	說法壇前海岳傾

동악을 대신하여 승평 사또와 이별하는 시를 짓다
代東岳別昇平倅

강남 땅 다스리며 몇 번이나 신선을 부르셨소	治此江南幾喚仙
송사 분쟁 일없으니 거문고나 타셨겠지요	訟庭無事奏琴絃
송덕비는 길 가는 행인의 입이요[53]	碑爲路上行人口
전별금은 골짜기 속 노인의 엽전입니다	餞是谷中老叟錢
어젯밤 산중에선 고운 달을 읊었는데	昨夜山中吟好月
오늘 아침 문 밖에는 슬픈 연기 일어납니다	今朝門外起愁煙
산승도 어진 다스림 속 오래 있었기에	山僧久在仁風裡
동림에 홀로 서니 더욱더 우울합니다	獨立東林倍黯然

돌아가신 설암 대화상의 제하당 시운을 삼가 따라 짓다【제하당은 동리산 혜철암에 있다.】

謹次先雪巖大和尙霽霞堂韵【霽霞堂在桐裡山慧徹庵】

나라 어른 설법원을 처음 여신 후 國老初開說法園
사철 향불은 칠대손이 맡아 올리네 四時香火耳孫分
영봉은 우뚝 높아 항상 보이고 靈峰嶙崒尋常見
약수는 졸졸 소리 밤낮으로 들린다 藥水潺湲日夜聞
깊은 골짝 노을 걷히자 새벽달 솟고 幽壑霽霞生曉月
옛 바위 눈이 개자 봄 구름이 선명하다 古巖晴雪爛春雲
이 천년 사찰 와서 이틀 밤 자고 나니 吾行再宿千秊寺
인간 세상 온갖 시름 모두 다 사라지네 盪盡人間萬慮紛

우연히 태천의 서재에서 함흥 천불산 사미를 만나 서툰 시를 읊어서 주다

偶逢咸興千佛山沙彌於泰川書齋拙吟贈之

구름과 물의 자취 한 사미를	有一沙彌雲水蹤
우연히 오늘 저녁 문득 만났네	偶然今夕忽相逢
호남 아득히 산은 천 겹이요	湖南渺渺山千疊
영북 유유히 길은 만 겹이다	嶺北悠悠路萬重
새 얼굴 인연 있어 개인 달 바라보고	新面有緣看霽月
옛 서재서 잠 못 들어 가을벌레 소리 듣는다	古齋無寐聽秋蛩
너는 네 갈 곳 나는 내 갈 곳 가련마는	爾歸爾處我歸我
유독 쑥대같이 어지런 맘 이상도 하여라	獨怪心懷亂似蓬

용담[54]의 시운을 따라 짓다
次龍潭韵

조계산 적막한 물가에 물러나 숨어서	退隱曹溪寂寞濱
오래된 진락대[55]로 머리 자주 돌린다	首回眞樂古臺頻
삼청[56]에서 호중경[57]을 몇 번이나 즐기었나	三淸幾翫壺中景
사미[58] 갖춘 격외인을 드물게 보겠네	四美稀看格外人
부럽구나 너의 금은 큰 풀무에서 단련되었는데	羨爾金能鎔大冶
슬프다 나의 선은 귀신 항복 못 받았네	慨吾禪未伏邪神
이제 숨어 사는 맛을 알았거니	從今認得幽居味
경쇠 소리 구름 끝에 떨어지고 날이 밝으려 하네	磬落雲端月欲晨

묘향산으로 가시는 월파 태눌 어른을 송별하다
送月波泰訥丈之妙香山

어젯밤 낙엽 지는 가을 소리 분명터니	昨夜秋聲落葉分
오늘 아침 가신다는 말씀 문득 들었습니다	今朝別語忽相聞
그 누가 부질없이 창가에 뜬 달 읊었던가요	人誰浪咏臨窓月
비는 절로 산봉우리 솟는 구름 차게 적십니다	雨自寒霑出峀雲
산 첩첩 북관으로 기린은 홀로 떠나고	山疊北關麟獨去
물 겹겹 남해로 기러기 외로이 날아갑니다	水重南海鴈無群
묘향산 신선 세계는 그 어디런가요	妙香仙界知何處
이르신 뒤 솔 법단이 꿈에 어른거릴 겁니다	到後松壇夢想紛

외당숙 유풍헌을 애도하다
挽外堂叔兪風憲

인간 세상 숙질 간 정 누가 중히 여기랴	人間叔姪情誰重
해내에 유씨 손씨[59] 성도 다른데	海內兪孫姓不同
슬프다 가문이 크지 못하고	慷慨一家門不大
아! 두 아들은 배움이 아직 어리다	吁嗟二子學猶蒙
때론 달밤에 학이 단풍 위 나는 것 보고	時看月鶴飛紅葉
간혹 신선 바위 푸른 하늘에 솟은 모습 감상했지	或賞仙巖聳碧空
예순도 채 안 되어 이제 영영 이별이라니	秊未六旬今永隔
온갖 시름들이 가을바람에 어지럽구나	萬般愁緖亂秋風

금파 장실에 시를 써서 남기다
留題金波室

올 때도 못 보고 갈 때도 보지 못해	來時不見去時同
일이 서로 어긋나니 마음도 못 통했네	事旣相違意未通
바위 밑 샘물 소린 시름 속에 싸늘해지고	巖下泉聲愁裡冷
나무 끝 구름 그림자 보는 중에 감싸오네	樹頭雲影望中籠
저물녘 나무꾼 노래 깊은 골짜기로 돌아오고	樵歌唱晚歸深壑
추위에 놀란 기러기 떼 먼 하늘로 사라진다	鴈陣驚寒落遠空
이후로는 마음속 깊은 얘기 어디서 하나	此後心談何處是
서쪽 고갯마루 붉은 저녁 해만 바라본다네	但看西嶺夕陽紅

차운하여 용담에게 부치다
次寄龍潭

영호남의 인물들 얼마나 많이 돌아가셨나	嶺湖人事幾多荒
밤마다 그리워 마음은 경황없다	夜夜相思意匪遑
이 때문에 선심은 잣나무[60]에 미혹한데	緣此禪心迷栢樹
하물며 시구가 고양[61]을 본받겠는가	況乎詩句效羔羊
텅 비어 넓은 하늘 별들도 사라진 채	一天空濶星河沒
두 곳은 아득히도 길이 멀어라	兩地蒼茫道路長
꿈속에서 두류산 넘고 또 물 건너가서	夢越頭流山又水
벽송암[62] 맑은 달 뜬 함양으로 들어간다네	碧松凉月入咸陽

정미년 2월 22일 밤에 벽송암 조실에 앉아 회포를 써서 용담에게 보이다
丁未二月念二日夜坐碧松祖室書懷示龍潭

부처님의 큰 계율 누가 능히 지키나	瞿曇大戒孰能持
불법 아는 사미가 바닷가에 나타났네	識法沙彌出海湄
미련한 놈은 그루터기 지키며 토끼만 기다리는데	獃漢守株長待兎
금모 사자 굴 나오니 역시 사자다웁다	金毛出窟亦稱獅
마음은 천 강에 나타난 보름달이요	心如滿月千江現
자취는 만 리를 달리는 천리마 같다	跡似良驥萬里追
이후에 응당 화성63의 주인 되리니	他日化城應作主
사람 구제함이 편작64보다 수승하리라	救人還勝越人醫

또 앞 시의 운을 따라 써서 주다
又次前韻以贈

가을바람 부는 8월 둥그런 달 떴는데	西風八月月圓中
이별의 정 끝없어라 밤도 끝나 가네	別意難終夜亦終
백 리 길 가는 도중 어느 날 돌아와서	百里途中何日返
칠언시를 지어서 이 마음 통해 볼까	七言詩下此心通
저녁 빛 머금은 가마귀 깊은 골짝 돌아가고	鴉含暮色歸深壑
가을빛 띤 기러기 먼 하늘로 사라진다	鴈帶秋光落遠空
빨리 행장 꾸려 법계로 돌아가서	速理行裝還法界
대승의 수레 위에서 원융을 이야기하자	大乘乘上話圓融

회포를 펴서 생질 김세귀에게 보이다
述懷示甥侄金世龜

몸은 이 한 곳 선암사서 노닐지만	身遊一片仙巖寺
꿈속에선 천추의 월학정을 생각한다	夢想千秋月鶴亭
서리 후 몇 번이나 새로 난 대 푸르름 보았던가	霜後幾看新竹綠
눈 속에선 오직 늙은 솔의 청청함 마주한다	雪中惟對古松靑
나 늙어 책 쓰기 어려워 서글픈데	嗟吾老去難成卷
그댄 요즘 경전 잘 읽어 어여쁘구나	愛爾年來易閱經
녹야원[65]과 니구산[66]이 비록 길은 다르나	鹿苑尼山雖異路
천연대도는 들어가는 대문이 모두 같다네	天然大道共門庭

축계와 이별하며 지어 주다
贈別竺桂

초봄의 날씨라 아직도 싸늘한데	孟春風日尙凄凄
나 강동에 머물고 너는 서쪽으로 가네	我住江東爾歸西
외론 학은 생각 없이 곳곳에서 춤추는데	獨鶴無情隨處舞
주린 가마귄 뜻이 있어 사람 향해 우는구나	飢烏有意向人啼
오늘 밤 조계산엔 산 천첩 막혔는데	曹溪此夜山千疊
어느 해 불갑사[67]서 두 손 마주 잡을까	佛岬何年手共携
백아의 옛 곡조 아는 이 없어	古曲峨洋知者少
고개 너머 낮게 뜬 백운만 시름겹게 보노라	愁看嶺外白雲低

실명과 왈명을 대신하여 축계를 송별하다
代實明曰明送竺桂

세간의 시름 기쁨 보내면서 맞이하고	世間愁喜送兼迎
시냇물은 동쪽 흐르고 풀은 또 자라네	溪水東流草又生
떠나갈 새벽에는 남은 눈 흩어질 텐데	別去晨朝殘雪散
머뭇거리는 오늘 밤 한 등불이 밝구나	淹留今夜一燈明
남방에는 2월의 배꽃이 필 게고	南方二月梨花發
서축에는 천년의 계수나무 우거졌겠지	西竺千年桂樹榮
멀리서 생각하니 용문사는 높고도 먼데	遙想龍門高且遠
한 지팡이 짚고서 오늘 너는 떠나는구나	一筇今日若爲行

차운하여 원민 대사에게 주다
次贈圓旻大師

해동에서 그 누가 경전 아는 사람인가	海東誰是識經人
바로 강서의 행도자 스님이시라네	師乃江西行道者
광명을 말고 놓아 몇 번이나 참을 가려냈던가	拳放光明幾擇眞
악왕 가리[68] 칭찬하며 일찍이 나를 잊었다	王稱歌利曾忘我
잡화 꽃 붉게 피어 석 달 봄을 즐겼고	雜華紅樹賞三春
감로수 맑게 흘러 온 여름을 적시었네	甘露淸流霑九夏
발우 하나뿐인 생애 남북으로 오가면서	一鉢生涯北復南
이 한평생 한량없는 속세 인연 끊었다네	百年無限塵緣謝

차운하여 풍악산의 보인 대사에게 답하다
次賽楓岳寶印大師

물외 어느 산이 옛적 놀던 곳이던가	物外何山是舊遊
금강산엔 예전부터 우화루가 있었지	金剛自有雨花樓
1만 2천 봉 흰빛 토해 밤인데도 낮 같고	千峯吐白宵兼晝
만폭동은 서늘하여 여름에도 가을이다	萬瀑生涼夏是秋
은신대 위엔 선계의 경치 있고	隱神臺上有仙景
단발령 머리엔 세상의 시름일랑 없다	斷髮嶺頭無世愁
백천교 밑 냇물 모두 바다로 들어가는데	橋下百川同入海
사륜왕[69] 돌아올 곳 생각하니 아득하구나	四輪廻處意悠悠

운월 숙민 대사와 이별하며 지어 주다
贈別雲月淑慜大師

세상 어느 곳을 지루하다 하겠는가　　　　　世間何處語支離
오늘 영원사에서 그대를 작별하네　　　　　　此日靈源去住時
방장산 한 암자 남쪽에 나는 머물고　　　　　方丈一庵南臥我
묘향산 천 리 북쪽으로 스님은 돌아가시네　　妙香千里北歸師
두견새 울음 속 보내니 봄 내내 한스러울 게고　杜鵑啼送三春恨
나비같이 혼이 날아 몇 밤을 그리워하겠는가　蝴蝶魂飛幾夜思
유령[70] 저 밖 매화는 이미 다 져 버렸으리니　庾外梅花落已盡
바람 맞으며 다정한 시만 지어 줄 뿐이네　　　臨風只贈有情詩

서헌 상인에게 지어 주다
贈瑞憲上人

속세 인연을 용담 못물에 거의 씻었으니	塵緣幾滌龍潭水
도의 의지가 지리산에서 유달리 높네	道意偏高智異山
예불하는 밤엔 외론 달빛 아래 평상을 폈고	禮佛夜鋪孤月榻
간경하는 낮엔 오색구름 관문을 닫았지	看經晝閉五雲關
소향각의 두터운 믿음 그 누가 알리오	誰知信篤燒香閣
설법단의 정성 깊음 스스로 깨달았지	自覺誠深說法壇
오늘 이 영원사서 우리 서로 헤어지면	此日靈源分去住
어디서 또 만나 시름겨운 얼굴 풀겠는가	更逢何處解愁顏

금화산 상원암을 제재로 삼아 짓다
題金華山上院庵

상원암 우뚝 솟아 푸른 못 굽어보는데	上院高開俯碧湫
올라오니 10년 시름 모조리 씻겨 주네	登臨滌盡十年愁
구만리 먼 하늘이 머리 가에 가깝고	長天九萬頭邊近
삼천대천세계가 눈 아래 떠 있다	大地三千眼底浮
옥 같은 경쇠 소리 달빛 어린 평상에 차고	玉磬聲寒明月榻
금향로의 향 연기 백운루에 스며든다	金爐香濕白雲樓
머물면 무생의 즐거움을 덤으로 얻으리니	留連剩得無生樂
꼭 구산에서 신선되어 노닐 필요 없네[71]	不必緱山羽化遊

차운하여 묘향산으로 떠나는 설순 대사를 송별하다
次送雪淳大師妙香之行

천 리 길을 한 지팡이로 어찌 돌아가시려나	可堪千里一筇還
물 넓고 산 높아서 가는 길이 험난한데	水濶山高道路難
저문 골짝엔 구름 깊어 먼 나무 아련하고	暮峽雲深迷遠樹
봄 성엔 비 지난 뒤 서늘한 기운 도는구나	春城雨過動微寒
남쪽 하늘에서 오늘 또 이별하게 되니	南天此日重分手
북쪽 땅 어느 해에 다시 만나 웃어 볼까	北地何年更破顏
가슴 가득 쌓인 한 쏟아 내고파	欲瀉滿腔多少恨
이별의 정자에서 큰 술잔만 애써 당기네	離亭强挽酒盃寬

삼가 월화 대사의 시운을 따라 짓다
敬次月華大師韻

땅이 막혀 편지 한 통 전하기 어렵고	地隔難傳一紙封
인연은 얼굴 마주할 계책도 없네	因緣無計對音容
한밤중 꿈을 깨니 바람은 골짜기에 불고	三更夢罷風生壑
밤새도록 회포 깊어 달이 봉우리에 올랐네	五夜懷深月上峰
호서에서 이 시각 먼 이별을 상심하거니	湖左此時傷遠別
영남 어느 곳서 우리 서로 함께하리오	嶺南何處與相從
세한에도 변치 않음 누구인지 알겠거니	歲寒不改知誰在
봄꽃 비웃는 눈 속의 소나무일세	笑殺春花雪裡松

황악 우징 대사와 이별하며 지어 주다
贈別黃岳雨澄大師

두류산서 오늘 문득 이별하게 되니	頭流此日忽成離
바로 온 산에 비 그친 무렵이네	正是千山雨歇時
고개 위 마른 나뭇가지에 매미 울음 급하고	嶺樹枯枝蟬噪急
뜨락의 가는 꽃송이엔 나비 느릿 맴돈다	庭花細朶蝶廻遲
영고성쇠 운수 있음 나 더욱 느꺼웁고	浮沉有數吾偏感
이합취산 무상함은 그대도 알고 있으리	聚散無常爾亦知
멀리 생각건대 석창에서 맑은 한밤중	遙想石窓晴夜半
시 읊으며 달을 볼 때 진정 그리울걸세	吟詩見月之相思

삼가 무용 대화상을 애도하다
謹挽無用大和尚

종문에 어느새 법뢰72 멈추어	宗門不覺法雷停
한 송이 손에 든 연꽃 오늘 떨어졌네	一朶拈花此日零
후대의 자손들은 의탁할 곳 없게 됐고	後代兒孫無所托
지금의 선자들은 들을 데가 끊어졌네	即今禪侶絶由聽
조계산의 산 빛은 새로운 한 머금었고	曹溪山色含新恨
수석정의 풍광엔 옛 향기 희미해졌다	水石亭光滅舊馨
나고 죽음이 뜬구름임을 알고 있다만	生死雖知雲起滅
바람 맞으며 슬픈 눈물만 빈 뜰에 뿌리네	臨風哀淚灑空庭

설월 두오 대사에게 부치다
寄雪月杜五大師

남쪽 와서 오래도록 벗과 멀어진 채	南來久與故人違
동으로 두류산 바라보니 옛길이 희미하다	東望頭流舊路微
동악산 빗속에서 홀로 문 닫으니	桐岳雨中門獨閉
연대 꽃 아래 나그네는 돌아가네	蓮臺花下客言歸
이별한 심정 날은 흐르는 물같이 가 버린다만	離心日逝如流水
먼 하늘로 머리 돌리면 지는 해는 함께 보겠지	回首天長共落暉
봄여름 그 얼마나 옛 이별 슬퍼하였나	春夏幾勞傷昔別
청산에 해 지려 하면 절로 옷깃 적신다오	靑山欲暮自沾衣

봉성의 책실[73] 김 공께 드리다
呈鳳城册室金公

봉성[74]의 달 밝은 명월로에서 와서	來自鳳城明月路
방장산의 흰 구름 낀 백운봉에 오르셨네	登臨方丈白雲峰
시 향기는 푸른 섬돌 위 1천 조각의 꽃이요	詩香碧砌花千片
청량한 시어는 성긴 숲의 1만 떨기 대나무로다	語冷踈林竹萬叢
붉은 그림자는 햇빛에 번득이는 가을의 언덕이요	紅影日飜秋樹岸
찬 소리는 바람에 실려 오는 석양의 종소리로다	寒聲風送夕陽鍾
다시 만나 또 보배로운 시구 얻었는데	重逢又得瓊琚句
졸렬한 산승의 화답시가 부끄럽구료	却愧山僧和未工

용담과 이별하며 지어 주다
贈別龍潭

오래 머물면 사람 천하게 됨을 내 알기에	吾知久住令人賤
두류산 4년살이 한 무리를 해산했네	四載頭流散一群
기러기 울음 시름 속에 듣기 어려운데	鴻鴈不堪愁裡聽
더욱이 종자기는 떠날 길손 중에 있네	鍾期況是客中分
한 지팡이 끄는 곳에 청산은 멀고	一節携處靑山遠
외론 여관 돌아갈 때 흰 눈 펄펄 날리겠지	孤舘歸時白雪紛
혹 이담에 다시 올 맘 있다면	倘有他年重到意
가을 달 아래 외론 구름 떨치며 오게나	秋霜月下拂孤雲

또 기다렸으나 용담이 오지 않다
又待龍潭不至

가을 내내 담소할 계획도 없이	九秋無計笑談開
나이 어린 지음은 결국 돌아오지 않았네	年少知音竟未回
단풍잎은 경행하던 돌길에 깔리고	楓葉錦鋪行道石
국화 향기는 경 외던 대에 스며든다	菊花香洩誦經臺
창엔 밤 달 지는데 그대는 어디 있는가	窓殘夜月人何處
갈바람에 주렴 말리니 기러긴 돌아오는데	簾捲秋風鴈復來
주위는 고요하게 소식 끊겼으니	咫尺寥寥消息斷
이 마음 답답하기만 한 채 풀리지 않네	寸心勞結不成灰

지월 담정 대사에게 지어 주다
贈智月湛淨大師

두류산 연곡사에서 문수보살 예배하곤	頭流鷰谷禮文殊
물외의 안개 노을에 도의 기운 살쪘으리	物外烟霞道氣腴
물음에 답함은 천백을 감당하고	答問當千仍百了
의심을 없앰은 하나 보아 모두를 알 만하네	除疑擧一反三隅
배 속 채우긴 오직 푸른 솔잎에 있거늘	充腸只在靑松葉
그릇으로 어찌 푸른 옥 술잔을 바라리오	執器何須碧玉盃
부끄럽구나! 나 10년 세월 나이만 먹어	慚我十年徒長爾
바다 용 무찌를 지혜의 검 없음이	愧無慧劒海龍屠

개활 상인에게 지어 주다
贈開活上人

상인의 근성 몹시도 총명해서	上人根性大聰明
손에 선경 잡으면 도의 기운 생기겠네	手把仙經道氣生
이미 칼 어루만질 수후의 구슬[75] 비웃었는데	已笑隋侯珠按劒
어찌 성과 맞바꿀 화씨의 구슬[76]을 바라리오	何須和氏璧連城
골짜기 달이 전신의 그림자인 듯 마음 맑고	心淸壑月前身影
종루의 종 한밤중에 울릴 때 꿈을 깨리	夢覺樓鐘半夜聲
부끄럽구나 나 10년 강석에 참여했지만	愧我十秊叅講席
세간 명리에 아직 남은 정 있음이	世間名利有餘情

회운 지민 대사의 시운을 따라 짓다
【이때 가뭄 뒤에 비가 온 것을 함련에서 사용했다.】

次晦雲志愍大師【時旱餘得雨。頷聯用事。】

사방 멀리 스승 찾아 몇 년이나 돌아다녔나	叅尋四遠幾年周
만 길 깊은 선의 강물에 세상 시름 씻었네	萬丈禪河滌世愁
오랜 가뭄 오늘 단비를 만났고	久旱今逢甘雨灑
저녁에 비 개자 구름 말끔 걷히었네	晚晴相對白雲收
장사 스님[77] 홀로 가심은 화창한 봄기운이요	長沙獨去三春意
방 거사[78] 뛰어난 수완은 온갖 풀잎에 분명하네	龐老孤關百草頭
수승함 덮고 기이함 숨겨 옛길 돌아가니	掩勝潛奇歸古路
맑은 달 흥취 깊고 바다 산엔 가을이네	興深涼月海山秋

선암사 향로암을 제재로 삼아 짓다
題仙巖寺香爐庵

한나절 틈을 내어 신선 마을 도착하니	偸閒半日到仙鄕
옥 경쇠 맑은 소리 절간에 울리네	玉磬寒聲動上方
올려 보니 푸른 하늘 구름 아득히 흘러가고	仰見靑天雲杳漠
내려 보니 퍼런 바닷물 질펀히 펴져 있네	俯看滄海水汪洋
알겠거니 물외의 안개 노을 풍부함을	從知物外烟霞富
새삼 깨달았네 병 속[79] 세월 장구함을	更覺壺中歲月長
세상 근심이란 어리석게 무리 행동 따라서라	塵慮暗隨群動寂
돌아갈 길 잊고서 선당에 앉았네	却忘歸路坐禪堂

승평 부사에게 올리다
上昇平衙門

사또께서 어명 받아 수레에서 내리신 후	使君承命下車後
백 리의 승평 고을 일마다 마땅합니다	百里昇平事事宜
천년의 환선정은 주인 얻었고	千載喚仙亭得主
길 가는 뭇사람 말이 송덕비 되었습니다[80]	衆人行路口成碑
내년에도 두 이삭 달린 보리[81] 기뻐할 게고	明年麥喜歧雙穗
어둔 밤에도 사지[82]에 부끄러워 황금 물리치시리	暮夜金慚退四知
은혜로운 교화 어진 다스림 끝이 없으니	惠化仁風吹不盡
흰 구름 숲 아래서 또한 할 일 없으시리다	白雲林下亦無爲

설월 두오 대사에게 부치다
寄雪月杜五大師

영호남 남북으로 헤어진 지 4년인데	南北嶺湖四載間
눈 내린 창밖 맑은 달을 아직 잡지 못했네	雪窓凉月未能攀
여름 구름 일찍이 봉래섬에서 즐겼는데	夏雲曾翫蓬萊島
봄비는 홀로 태백산에서 적신다오	春雨獨霑大白山
도 깨치면 천 리 길도 가까운 줄 어찌 알리오	道契誰知千里近
마음 편하면 한 몸 한가함을 절로 알게 되네	心平自覺一身閑
사람 만나면 돌아올 때 늦었다고 말하지 말라	逢人莫說歸時晚
밤마다 고향은 꿈속에서 갔다 오나니	夜夜家鄉夢徃還

평안도 병사[83] 장 공【봉소】께 올리다
上平安兵使張公【奉紹】

천상의 계수나무 잡아 청운에 올랐으니[84]　　手攀天桂上靑雲
불세출의 영화 명성 두루 들려옵니다　　　　不世榮名遍耳聞
해 받드는 마음은 항상 대궐에 걸어 두고　　捧日心常懸北闕
변방 수호의 어짊 또한 서쪽 군대에 미칩니다　護邊仁亦及西軍
시인은 복이 박해 지위 없는 이 많고　　　　騷人祿薄多無位
열사는 공 높으나 글재주는 적은데　　　　　烈士功高少有文
이백 두보 시문에다 한신[85]의 부월 지녀　　李杜篇章韓信鉞
한 몸에 겹친 미덕 홀로 출중하십니다　　　　一身雙美獨超群

태진 상인에게 답하다
賽泰震上人

흰 구름 사이에서 우리 서로 만난 뒤	自從相見白雲間
이별은 항상 잦고 모이긴 어려워	離別常多會聚難
겨우 두 번 남쪽과 북쪽에서 만나고선	兩度逢迎南與北
몇 년이나 드넓은 강과 산에 가로막혔던가	數年隔濶水兼山
솔잎 먹는 생계는 언제나 넉넉하고	食松生計長時富
학 벗 삼는 행장은 만사가 한가로운데	伴鶴行裝萬事閒
천 리 고향 오늘에야 돌아오니	千里故園今日返
묘향산 선계가 선의 관문 열어 주네	妙香仙界闢禪關

만선 어른의 시운을 따라 짓다【사계절로써 말하다.】
次萬善丈韻【用四時語】

위음고불도 나기 전부터	威音古佛未生前
대도는 말이 없이 본래 절로 그러하다	大道無言本自然
꽃은 상림[86]에 피었다 땅으로 날려 떨어지고	花發上林飛下地
달은 동해에서 솟아 서쪽 하늘로 진다	月昇東海落西天
기러기는 가을 제사[87] 아는지 남쪽 돌아가고	鴈知秋社歸南紀
제비는 봄 둥지 작별하고 북변 향한다	鷰別春巢向北邊
이것이 바로 비로자나[88]의 진면목이거니	此是昆盧眞面目
어찌 문자를 가지고 또 현묘함을 구할 건가	豈將文字更求玄

---

1) ㉿ '昆'은 '毘'인 듯하다.

경월 근원 대사에게 답하다
賽敬月謹遠大師

신선 골짝 석장 날리며 밝은 달을 뚫고	錫飛仙壑穿明月
용산에 납의 떨치니 보랏빛 노을 젖어든다	衲拂龍山襲紫霞
방장산에서 몇 번이나 향적반[89] 나눠 먹었나	方丈幾分香積飯
도림사에서 조주의 차를 서로 권했지	道林相勸趙州茶
극락정토 진심으로 염하였고	蓮花淨土凝眞念
패다라 높은 가지 잡화를 감상했지	貝樹高枝賞雜華
법계의 인연은 유래가 있으니	法界因緣來有自
맑은 하늘에 밝은 해 일어남이 끝이 없도다	淸霄白日興無涯

묘향산 보현사 극락암의 영자각을 새로 짓기 위한 모연게[90]
妙香山普賢寺極樂庵影子閣新建募緣偈

태백산 중의 절 보현사	太白山中寺普賢
큰 집 새로 열어 향 연기 자욱하다	新開大廈爇香烟
당 이름 극락인데 어느 땅을 기약하랴	堂名極樂期何土
부처는 아미타불 피안의 인연을 우러르네	佛號彌陁仰彼緣
서쪽으로 설암 화상 진영 걸고 돌아서서	西掛雪巖眞影後
동쪽으로 월저 대사 진영을 바라보리	東瞻月渚畫形先
원래 뭇사람 숟갈 모여 바다 되거니	元來衆勺同成海
원하건대 시주님들 곡식과 돈 베푸소서	伏願檀那施穀錢

설송 장로에게 드리다
呈雪松長老

스승[91]께서 푸른 산기운 되어 떠나가신 뒤	自別先師化翠微
남녘 땅[92]의 운수를 몇 년이나 멀리하셨던가요	兩南雲水幾年違
여름비에 불은 호수엔 물고기가 뛰놀고	湖添夏雨魚兒出
서리 바람에 쇠한 재엔 기러기 날아오지요	嶺老霜風鴈子飛
달은 무릉의 취적동에 밝게 비치고	月白武陵吹笛洞
안개는 동화사 영당[93] 문에 자욱합니다	烟深華寺影堂扉
낙동강에 뜬 달이 마음 서로 비춰 줄 테니	洛東江月心相照
서산 지는 해에 시름 풀고 돌아가소서	愁解西山落日歸

복천사 유산객의 시운을 따라 짓다
次福泉遊山客韵

문사들과 빈번하게 만나다 보니	文士相逢數甚多
대개 유교에서는 우리 선가를 폄하하네	大抵儒敎貶禪家
모두들 분주히 달 속 계수나무 잡으려 하고[94]	盡走蟾宮攀桂樹
영축산의 연꽃 감상 외려 꺼리네	還嫌鷲嶺賞蓮華
홀로 도를 맑히려니 마음 답답하더니	獨使道澄情欝欝
문득 시인[95]을 만나니 마음이 즐겁구나	忽逢韓子意嘉嘉
저문 봄 꽃 핀 아래 알아줄 사람 없다만	暮春花下無知己
새 시 지어 읊으니 흥은 되려 더해지네	轉詠新詩興反加

여왕 대사가 구하기에 답하다
賽礪王大師之求

운수는 춘풍에 맡겨 천지를 얻었고	運屬春風得地天
향 사르고 발우 씻으니 산천이 좋아라	燒香洗鉢好山川
솔 단 경계 조용하니 마음은 부처로 돌아가고	松壇境靜心歸佛
달 아래 탑상에선 정신 맑아 신선이 되겠구려	月榻神淸骨欲仙
법 구하려 몇 번이나 팔만대장경 읽었으며	求法幾看經八萬
스승 찾아 삼천대천세계 두루 돌아다녔나	尋師徧踏界三千
금린어는 동서의 바다에서 뛰어놀거니	錦鱗魚躍東西海
쌍계 향해 다시는 통발 잡지 마시게	不向雙溪更執筌

대광산 용문사로 가는 응운 징오 대사에게 지어 주다
贈應雲憕旿大師赴大光山龍門

영남의 살림살이 물질은 풍족할 테니	嶺南生計不須金
다만 우리 스님 학문 깊으면 된다네	只在吾師學海深
무녀는 박수 풍악 싫어하겠지만	女巫雖嫌男覡樂
젖먹이는 응당 노파 마음을 알리라	乳兒應識老婆心
천년의 교의 달은 왕사성[96]에서 비춰 오고	千年敎月從王舍
육조[97]의 선의 바람 소림사[98]에서 불어왔지	六代禪風自少林
세 번 대법회[99]의 숙세 인연 있으니	三會一塲緣有宿
그대는 백아 거문고의 오랜 지음이로다	伯牙琴上久知音

벽송암[100]을 제재로 삼아 짓다
題碧松庵

방장산의 이 암자 참으로 보배로운 경계	方丈之庵眞寶界
잠시 머물러 쉬노라니 온갖 번뇌 멀어진다	暫時棲息遠塵勞
바다 마를까 시냇물은 긴 세월 흘러가고	川憂海渴長年注
하늘 무너질까 산은 만 길이나 높이 솟았다	山畏天傾萬丈高
잣나무에 바람 맑으니 선어가 고요하고	栢樹風淸禪語定
연꽃 못에 달 밝으니 나그네 시 읊느라 분주하다	蓮池月皎客吟騷
병 속 세상[101]엔 절로 무궁한 흥취 있는데	壺中自有無窮興
어찌 일세 호걸의 큰 공명을 부러워하랴	豈羨功名一世豪

불국사의 귀은과 도태 두 스님과 이별하며 짓다
別佛國寺歸隱道泰兩大師

근친[102] 가는 일은 곧 사람의 정이거니	覲親行李乃人情
고향은 동도에 있으니 바로 옛 도읍지라	鄕在東都是舊京
납의는 들판 학 따라 돌아가는 구름 떨치고	衲拂歸雲隨野鶴
지팡이는 강가 성에 지는 새벽달에 날린다	節飛曉月下江城
천년의 불국사엔 언제 도착하려나	千年佛國何時到
만수의 기림사[103]는 10일 여정이라네	萬樹秖林十日程
고향의 세 어른[104]을 찾아뵌 후엔	趣謁故園三老後
다시 방장산 찾아와 바위문 두드리겠지	更尋方丈扣巖扃

차운하여 영회 사미에게 주다
次贈影廻沙彌

두 곳서 여름 가을 함께 사는 동안	兩處同居夏又秋
금대암[105]이 도리어 벽송암의 노닒보다 좋았지	金臺却勝碧松遊
꽃은 옥동의 천년사에 만발했고	花開玉洞千年寺
달은 청산의 반야루를 환히 비추었지	月照靑山半夜樓
스님은 실로 시 잘 짓고 흥취도 있으나	師實有詩還有興
난 겨우 병과 시름이 없을 뿐이라네	我唯無病亦無愁
신선단에서 함께 청량산을 포식했으니	仙壇共飽淸凉散
다만 서강 만 리 가는 배를 타면 된다네	祗在西江萬里舟

축계에게 지어 주다
贈竺桂

대회[106]가 성사되자마자 이 산으로 들어와	大會纔成入此山
꿈쩍 않고 1년간을 머물러 있었네	居然住着一年間
여름 내내 경전 담론 사람들 모두 들었고	談經九夏人皆聽
석 달 겨울 안거는 볼 만했지	結制三冬事可觀
누가 와도 근심 없이 기쁜 눈 뜨고	或到無憂開喜目
자주 와서 도와주어 시름 풀어 주었지	數來仙助解愁顔
오늘 아침 저 용문사로 떠나고 나면	今朝向彼龍門去
날 위해 그 누가 달 아래 문 두드리리오	爲我誰敲月下關

삼가 표충사의 시운을 따라 짓다
謹次表忠祠韵

국난 평정할 그 당시는 의병을 거느렸고   戈亂當年領義兵
두 나라를 오고 가며 한 몸 영예로웠지   優遊兩國一身榮
자비 행함과 염불이야 참된 수도이지만   行慈念佛眞修道
의리 버리고 임금 잊음은 차마 못할 일   棄義忘君不忍情
우리 조선 보호하려 허깨비 자취 남겼고   保此朝鮮留幻跡
저 일본과 교섭하며 높은 명성 드러냈네[107]   交他日本顯高名
서산 대사 그 한 법맥 어느 곳에 드리웠나   西山一脉垂何處
바람 자니 바다에 개인 달이 밝도다   風息四溟霽月明

청암 혜연 대사에게 지어 주다
贈靑巖慧衍大師

갑술년 봄 잡화를 상찬할 때[108]	甲戌年春賞雜華
청암이 대회 일을 거의 도와주었지	靑巖助會事居多
정다운 편지 답장 못해 근심 그지없었는데	未答情書愁不盡
다행히 얼굴 보며 만나니 이 기쁨 한량없다	幸逢眞面喜無涯
쌍계사엔 물 좋고 신선 차도 풍족한데	雙溪水滿仙茶足
칠불암[109]의 바람 불어와 나그네 흥 더해지네	七佛風來客興加
멀리 낙동강 위쪽 향해 떠나가면서	遙向洛東江上去
이별할 땐 심정이 어떠냐고 묻지를 마라	臨分休問意如何

상월 선사 행적

선사의 휘는 새봉璽篈이며, 자는 혼원混遠이요, 상월霜月은 그의 호이다. 속성은 손씨孫氏이며, 순천順天 사람이다. 모친 김씨가 꿈에 범승에게서 밝은 구슬 하나를 얻었는데, 꿈에서 깨어난 후 임신하였으니, 이때가 숙종 병인년(1686) 초파일이었으며, 이듬해 정월 18일에 탄생하였다. 어렸을 때 모래를 모아 탑을 만들며 노는 것을 좋아하였으니, 이미 법문의 사자가 될 조짐이었던 것이다. 11세인 정축년 겨울에 조계산 선암사 극준 장로極俊長老에게 가서 15세에 머리를 깎았다. 이듬해 12월 8일,[110] 세진당洗塵堂 문신 대사文信大師에게서 구족계를 받았다. 18세에 설암 화상雪巖和尙의 문하에서 공부하였는데, 총명한 식견이 무리에서 뛰어났고, 견지見地가 신령스럽고 투철하여 도가 이미 통하였다. 마침내 두루 참배할 생각을 가지고 벽허碧虛·남악南岳·환성喚惺·연화蓮華를 찾아 모두 그 현묘한 관문(玄鍵)을 두드려 그 심인을 얻었다.

이로부터 지혜가 더욱 넓어졌고, 닦음은 더욱 독실해졌으며, 명예는 날로 드러났고, 덕망이 높아졌다. 계사년(1713) 여름에 고향에 돌아가 부모님을 뵈옵고 나서 돌아가신 스승의 강석을 주관하였다. 흰 상아 부채(白牙扇)를 잡고 소나무 가지로 된 자루를 흔들며 삼승의 종지를 연설하였는데, 사방에서 공부하러 온 자들이 모여들어 이미 무리를 이루었다. 이때 그의 나이 27세였으니, 그 지혜의 업은 하늘이 이룬 것으로 수많은 승려들의 존숭을 받았다. 29세에 무용 화상을 찾아뵈었을 때 경전을 잡아서 논란을 벌였는데, 사리詞理가 밝게 툭 트였으며, 마치 상자의 뚜껑처럼 딱 들어맞았다. 화상이 이에 감탄하며 말하기를, "지안志安[111] 이후에 한 사람이 나왔구나."라고 하였다.

선사는 신장이 보통 사람을 겨우 넘을 정도였지만 몸이 풍성하고 체구가 후덕하였다. 둥근 얼굴에 귀가 컸으며, 살결은 희고 윤기가 있었다. 음성은 큰 종을 울리는 듯했고, 앉음새는 흙으로 빚은 불상 같았다. 임제 선사 31세 손孫이며, 청허淸虛 대사의 5대 적전嫡傳이다. 청허 후 편양鞭羊·풍담楓潭·월저月渚·설암雪巖이 모두 의발을 이어받았는데, 선사도 설암에게서 의발을 받았다. 나라 안의 명산인 지리산·금강산·구월산·묘향산 등에 선사의 석장이 이르지 않은 곳이 없었다.

징오燈寤가 선사를 20여 년 따랐는데, 일찍이 의식衣食의 좋고 나쁨과 모든 세상의 일에 대하여 말하는 것을 들은 적이 없었다. 양식이 다 떨어져도 또한 있다 없다 말한 적이 없었다. 사람들과 친소親疎가 없었으며, 딱한 이를 불쌍히 여기어 사람이 죽은 것을 아뢰면, 반드시 가장 빈궁하고 천한 자를 우선하였다. 화를 내더라도 금방 잊어버려서 마치 처음부터 화를 낸 적이 없는 것과 같았다. 우레 소리가 비록 작더라도 밤에 누워서 듣지 않고, 재齋를 알리는 경쇠 소리를 들으면 아플 때라도 반드시 부축을 받아 일어났다. 일과日課로서 경전을 독송하는 일 외에 매번 자시에 일어나 북두칠성에 절하였고, 매일 1불 5보살을 천 번 외웠으며, 아미타불을 천 번 외웠는데, 모두 염주로 세어 가며 하였다. 일력에 표시를 해 두고, 만약 몹시 아파서 일과를 폐하였으면 후에 아프지 않을 때 숫자를 계산하여 채웠다.

작가作家[112]로서 40여 년 동안 온 나라 승려들의 숭상을 받은 것이 또한 30여 년이었다. 항상 강명講明·진해眞解·심천心踐·지증智證을 법문으로 삼았으며, 초학자라고 해서 정미한 강론을 빠뜨리지 않았고, 재주 높은 자라고 해서 계율의 강독을 생략하지 않았다. 더욱이 주석하는 말에 구속됨을 근심하여 반드시 배우는 자들로 하여금 문자를 떠나 뜻을 취하고 근본을 꿰뚫어 보게 하였다. 낮에는 강하고, 밤에는 그것을 생각하게 하여 단지 공적함에 헛된 상을 품지 않도록 하였을 뿐만 아니라, 반드시 내 마음이 부처의 마음이 되게 하였다.

또한 말하기를, "인증引證이 곧 질험質驗의 올바른 방법이다. 그러나 주석하는 말이 바르지 못하고 잗달하기 때문에 유가의 비난과 배척을 받게 된 것이다. 사실 유가에서 말하는 미발기상未發氣像은 바로 우리 불가의 여여한 이치(如如理)이다. 그들이 말하는 태극太極은 우리 불가의 한 물건(一物)이며, 그들이 말하는 이일분수리理一分殊는 우리 불가의 일심만법一心萬法이다. 이를 말미암아서 전후와 상하를 일관되게 인증하였다면 어찌 일찍이 유교와 불교의 차별이 있었겠는가?" 하였다. 또한 말하기를, "배우는 사람이 만약 돌이켜 보는(返觀) 공부가 없다면 하루에 천 마디를 외더라도 자기 심성에는 도움이 되지 않는다." 하였다. 또한 "자기에게 전일하는 공부(專己工夫)가 없다면 사람들이 바치는 신심信心을 받지 못할 것이니, 이것은 옛사람의 말이다. 내가 하루에도 착실히 공부하지 않았으면 밥을 대하여 부끄러워서 밥숟가락을 덜어 낸다. 여러 도반들이 열심히 하기만을 바랄 뿐이다." 하였다. 또한 "실속 없이 빈이름만 있는 자는 가장 먼저 하늘의 벌을 받을 것이니, 고금의 인간 세상에서 모두 그렇지 않은 적이 없었다. 그런데 부처를 배우는 자들에게는 더욱 심하다. 대개 부처의 마음은 등불과 같아서 더욱 스스로 속일 수가 없다."라고 하였다.

이러한 까닭으로 선사에게서 공부한 무리는 나라 안에 거의 두루 있었는데, 모두 빈 마음으로 가서 채워서 돌아오니, 많이 얻은 자는 많이 얻고, 적게 얻은 자는 적게 얻었으나 전혀 얻지 못한 자는 없었다. 이는 종사께서 30여 년 동안 문도門徒에게 교화를 행하신 것이니, 근세에 견줄 자가 없다. 무진년(1748, 영조 24) 가을, 예조禮曹로부터 선교도총섭 규정팔로치류사禪敎都摠攝糾正八路緇流事에 임명되었으며, 경오년(1750)에는 주표충원장 겸 국일도대선사主表忠院長兼國一都人禪師에 임명되었다. 이는 내게 오래도록 맡는 임무로서 죽을 때에야 교체되는 것이니, 진실로 물망物望이 가볍지 않음을 알 수 있다. 갑술년(1754) 봄, 선암사에 있을 때 화엄강회를 개설하였는데, 대회에 온 자가 1,200여 명이었으니, 대회의 성대함이 근고近古에 없었던 일이었다. 이어 선암사에 주석하면서 교의敎儀를 놓아 버리고 좌선과 염불을 일로 삼았는데, 전후로 문에 이른 자가 몇천 명이나 되는지 알 수가 없다.

용담 조관龍潭慥冠 형이 앞서 의발을 받았는데, 용담이 입적하려 하자, 문중의 승이 그를 방문하고 상월 대사에게 아뢰었다. 방장산에서 이미 입적하자 선사에게 달려가 보고하니, 선사께서 "잠시 조관의 처소에 두어라."라고 하였는데, 선사께서 또 입적하였다. 용담의 문도 혜암 윤장惠庵玧藏이 여러 서적을 널리 섭렵하여 우뚝이 자립하였으므로 의발이 또한 그를 따라갔다.

선사께서 일찍이 말하기를, "근세에 사리가 나올 때 간혹 생각지 않은 곳에 있기도 하였는데, 내가 진위를 의심하였다. 우리 서산조西山祖께서는 나면서부터 이촉이 나 있었는데, 돌아가신 후 유골을 경건하게 받들어 사리 5과를 얻었다. 이 이치는 가장 바르고 진실하다. 내가 죽거든 반드시 나의 유골을 가지고 묘향산에 가서 청하면 응당 감응이 있을 것이다." 하였다. 정해년(1767) 10월 가벼운 병이 있었는데 문도들을 불러 말하기를, "내 장차 가려고 하니, 그대들은 잘들 있게." 하고는 마침내 계송 한 수를 읊어 주시기를, "물은 흘러서 원래 바다로 가고, 달은 져도 하늘을 떠나지 않네." 하시고는 편안하게 세상을 떠나셨다. 세수 81세요, 법랍 70세이다. 자줏빛 구름이 하늘을 가렸는데 7일 만에 사라졌다. 여러 제자들이 그 덕행의 훌륭함을 적고, '평진대종사平眞大宗師'라 호를 더하였다. '평平'은 실다운 덕(實德)을 취한 것이요, '진眞'은 실다운 행(實行)을 취한 것이었다.

다비를 했을 때 끝내 사리를 얻지 못하였고, 문형門兄 탁준卓濬이 유골을 경건히 받들고 영변寧邊의 오도산悟道山에 이르러 서산西山의 영당影堂에 안치하였다. 탁준이 스스로 묘향산에 들어가 흩어져 있는 문도들을 모아서 전례에 따라 초제醮祭를 지내려고 하였는데, 탁준이 떠나려 할 즈음에 동행승 낭총朗聰이 꿈에 감응이 있었다. 암주 진허 팔관振虛八關도 신령한 꿈을 꾸었다. 촛불을 밝혀서 보니, 거듭 봉하였는데 구멍이 나 있었고, 안을 들여다보니 신령스런 구슬 3과가 있었다. 마침내 모은 재구齋具로써 오도산에 부도를 세우고, 그중 한 과를 보관하였다. 관서 지방의 승려들이 무리지어 일어나 서원을 발하였으므로 영골靈骨을 그들에게 주었더니, 즉시 묘향산에 석탑을 세웠다. 순천의 선암사와 해남의 대둔사에 또한 각 한 과씩을 안치하였다.

아! 이와 같은 마음, 이와 같은 재능, 이와 같은 덕, 이와 같은 공으로 묘건妙鍵을 이어받고 현비玄篚를 갈고 닦았으니, 승랍도 이와 같이 풍부하시도다. 이것은 대개 하늘이 우리 불가를 위하여 지혜의 광명을 놓아서 천안天眼을 열어 불토佛土를 넓힌 것이다. 내가 여러 해 시봉을 들어 단지 평소에 본 것에 의해 기록한 것이니, 짧은 글이나 감히 지나치게 틀리지는 않을 것이다.

숭정崇禎 기원후 153년 경자년(1780) 초여름에 문인 징오憕寤가 손을 씻고 삼가 기술하다.

霜月先師行蹟

先師諱璽篈。字混遠。霜月其號。俗姓孫氏。順天人。母金氏。夢得一顆明珠於梵僧。覺而有妊。即肅宗丙寅四月初八也。翌年正月旬八誕。幼嬉戲聚沙石。爲窣堵波。已兆爲法門獅子兒也。十一歲丁丑冬。投曺溪山之仙巖寺極俊長老。十五薙髢。明年膳八。受具於洗塵堂文信大師。十八叅雪巖和尙。聰識絶倫。見地靈透。道旣通。遂有遍叅之思。若碧虛南岳喚惺蓮華。皆叩其幺鍵。獲其心印。自是智益廣。修益篤。名譽日著。德尊望隆。癸巳夏歸覲其親於本鄕。仍主先師講席。執白牙扇。搖松枝柄。開演三乘宗旨。四方負笈者已衆。時年二十七。其慧業天成。蔚爲緇流所宗。二十九叅無用和尙。執經發難。詞理明暢。函盖相投。和尙乃歎曰。涉安後一人也。先師身長纔逾中人。而豊軀厚幹。圓面大耳。肥理白澤。聲若洪鐘。坐如泥塑。臨濟禪師三十一世耳孫也。淸虛法老五代嫡傳也。淸虛後鞭羊楓潭月渚雪巖。皆承衣鉢。而先師又受衣鉢於雪巖。凡域內名山。智異金剛九月妙香。瓶錫無所不到焉。窃從先師二十餘年。未嘗聞衣食美惡。與一切世事。粮橐空匱。而亦未嘗說有說無。與人無親疎。恤隱問死。必先於最窮賤者。有怒旋忘。若初無怒。雷聲雖微。夜不臥聽。齋磬有聞。雖病必扶起。日課轉經之外。每子夜起拜北斗。日誦一佛五菩薩千聲。彌陁佛千聲。皆以數珠筭之。標於日曆。而若甚病癈課。則後於無病□[1]計數而足之。作家四十餘年。爲一國緇流之所宗者。亦三十餘年。常以講明眞解心踐智證爲法門。不以初學而闕精微之論。不以高才而略戒律之講。尤以註說之桎梏爲憂。必使學者。離文取意。洞見本源。晝之所講。夜以思之。無徒幻相於空寂。必以吾心作佛心。又曰引證卽質驗之義。而註語跛屑。以致儒家之譏斥。其實儒家所稱未發氣像。卽吾佛家如如理也。其所謂太極。卽吾佛家一物也。其所謂理一分殊。卽吾佛家一心萬法也。由是引證前後。上下一貫。則何嘗有儒釋之別耶。又曰學者如無返觀工夫。雖日誦千言。無益於自己心性。又曰如無專己工夫。不受信心人所供。此古語也。吾於一日。念頭不着實工。則便對食而愧。飯匙亦減。幸諸同舟勉之耳。又曰無其實而有虛名者。最干天誅。古今人世。莫不皆然。而學佛者爲尤甚。盖佛心如燈。尤不可自欺也。是故先師之衆徒。殆遍國中。而皆虛徃實歸。多得者多得。少得者少得。亦無全然無得者。此所以宗師三十餘年門徒之行化。近世無比也。戊辰秋。自禮曺署。禪敎都揔攝糾正八路緇流事。庚午。主表忠院長兼國一都大禪師。此槩長帶之任。臨滅乃遞。固知物望之不輕耳。甲戌春。在仙巖本寺。設華嚴講會。來會者。一千二百餘人。會之盛。近古未之有也。仍住仙巖。放下敎儀。安禪念佛爲事。前後及門者。固未曉其幾千。而龍潭兄愷冠。先受衣鉢。龍潭將寂。門僧問之。禀于霜月。方丈旣寂。奔告于先師。先師曰。姑置冠所。先師又寂。龍潭之門。惠庵玩藏。博涉羣典。卓然自立。衣鉢亦隨之。先師嘗曰。

近世舍利之出。或在於不意。吾有眞贗之疑。吾西山祖。生有齒齦之出。身後奉骨精虔。得五顆。此理最正且眞。吾歿須持吾骨。以請於香山。當有冥應。丁亥十月。有微疾。召門徒曰。吾將行矣。子等珍重。遂口授一偈曰。水流元去海。月落不離天。怡然順世。世壽八十一。法臘七十。紫雲翳空。七日乃滅。群弟子。述其德行之美。加號曰平眞大宗師。平取實德。眞取實行也。及其茶毘。竟無所得。門兄卓瀋。虔奉寒瓊擡。至寧邊之悟道山。妥之西山影堂。瀋自入香山。欲聚門徒之散在者。將設醮如例。瀋將行。同行僧朗聰。有感夢。庵主振虛八關。亦得神夢。秉燭視之。重封有孔。內見三顆神珠。遂以所聚齋具。起浮屠於悟道山。以藏其一。關西之僧。羣起發誓。以靈骨與之。卽起石龕於香山。順天之仙巖。海南之大芚。又各安一顆。嗚呼。以如是之心。如是之才。如是之德。如是之功。承傳妙鍵。刮磨玄篆。僧臘又如是富盛。此盖天爲佛家。放出慧光。以開天眼。以廣佛土也。竄多年執侍。但依平日所覩記者。片言隻字。不敢過爽云爾。

峕崇禎紀元後百五十三年庚子初夏。門人憕竄盥手謹述。

---

1) ㉣ 결락된 글자는 '日'인 듯하다.

발문

선사의 도덕은 멀고 가까움이 없었으니, 교화가 한 지방에 국한되지 않았다. 천성이 검박하고 꾸밈이 없었으며, 빛을 감추기에 힘썼다. 항상 무착無着과 무주無住를 본분의 일로 삼았다. 장년에 이르러 대소 명산에서 하안거를 지냈는데, 한곳에서 해를 넘긴 적이 없었다. 바람에 나부끼는 깃발과 고요한 물과 같이 동정動靜이 마땅함을 따랐다. 평소 풍부한 학식에다 사리가 넉넉하고 통달하였다. 근세에 총림에서 스스로 최고라고 하는 자들이 대략 세속의 문자를 답습하고 범패梵唄 구절에서 빛깔을 취하여 세속을 현혹시키는 것을 병통으로 여겼다. 그러므로 현묘함을 말하고 경전을 강론하는 여가에 비록 저술이 있으나 곧바로 마음속을 향하였으니, 별다른 조탁이 없고 세상의 얽매임이 모두 없어졌으므로 절로 달과 이슬, 서리의 고결한 풍미가 있다.

다만 한탄스러운 것은 1, 2 양 권이 있었으나 영묵 준靈默濬 형이 묘향산에서 분실하여 남아 있던 약간의 시편을 묶어 소매 속에 넣어 가지고 가서 문장가에게 물어 모두 좋다는 승낙을 얻어 판각을 분부하였다. 해월 문海月文 형이 그 일을 주관하여 능히 성실한 효성의 수고로운 일을 이루었으니, 그 애쓴 노력이 무성하여 손에 잡힐 듯하다. 삼가 이 글을 써서 발문으로 삼는다.

경자년(1780) 초여름에 문인 징오憕寤가 삼가 기록하다.

跋

先師道德。固無邇邇。行化不滯一方。天性儉而無文。務在藏光。常以無着無住爲本事。方其年壯。結夏於大小名山。而未嘗經歲於一處。風幡定水。動靜隨宜。雅富學而辭理贍暢。而病近世叢林中自號巨擘者。略襲俗套文字。取色於梵唄句語。以眩於俗。故談玄講經之餘。雖有著述。直向胥襟。別無雕琢。物累盡去。自有月露霜潔之風味。第恨一二兩卷。靈默濬兄見失於香山。約餘存若干篇。袖質于文章家。咸得其頷許。分付剞劂。而海月文兄主其役。能成其誠孝之勤。靄然可掬。謹書此爲跋。
時龍集庚子初夏。門人憕寤謹識。

주

1 장저長沮·걸닉桀溺:『논어論語』「미자微子」에 나오는 은사隱士이다. 공자孔子가 초楚나라로 가면서 제자인 자로子路를 시켜 밭을 갈고 있던 이들에게 나루를 묻자, 무도無道한 세상에 뜻을 펴려고 다니는 공자를 비웃으며 나루를 가르쳐 주지 않았다고 한다.
2 접여接輿:춘추시대 초楚나라의 은사 육통陸通의 자이다. 『논어』「미자」에, 초나라의 광인狂人 접여가 공자 앞을 지나며 노래하기를, "봉鳳이여, 봉이여! 어찌 덕이 쇠하였는가. 지나간 것을 간諫할 수 없지만 오는 것은 오히려 따를 수 있으니, 그만두어라, 그만두어라! 오늘날 정치에 종사하는 자는 위험하다."라고 하였다. 초광楚狂으로도 불렸다.
3 방장산方丈山:지리산의 이칭이다.
4 용상龍象:뛰어난 식견과 역량을 갖춘 선승禪僧을 말한다.
5 운수雲水:운수납자雲水衲子, 즉 승려를 말한다. 한곳에 머물지 않고 유유히 자연에 맡겨 나그네로 사는 모양을 행운유수行雲流水에 비유한 것이다.
6 해타咳唾:기침과 침이다. 옛사람이 남긴 아름다운 말이나 글을 가리키거나 스승의 가르침을 입음을 의미한다.
7 작자作者:작가作家와 같다. 선종에서 대기대용을 쓸 줄 아는 종사를 일컫는 말로, 선도에 능란한 종장을 말한다.
8 신순민申舜民(1712~1781):신경준申景濬으로, 순민舜民은 자이며, 호는 여암旅菴이다. 신숙주의 후손이며, 조선 영조 때의 학자로서 실학을 바탕으로 한 고증학적 방법으로 한국의 지리학地理學을 개척하였다. 성리학 및 제자백가에 대해서 해박하였고, 불교에 대한 이해도 깊었으며, 승려들과의 교분도 두터웠다. 관직은 종부시정宗簿寺正·순천 부사·제주 목사 등을 역임하였다.『여지승람輿地勝覽』·『동국여지도東國輿地圖』등의 감수를 맡았으며, 문자학文字學·성운학聲韻學 등 다방면에 걸쳐서 업적을 남겼다.
9 두더지가 황하 물을 마시듯:언서음하偃鼠飮河를 말한다. 두더지가 황하 물을 마셔 봤자 자기 배를 채울 만큼밖에 못 마신다는 뜻으로 각자 타고난 분수가 있다는 뜻이다.『장자』「소요유逍遙遊」에 있다.
10 현비玄篦와 묘건妙鍵:현묘한 금비金篦와 오묘한 열쇠라는 뜻으로 여기서는 상월 대사의 심법을 뜻하는 것으로 보인다. 금비는 고대 인도에서 의사가 맹인의 안막眼膜을 제거할 때 사용하던 도구로서『열반경』에 나오는데, 중생의 눈을 밝혀 주는 것을 뜻한다. 오묘한 열쇠는 중생의 마음의 문을 열어 줄 도구를 뜻한다.

11 진秦나라 때의 번역 : 구마라집鳩摩羅什(344~413)의 번역을 가리킨다.
12 낙천樂天 : 낙천지명樂天知命. 하늘의 뜻에 순응하여 자신의 처지를 만족해하는 것을 말한다.
13 적멸寂滅 : 열반涅槃 · 입적入寂. 승려의 죽음을 말한다.
14 괴각乖覺 : 일반적으로 총명하고 재능이 있는 사람을 말한다. 그러나 사찰에서는 성질이 괴팍스러운 사람을 일컫는다.
15 영철靈澈(746~816) : 당나라의 시승으로 속성은 탕湯, 자는 원징源澄이다. 동진 출가하여 어려서부터 엄유嚴維에게 시를 배웠다. 시승 교연과 교유하였으며, 사대부인 오흥吳興 · 포길包佶 · 이서李紓 등과 사귀면서 명성을 날렸다. 덕종 연간에 장안에 머물렀는데, 모함을 받아 정주汀州로 유배되었으나 후에 사면되어 고향으로 돌아갔다. 그의 시는 널리 전파되어 백거이白居易 · 유우석劉禹錫의 추앙을 받았다. 『전당시全唐詩』에 16수가 전한다.
16 교연皎然(?~799) : 당나라 중기의 시승으로 성은 사謝, 이름은 주晝 또는 청주淸晝이며, 절강浙江 오흥吳興 출생으로 진晉나라 시인 사령운謝靈運의 10대손이다. 당나라 현종玄宗 때에 태어난 것으로 추정되며, 출가 후에도 시를 좋아하고 고전에 관한 조예가 깊어 안진경顔眞卿을 비롯한 당시의 명사들과도 교제하면서 이름을 떨쳤다. 제기齊己 · 관휴貫休와 함께 당나라의 3대 시승으로 꼽힌다. 저서에는 시문집 10권과 시론 『시식詩式』 · 『시평詩評』 등이 있다.
17 원중거元重擧(1719~1790) : 본관은 원주原州, 즉 원성原城이며, 자는 자재子才, 호는 현천玄川 · 손암遜菴 · 물천勿川이다. 1763년(영조 39)에 계미통신사의 서기로 일본 사행을 다녀온 후 『화국지和國志』와 『승사록乘槎錄』을 저술하여 큰 영향을 미쳤다. 1776년(영조 52) 무렵에 장원서주부掌苑署主簿로 있으면서 『해동읍지海東邑誌』의 편찬에 연암 그룹의 인물들과 함께 참여하였다. 이덕무 · 박제가 · 유득공 등의 인물들과 교유하였다.
18 파근사 : 전북 남원시 지리산에 있던 사찰이다. 용추는 폭포 아래의 웅덩이이다.
19 승평昇平 : 전남 순천順天의 옛 이름으로 승주昇州라고도 한다. 아문衙門은 관아의 총칭이다. 조선 시대의 행정 구역은 순천도호부順天都護府로, 관원으로는 부사府使를 파견하였다.
20 사해四海의 문장은~도덕은 빈곤하지만 : 사해와 미천彌天은 재사才士와 고승을 가리키는 말이니, 사해는 승평 부사를, 미천은 승려인 상월 자신을 가리킨다. 진晉나라 때의 고승 도안道安이 형주에서 문장가인 습착치習鑿齒를 만났을 때 도안이 "나는 미천 석도안이오." 하자, 습착치가 "나는 사해 습착치요."라고 한 데서 유래했다. 『진서晉書』 82권 「습착치열전」
21 남악南岳(?~1732) : 태우泰宇의 법호이다. 설암 추봉의 제자로서 상월 새봉과는 동

문이나 상월이 그로부터 선의 일깨우침을 크게 입었다 한다. 금산金山에 부도와 비가 있다. 제자로는 재초在初·응상應祥·팔오八悟 등이 있으며, 저술로는 『남악집』 1책이 전한다.

22 설암雪巖(1651~1706) : 조선 중기의 승려 추붕秋鵬의 법호이다. 속성은 김씨金氏이고, 본관은 강동江東이다. 10세 때 원주 법흥사法興寺로 출가하여 종안宗眼의 제자가 된 뒤 구이九二에게 경론을 배웠다. 교선敎禪 양종에 통달하고 시문에 능했으며, 여러 사찰을 순방하며 강의했다. 위의威儀를 갖추지는 못했지만 계행戒行이 청정했고, 사람을 대할 때 귀천을 가리지 않았다고 한다. 대흥사의 백설당白雪堂에서 화엄학을 강의했는데, 그때의 『화엄강회록華嚴講會錄』이 대흥사에 전한다. 저서로 『설암잡저雪巖雜著』·『선원제전집도서과평』·『묘향산지妙香山誌』 등이 있다.

23 종자기鍾子期 : 춘추시대 초楚나라 사람으로 백아伯牙의 지음知音이다. 백아가 연주하는 거문고 소리를 들으면 그의 생각을 알아차렸다. 종자기가 죽자 백아는 자신의 음악을 알아주는 사람이 없어진 것을 한탄하여 거문고의 줄을 끊어 버렸다고 한다. 『열자列子』「탕문湯問」에 나온다.

24 용담 조관龍潭慥冠(1700~1762) : 조관의 호가 용담이다. 자는 무회無懷, 속성은 김씨, 본관은 남원南原으로 편양문파鞭羊門派의 고승이다. 1718년(숙종 44) 상흡尙洽에게 출가하고, 취간就侃에게 구족계具足戒를 받았다. 1721년(경종 1) 화엄사華嚴寺 상월霜月의 문하에서 수업하였고, 1723년부터 영호남의 고승을 찾아다니며 불심을 더하였다. 지리산 견성암見性庵에서 『대승기신론大乘起信論』을 읽고 깨달음을 얻은 뒤, 1732년(영조 8) 지리산에 가은암佳隱庵을 짓고 수도 생활을 원하였으나 승려들의 간청에 의해 『선문염송禪門拈頌』과 원돈교圓頓敎를 요지로 20여 년간 여러 절에서 설법 활동을 펼쳤다. 1749년 상월의 의발을 이어받았으며, 1762년 실상사實相寺에서 입적하였다.

25 곤어鯤魚 : 곤鵾. 전설상의 북쪽 바다(北溟)에 사는 거대한 물고기로, 고상하고 뜻이 원대한 사람을 비유하는 말이다. 『장자』「소요유」에서, 북명의 곤어는 그 크기가 몇천 리인지 모르는데 새로 변하여 붕새가 되니, 그 등이 몇천 리인지 알지 못한다고 하였다.

26 정반성之盤星을 깨달았을까 : 정반성을 깨닫는 것은 근본 자성의 깨달음을 의미한다. 정반성은 저울 눈금(盤星) 중에서 그 기점이 되는 제일 첫째 눈금으로서 표준, 기준점을 의미한다.

27 사진寫眞 : 진영眞影을 말한다.

28 거짓(假) : 가假는 진眞, 실實에 대응되는 말로서 실체가 없는 것을 가리키며, 혹은 허虛, 권權, 방편 등의 뜻으로도 쓰인다.

29 새벽별 본 것 : 석가모니의 성도成道를 말한 것이다. 석존이 38세 되던 해 12월 8일,

마갈타국의 니련선하 강에서 6년 고행 끝에 이 강에서 목욕하고 강을 건너 불타가야로 가서 보리수나무 아래에서 동틀 무렵 새벽별을 보고 깨쳤다고 한다.

30 『청허집淸虛集』: 청허 휴정淸虛休靜(1520~1604)의 문집이다. 휴정은 조선 중기의 승려로 승군장僧軍將이었다. 본관은 완산完山, 속성은 최씨崔氏, 자는 현응玄應, 호는 청허淸虛 또는 서산西山이며, 안주安州 출생이다. 1534년 지리산에 입산하여 일선一禪에게 구족계를 받고 부용 영관芙蓉靈觀의 법을 계승했다. 임진왜란 때 73세의 노구로 왕명에 따라 팔도십육종도총섭이 되어 승병僧兵을 모집하여 한양 수복에 공을 세웠다. 1594년 제자 유정惟政에게 승병을 맡기고 묘향산 원적암圓寂庵에서 여생을 보냈다. 묘향산 안심사安心寺와 금강산 유점사楡岾寺에 부도가 서고, 해남海南 표충사表忠祠 등에 배향되었다. 편저에 『선교석禪教釋』·『선교결禪教訣』·『삼가귀감三家龜鑑』·『심법요心法要』 등이 있다.

31 두류산頭流山 : 지리산의 이명이다.

32 팔풍八風 : 수행자의 마음을 동요시키는 여덟 가지 장애. 즉 이利·쇠衰·훼毀·예譽·칭稱·기譏·고苦·낙樂을 말한다.

33 어찌할꼬 하잖으니 어찌하겠는가 : 『논어論語』「위령공衛靈公」에 실린 공자의 말씀을 인용한 것이다. "어찌할까 어찌할까 하고 말하지 않는 자는, 나도 어찌할 수가 없을 뿐이다.(不曰如之何如之何者。吾未如之何也已矣。)" 이는 깊이 생각하고 살펴서 처해야 하며, 이와 같이 하지 않고 함부로 행한다면 성인이라도 어찌할 수가 없다는 뜻이다.

34 설산에서 수도하심 오직 6년 : 석가모니의 수행을 가리킨다. 그러나 사실은 석가모니 전생의 수행이다.

35 감로수甘露水 : 감로는 불사不死, 천주天酒로 번역된다. 천신들의 음료, 또는 하늘에서 내리는 단 이슬이라는 뜻으로서 부처님의 교법이 중생을 잘 제도하는 것을 비유한다.

36 『잡화雜華』: 『화엄경』을 가리킨다.

37 문수보살 : 대승보살 가운데 하나로서 지혜가 뛰어난 공덕을 의미한다. 석가모니불의 보처로서 왼쪽에 위치해 있으며 지혜를 맡고 있다. 이 보살은 석가모니불의 교화를 돕기 위하여 일시적인 권현으로 보살의 지위에 있는 것이다. 전설적으로 중국의 산서성 오대산에 1만 보살과 함께 있다고 하며, 우리나라에서는 강원도 오대산에 머물고 있다고 한다.

38 110성 : 『화엄경』의 「입법계품」에서 선재동자善財童子가 법을 구하기 위해 남방을 편력하면서 110성의 53선지식을 찾아다닌 것을 말한다.

39 유령庾嶺 : 대유령大庾嶺으로, 중국의 오령五嶺 가운데 하나이다. 지금의 강서성江西省 대여大余와 광동성廣東省 남웅南雄 사이에 있어 영남嶺南으로 통하는 중요한 관문 역할을 하였다. 언덕 위에는 매화나무가 많이 있어 매령梅嶺으로도 불린다. 여기

서는 문경의 조령鳥嶺을 가리킨다.

40 조산曹山 : 조계산曹溪山을 가리킨다.

41 석수石髓 : 돌 속의 진액津液으로, 먹으면 장생불사하여 신선이 된다고 한다. 『신선전神仙傳』에 의하면, 삼국시대 위魏나라의 왕렬王烈이 태항산太行山에 갔는데, 바위가 쪼개지면서 그 속에서 골수骨髓 같은 푸른 진액이 나왔으므로 그것을 환약으로 만들어 복용해서 장생했다는 이야기가 있다.

42 장두체藏頭軆 : 잡체시의 하나이다. 앞 구절의 끝 자를 파자하여 다음 구의 첫 자로 삼아 고리처럼 연결해 나가는 체제이다. 구의 첫 자가 윗구절의 끝 자에 감추어져 있으므로 장두체라고 한다. 여기서는 앞 구절의 끝 자를 뒷구절의 앞에 한 자 감추어 놓은 형식을 취하였다.

43 책실冊室 : 조선 시대 고을 수령의 비서 일을 맡아 보던 사람으로, 관제官制에 있는 것이 아니고 사사로이 임용하였다. 책방冊房, 책객冊客이라고도 하였다.

44 삼강三綱 : 유교에서의 세 가지 기본 강령綱領으로 군위신강君爲臣綱·부위자강父爲子綱·부위부강夫爲婦綱을 말한다.

45 차고 빔(虛盈) : 영허盈虛는 가득 차고 비는 모양으로 변화 발전하는 모습, 시운의 변화를 말한다.

46 환몽幻夢 : 조선 시대의 승려 굉활宏闊(1680~1741)의 법호法號이다. 굉활은 속성이 안씨安氏, 본관은 밀성密城이다. 13세에 추붕秋鵬에게 출가하여 여러 종장宗匠 밑에서 도道를 닦았고, 만년에는 도안道安의 법문法門에서 배웠다. 휴정休靜의 심법心法을 전수하여 서방西方의 대선사大禪師라는 칭호를 받았다. 황주 도관사에서 입적하였다.

47 사상四相 : 여기서는 『금강경』에 의거하여 아상我相·인상人相·중생상衆生相·수자상壽者相을 가리킨다. 중생이 그 심신의 개체에 대해 잘못 인식하고 집착하는 네 가지 상을 말한다.

48 삼공三空 : 인공人空·법공法空·구공俱空을 말한다.

49 백설당白雪堂 : 전남 해남군 두륜산의 대흥사에 백설당이 있다. 상월 대사는 대흥사 13종사의 한 사람이다.

50 선경禪經 : 선정에 관한 경전. 『좌선삼매경坐禪三昧經』의 다른 이름이기도 하다. 이 책은 인도의 승가라찰이 지었으며, 구마라집이 한역하였다. 대승의 선관禪觀을 말한 책으로서 『좌선삼매경문경坐禪三昧境門經』·『아란야습선법阿蘭若習禪法』·『보살선법경菩薩禪法經』·『선법요禪法要』라고도 한다.

51 설산雪山 : 인도 히말라야 산의 옛 이름이다. 석존이 과거세에 보살도를 닦을 때 설산에서 수행하였는데, 이때의 이름으로 설산동자, 설산대사라고 한다. 설산동자는 나찰로 변신한 제석천의 반 게를 듣기 위해 몸을 던졌다.

52 담무갈보살曇無竭菩薩 : ⓢ Dharmodgata의 음역이다. 『신화엄경新華嚴經』 권45 「보살주처품菩薩住處品」에 나오는 보살로, "동북쪽 바다 가운데에 금강산이 있는데, 그곳에서 담무갈보살이 1만 2천 보살과 함께 항상 반야를 설법하고 있다."라고 하였다. 보통 법기보살法起菩薩로 많이 알려져 있으며, 영산靈山인 금강산에 거한다고 한다.

53 송덕비는 길~행인의 입이요 : 칭송하는 말이다. 만구성비萬口成碑, 즉 만 사람의 입이 비를 세운다는 뜻으로, 여러 사람이 칭찬하는 것은 마치 송덕비頌德碑를 세우는 것과 같다는 말이다. 『명심보감』에서 "훌륭한 이름을 어찌 큰 돌에 새기려 하는가? 길 가는 행인의 입이 돌에 새기는 것보다 나으리라.(大名豈有鐫頑石。路上行人。口勝碑。)"하였다.

54 용담龍潭 : 상월 대사의 의발을 받은 제자이다. 본문 주 24 참조.

55 진락대眞樂臺 : 조계산 송광사의 국사전 위에 있는 대이다.

56 삼청三淸 : 도교의 성수숭배星宿崇拜와 관련하여 하늘 위에 있는 별들의 세계를 옥청玉淸과 상청上淸, 태청太淸으로 나누고 이를 삼청이라고 한다. 여기서는 신선들이 사는 천상의 세계를 의미한다.

57 호중경壺中景 : 도가의 용어로 선경仙境, 또는 승경勝景을 의미한다. 신선 장신張申이 항상 병 하나를 허리에 달고 다니는데, 천지天地로 화해서 그 가운데서 해와 달이 떴고, 밤이면 그 안에 들어가 잤다고 한다.

58 사미四美 : 네 가지 아름다운 일을 말하는데 여러 가지가 있으나, 여기서는 인仁·의義·충忠·신信으로 보인다. 용담은 출가승이면서도 유학을 공부하여 유불儒佛에 밝았다.

59 손씨孫氏 : 상월 대사의 속성이 손씨이다.

60 잣나무(栢樹) : 화두 '뜰 앞의 잣나무(庭前栢樹子)'를 말하는데, 화두, 불법의 대의를 의미하는 것 같다.

61 고양羔羊 : 고羔는 어린 양을, 양羊은 큰 양을 일컫는다. 주周나라 때 대부大夫들이 양가죽 옷을 입었던 것에 비유하여 검소하고 정직한 벼슬아치를 지칭하는 말로 쓰인다. 『시경詩經』「소남召南」의 시 〈고양〉에 "양가죽을 흰 실 다섯 타래로 꾸몄네. 관아에서 퇴근하니, 그 모습 당당하고 여유 있네.(羔羊之皮。素絲五紽。退食自公。委蛇委蛇。)"라고 하여, 대부들이 문왕文王의 교화를 입어 검소하고 정직한 것을 칭송했다. 청렴하고 절조가 있는 사대부를 기리는 말로 쓰인다.

62 벽송암碧松庵 : 경남 함양군 지리산에 있던 사찰이다. 1520년 벽송이 초암草庵을 짓고, 뒤에 증축하여 큰 가람을 이루었는데, 한국전쟁 때 불에 탔다.

63 화성化城 : 『법화경』의 일곱 가지 비유의 하나이다. 여러 사람이 보배가 있는 목적지로 가는 중 피로하므로 지도자가 계교를 내어 신통력으로 임시로 큰 성을 나타내서 여기가 보배 있는 곳이라 하여 사람들을 잠시 쉬게 한 후, 이를 없애 버리고 진짜 보

배가 있는 곳에 이르게 하였다. 이 화성은 방편교의 깨달음에, 보배가 있는 곳은 진실교의 깨달음에 비유한 것이다. 여기서는 세상을 가리킨다.

64 편작扁鵲 : 원문의 월인越人은 편작의 이름이다. 편작은 기원전 6세기경 춘추시대 노魯나라의 명의로, 성은 진秦이다. 젊어서 장상군長桑君이라는 의술에 능한 사람을 만나 약방藥方의 구전과 의서를 물려받아 그 묘결을 터득하고 명의가 되었으나, 그를 시기한 진晉나라 태의령太醫令의 흉계로 암살을 당하였다.

65 녹야원鹿野苑 : 석존이 득도得道한 후 최초로 설법한 장소로서, 불교 4대 성지聖地의 하나이다. 선인주처녹야원仙人住處鹿野苑이라고 하는데, 신도들이 모이고 사슴이 방목되어 있는 원림園林이란 뜻이다.

66 니구산(尼山) : 니산尼山은 니구산으로 현재 산동성山東省 곡부현曲阜縣 동남쪽에 있다. 공자의 아버지 숙량흘叔梁紇이 안씨顔氏와 함께 니구산에 기도하여 공자를 얻었으므로 이름을 구丘라 하고, 자를 중니仲尼라 하였다 한다.

67 불갑사佛甲寺 : 전남 영광군 불갑면 모악리 모악에 있는 사찰이다. 신라 때 창건되었고, 고려 때 이달충李達衷이 지은 각진 국사覺眞國師의 비가 있다. 일명 불갑사佛岬寺다.

68 가리歌利 : Ⓢ Kali의 음역이며, 가리迦利 · 가리哥利 · 갈리羯利 · 가람부迦藍浮라고도 쓴다. 투쟁鬪諍이라 번역하는데, 악생무도왕惡生無道王이다. 석존이 과거세에 인욕 선인忍辱仙人이 되어 수도할 때에 석존의 팔다리를 끊었다고 하는 극악무도한 임금이다.

69 사륜왕四輪王 : 전륜왕轉輪王, 곧 윤왕輪王으로서 네 명이 있다. 금륜왕金輪王 · 은륜왕銀輪王 · 동륜왕銅輪王 · 철륜왕鐵輪王을 말한다. 전륜왕은 수미산須彌山 둘레의 사천하四天下, 곧 사주四洲의 세계를 통솔하는 대왕이다. 금륜왕은 수미 사주四洲를 다스리고, 은륜왕은 동 · 남 · 서 삼주三洲를 다스리고, 동륜왕은 동 · 남 이주二洲를 다스리고, 철륜왕은 남녘 염부제閻浮提 일주一洲를 다스린다고 한다.

70 유령庾嶺 : 본문 주 39 참조.

71 춘추시대 주나라 영왕靈王의 태자 왕자교王子喬는 왕에게 직간을 하다가 서인庶人으로 폐출되었다. 생황을 잘 불어 봉황의 울음소리를 내었는데, 이수伊水와 낙수洛水 사이에서 노닐다가 도사 부구공浮丘公을 따라 숭산嵩山에 들어가 30여 년간 선도仙道를 닦아 신선이 되었다. 그 후 칠월 칠석날에 구산緱山 정상에 백학을 타고 내려와서 산 아래 가족들에게 손을 흔들어 인사하고는 며칠 뒤에 백학을 타고 승천하였다고 한다. 구산은 하남성 언사현偃師縣에 있다. 『열선전列仙傳』「왕자교王子喬」.

72 법뢰法雷 : 중생의 무명을 깨뜨리는 부처님의 설법을 비유한 말로서, 천둥이 울리면 만물이 깨어나듯이 중생들이 미망의 잠에서 깨어나 깨달음을 얻게 되는 것을 의미한다. 여기서는 무용 대화상을 가리키고 있다.

73 책실冊室 : 본문 주 43 참조.
74 봉성鳳城 : 전남 구례求禮의 옛 이름이다.
75 수후의 구슬(隋侯之珠) : 옛날 한동漢東의 제후인 수후가 길을 가던 중 머리에 피를 흘리고 있는 뱀을 보고 상처에 약을 발라 주었다. 며칠 후 뱀 한 마리가 빛나는 구슬 명월주明月珠를 물고 와서 은혜에 보답하여 그에게 주었다고 한다. 『사기史記』「노중련魯仲連·추양열전鄒陽列傳」에서 "신이 듣건대 명월의 구슬과 야광의 벽璧을 길에 있는 사람에게 던져 주면 칼자루를 잡고 흘겨보지 않을 사람이 없을 것입니다." 하였다.
76 화씨의 구슬(連城璧) : 연성벽連城璧은 화씨벽和氏璧을 말한다. 또는 지극히 귀중한 물건을 뜻하기도 한다. 진 소왕秦昭王이 조趙나라의 혜문왕惠文王에게 화씨벽이 있다는 소문을 듣고 15개 성과 바꾸자고 제의했던 데서 나왔다.
77 장사 스님 : 장사長沙는 중국의 지명으로 현재 호남성湖南省 지역인데, 여기서는 장사의 녹원사鹿苑寺의 경잠景岑 스님을 가리킨다. 『벽암록碧巖錄』 제36칙에, 장사 스님이 산에 유람을 갔다가 돌아오자, 수좌가 "어디 다녀오십니까?" 하니, "산을 유람하고 오는 길이다." 하였다. 수좌가 "어디까지 다녀오셨습니까?" 하니, "처음엔 향기로운 풀을 따라갔다가 지는 꽃을 따라서 돌아왔다." 하였다. 수좌가 "아주 봄날 같군요." 하니, "아무렴, 가을날 이슬방울이 연꽃에 맺힌 때보다야 낫지." 하였다.
78 방 거사(龐老) : 방 거사龐居士는 당나라 때의 거사로 당대의 선지식이다. 그의 가족들도 모두 깨달은 도인들이었다. 『방거사어록』에, 방 거사가 딸 영조靈照에게 "밝고 밝은 온갖 풀잎 끝에 밝고 밝은 조사의 뜻이 있다.(明明百草頭, 明明祖師意)"에 대해 어떻게 생각하느냐고 물었다. 영조가 대뜸 욕설을 퍼부었다. 방 거사가 재차 물으니, 영조가 "밝고 밝은 온갖 풀잎 끝에 밝고 밝은 조사의 뜻이 있다."라고 하였다. 『벽암록』 제42칙에는 방 거사가 선객들을 응대한 데 대해 송에서 "방 노인의 기관은 잡을 수 없어라.(龐老機關沒可把)"라고 하였다. 기관은 학인을 지도하는 수완을 말한다.
79 병 속 : 본문 주 57 참조.
80 길 가는~송덕비頌德碑 되었습니다 : 사또를 칭송한 말이다. 본문 주 53 참조.
81 두 이삭 달린 보리 : 맥수양기麥秀兩歧를 말한다. 보리 이삭이 양 갈래로 되어 수확이 두 배로 된다는 뜻이다.
82 사지四知 : 비밀은 숨겨 두어도 언젠가는 반드시 드러남을 뜻한다. 후한의 양진楊震이 동래 태수東萊太守로 있을 때 창읍昌邑의 현령 왕밀王密이 밤에 찾아와 뇌물로 금 10근을 선사하며 "아무도 모른다."라고 하자, "하늘이 알고 땅이 알고 내가 알고 그대가 아는데, 어찌 모른다 하는가.(天知地知我知子知, 何謂無知)" 하며 돌려보냈다는 데서 나왔다.
83 병사兵使 : 병마절도사兵馬節度使를 말한다. 조선조 때 각 지방에서 병마를 통솔 지휘하던 종2품 무관이다.

84 천상의 계수나무~청운에 올랐으니 : 과거에 급제하여 벼슬길에 올라서 입신양명하게 된 것을 말한다.

85 한신韓信 : 기원전 231~기원전 196. 한나라 초의 무장으로 유방劉邦을 도와 한나라를 세우는 데 큰 공을 세웠다. 진秦나라 말의 난세에 항량項梁과 항우項羽를 섬겼지만 중용되지 않자 한왕漢王 유방의 군에 참가했다. 소하蕭何에게 인정을 받아 해하垓下의 싸움에 이르기까지 한군을 지휘하여 크게 공을 세움으로써 제왕齊王, 이어 초왕楚王이 되었다. 그러나 이후 차차 밀려나 회음후淮陰侯로 격하되었고, 여후呂后의 부하에게 참살당했다.

86 상림上林 : 상림원上林苑을 말한다. 중국 장안 서쪽에 있던 한漢나라의 정원으로, 진시황秦始皇이 창설하고 한무제漢武帝가 확장 수리하였는데, 이곳에 진시황이 아방궁阿房宮을 지었다. 진기한 새와 짐승, 여러 가지 꽃과 기이한 풀을 모았으며, 황제는 가을과 겨울철에 사냥을 했다. 여기서는 정원을 가리키는 말이다.

87 가을 제사(秋社) : 사직社稷에 지내는 가을 제사이다.

88 비로자나 : [S] Vairocana의 음역이며, 광명변조光明遍照로 번역한다. 석가의 진신眞身을 높여 부르는 칭호로 비로사나불毘盧舍那佛 · 노사나불 · 자나불이라고도 한다. 산스크리트로 '태양'이라는 뜻인데, 불지佛智의 광대무변함을 상징하는 화엄종의 본존불이다. 무량겁해無量劫海에 공덕을 쌓아 정각正覺을 성취하고, 연화장蓮華藏세계에 살면서 대광명을 발하여 법계를 두루 비춘다고 한다.

89 향적반香積飯 : 유마힐이 향적여래로부터 얻어서 대중에게 공양한 밥이다. 향적香積은 부처님의 이름으로서 『유마경維摩經』 「향적품香積品」에서 "나라가 있으니 그 이름이 중향衆香이고, 부처님의 이름은 향적인데, 그 나라의 법의 향기가 사방 무량세계에 두루 흐른다." 했다.

90 모연게募緣偈 : 모연募緣을 권하는 게송이다. 모연은 불상이나 불당, 탑을 건립할 때 금품을 보시하도록 권하고 의뢰해서 인연 있는 사람을 모으는 것을 말하는데, 권선勸善 · 권진勸進 · 봉가奉加라고도 한다.

91 스승(先師) : 선사先師는 돌아가신 스승으로, 상월 대사의 스승인 설암 추붕雪岩秋鵬(1651~1706) 선사를 가리키는 것 같다.

92 남녘 땅(兩南) : 양남兩南은 호남과 영남 지방을 말한다.

93 영당影堂 : 진영을 모셔 둔 곳이다.

94 달 속~잡으려 하고 : 달 속 계수나무를 꺾는다는 것은 과거에 급제하는 것을 말한다.

95 시인(韓子) : 한자韓子는 여기서 한유韓愈(768~824)를 가리키는 것 같다. 즉 유학자 시인을 말하는 것으로 보인다. 한유는 당나라의 문학자이며 사상가로서 당송팔대가의 한 사람이며, 자는 퇴지退之, 시호는 문공文公이다. 시인으로서 중당中唐 시단의 한 흐름을 형성하며, 맹교 · 가도 등의 시인들을 배출하였고, 특히 고문을 주창하였

다. 불교를 배척하여 헌종 황제가 불골佛骨을 모신 것에 대해 간언한「불골을 논하는 표(諫迎佛骨表)」를 올려 조주 자사潮州刺史로 좌천되었다가 이듬해 소환되었다. 유학이 침체되어 가던 시기에 유학을 숭상하여 송대 이후의 도학道學의 선구자가 되었다. 문집으로『창려선생집昌黎先生集』등이 있다.

96 왕사성王舍城 : 석존釋尊 시대에 인도 중부 지방에 있었던 마가다국의 수도이다. 기원전 540년, 불멸佛滅 직후에 이 성 밖에서 불전佛典의 제1차 결집結集이 있었다. 지금의 파트나(Patna) 시 남방 비하르(Bihar) 지방의 라지기르(Rajgir)는 그 유지遺趾이다.

97 육조 : 혜능慧能(638~713) 대사를 가리킨다. 중국 선종의 제6조로서 육조 대사六祖大師로 불린다. 속성은 노씨盧氏이고, 시호는 대감 선사大鑑禪師이며, 남해南海 신흥新興 출생이다. 선불교의 대표적 계통으로 발전한 남종선을 창시하였다.

98 소림사少林寺 : 중국 하남성 등봉현登封縣 서북 소실산少室山 북쪽 기슭에 있다. 북위北魏 태화太和 19년(495)에 창건되었다. 효창孝昌 3년(527) 천축天竺의 승려 달마達摩가 이곳에서 처음 선종禪宗을 전파하면서 중국 선종의 조정祖庭으로 불린다. 당나라 때는 이곳 승려들이 무술을 배워 이세민李世民의 천하 쟁취를 도왔다. 이로 인해 소림권법이 널리 퍼졌다. 사내에 달마면벽동達摩面壁洞, 석탑, 비각碑刻 등 당시의 문물이 남아 있다.

99 세 번 대법회(三會) : 삼회三會는 부처가 중생을 구제하기 위해 세 차례의 법회를 열어 설법을 하는 것을 말한다. 과거의 여러 부처들이 세 번의 대설법회를 행하였고, 미래엔 미륵불이 또한 세 번의 대설법회를 열어 중생을 교화할 것이라고 한다.

100 벽송암碧松庵 : 본문 주 62 참조.

101 병 속 세상(壺中) : 본문 주 57 참조.

102 근친覲親 : 고향에 돌아가 어버이를 뵈는 것을 말한다.

103 기림사祇林寺 : 경북 경주시 함월산含月山에 있는 사찰이다. 신라 선덕여왕 12년(643)에 천축국의 승려 광유光有가 창건하여 임정사林井寺라고 했는데, 그 뒤 원효元曉가 중창하여 머물면서 기림사로 개명改名하였다.

104 세 어른(三老) : 삼로三老는 지역의 장로로서 그 지역 주민의 교화를 맡은 사람이다. 노인으로서 삼덕三德을 아는 사람으로, 삼덕은 직直・강剛・유柔를 말한다.

105 금대암金臺庵 : 경남 함양군 마천면 가흥리 지리산에 있는 사찰이다.

106 대회 : 1754년(영조 30) 선암사에서 개최한 화엄내회를 말한나.

107 국난 평정할~명성 드러냈네 : 사명당四溟堂 유정惟政의 공적을 말한 것이다. 서산대사西山大師 휴정休靜의 제자로서 임진왜란 때 승병장으로 혁혁한 공을 세웠고, 전후에는 일본에 파견되어 외교적 능력을 발휘한 것을 가리킨다.

108 갑술년 봄~상찬할 때 : 1754년 상월 대사가 선암사에서 화엄대회를 개최한 것을 가리킨다.

109 칠불암七佛庵 : 경남 하동군 화개면 범왕리 지리산의 사찰. 쌍계사에 달린 암자로, 유명한 선원禪院이다. 45년(신라 유리왕 22) 옥보고玉寶高 선인仙人이 창건하고 가락국 수로왕의 제4자에서 제10자까지의 7왕자가 성불한 곳이라는 전설이 있다. 옛 이름은 운수원雲水院이며, 아자방亞字房이 있다. 폐허가 된 것을 1978년에 복구하였다.

110 12월 8일 : 음력으로 이날은 납팔臘八이라 하며, 석가모니가 성도成道한 날로서 성도재일成道齋日이다. 석존은 마갈타에서 6년 고행한 후 이날 보리수나무 아래에서 샛별이 뜰 무렵 도를 이루었다.

111 지안志安 : 환성 지안喚惺志安(1664~1729)을 가리킨다. 조선 후기 대선사로서, 자는 삼낙三諾, 호는 환성喚醒, 속성은 정씨鄭氏이다. 15세에 출가하여 용문사龍門寺에 들어간 뒤 17세에 정원淨源에게 구족계를 받고 금강산의 설제雪霽를 찾아 법맥을 이었다. 1690년 직지사直指寺의 화엄법회에 참석하여 모운慕雲에게 그 자리를 물려받은 이후 여러 곳에서 강석講席을 열어 후학을 교도하며 종풍宗風을 떨쳤다. 그의 강설은 뜻이 깊고 특이한 것들이 많아 1725년 금산사金山寺의 화엄 대법회에는 학승 1,400명이 강설을 들었다. 저서로 『선문오종강요禪門五宗綱要』와 『환성시집』 등이 있다.

112 작가作家 : 선종에서 대기대용大機大用을 쓸 줄 아는 종사를 일컫는 말이다.

찾아보기

개활 상인 / 391
경월 근원 대사 / 399
계수나무 / 376
교연皎然 / 325
구월산 / 412
귀은 / 406
귀청 대사 / 333
극준 장로極俊長老 / 411
금강경 / 360
금강산 / 412
금대암 / 407
금파 장실 / 370
금화산 상원암 / 381
기림사 / 406
김세귀 / 374

낙동강 / 401
남곡 대사 / 363
남악南岳 대화상 / 338, 411
남파 수안 장형 / 344

단발령 / 378

대둔사 / 415
도림사 / 399
도암 선생 / 334
도태 / 406
동리산 혜철암 / 365
동악산 / 386
동화사 영당 / 401
두류산 / 344, 384, 386, 388, 390
득유 상인 / 360

만선 어른 / 398
만폭동 / 378
묘학 상인 / 353
묘향산 / 368, 379, 382, 400, 412, 414, 415
무용 대화상 / 385
문신 대사文信大師 / 411

반야루 / 407
방장산 / 379, 399, 405, 414
백설당 / 361
백천교 / 378
백학암 / 353
벽송암 / 371, 372, 405, 407
벽허碧虛 / 411

보인 대사 / 378
보현사 / 400
복천사 / 402
봉성 / 387
불갑사 / 375
불국사 / 406
비은 근원費隱謹遠 / 322

상률 동자 / 342
서산 대사 / 409
서헌 상인 / 380
석연 상인 / 358
석준 장로 / 352
선암사 / 347, 374, 393, 411, 413, 415
설송 장로 / 401
설순 대사 / 382
설암 화상 / 365, 400
설월 두오 대사 / 386, 395
섭인 상인 / 359
성혜 상인 / 351
세진당洗塵堂 / 411
순창淳昌 / 322
승평 / 394
신순민申舜民 / 322
실명實明 / 376
쌍계사 / 410

여왕 대사 / 403

연곡사 / 390
연화蓮華 / 411
영묵 준靈默濬 / 418
영원사 / 380
영은 징오靈隱橙旿 / 324
영철靈澈 / 325
영회 / 407
오도산悟道山 / 414, 415
왈명曰明 / 376
용담 / 367, 371, 372, 388, 389
용담 조관龍潭慥冠 / 332, 414
용문사 / 404, 408
용산 / 399
용악 성우 대사 / 354
운월 숙민 대사 / 379
원민 대사 / 377
원중거元重擧 / 325
원통암 / 341
월저 대사 / 400
월파 태눌 어른 / 368
월학정 / 374
월화 대사 / 383
유풍헌 / 369
은신대 / 378
응운 징오 대사 / 404

잡화 / 350, 353
장 공(봉소) / 396
전붕 화상 / 336
정하 대사 / 350
조계산 / 385

주초 상인 / 355
지리산 / 412
지안志安 / 411
지월 담정 대사 / 390
진락대 / 367
진허 팔관振虛八關 / 414
징오憕寤 / 415, 418

천년사 / 407
천불산 / 366
철언 사미 / 335
청암 혜연 대사 / 410
『청허집』 / 343
초임 도인 / 341
축계 / 357, 362, 375, 376, 408
칠불암 / 410

탁준卓濬 / 414

태백산 / 341, 395, 400
태진 상인 / 397

파근사 / 327, 335
표충사 / 409
풍악산 / 378

해암 감홍 대사 / 348
해월 문海月文 / 418
혜암 윤장惠庵玧藏 / 414
화개동 / 347
환선정 / 394
환성喚惺 / 411
황악 우징 대사 / 384
회운 지민 대사 / 392

한글본 한국불교전서

조·선·출·간·본

조선 1 작법귀감
백파 긍선 | 김두재 옮김 | 신국판 | 336쪽 | 18,000원

조선 2 정토보서
백암 성총 | 김종진 옮김 | 4X6판 | 224쪽 | 12,000원

조선 3 백암정토찬
백암 성총 | 김종진 옮김 | 4X6판 | 156쪽 | 9,000원

조선 4 일본표해록
풍계 현정 | 김상현 옮김 | 4X6판 | 180쪽 | 10,000원

조선 5 기암집
기암 법견 | 이상현 옮김 | 신국판 | 320쪽 | 18,000원

조선 6 운봉선사심성론
운봉 대지 | 이종수 옮김 | 4X6판 | 200쪽 | 12,000원

조선 7 추파집·추파수간
추파 홍유 | 하혜정 옮김 | 신국판 | 340쪽 | 20,000원

조선 8 침굉집
침굉 현변 | 이상현 옮김 | 신국판 | 300쪽 | 17,000원

조선 9 염불보권문
명연 | 정우영·김종진 옮김 | 신국판 | 224쪽 | 13,000원

조선 10 천지명양수륙재의범음산보집
해동사문 지환 | 김두재 옮김 | 신국판 | 636쪽 | 28,000원

조선 11 삼봉집
화악 지탁 | 김재희 옮김 | 신국판 | 260쪽 | 15,000원

조선 12 선문수경
백파 긍선 | 신규탁 옮김 | 신국판 | 180쪽 | 12,000원

조선 13 선문사변만어
초의 의순 | 김영욱 옮김 | 4X6판 | 192쪽 | 11,000원

조선 14 부휴당대사집
부휴 선수 | 이상현 옮김 | 신국판 | 376쪽 | 22,000원

조선 15 무경집
무경 자수 | 김재희 옮김 | 신국판 | 516쪽 | 26,000원

조선 16 무경실중어록
무경 자수 | 성재헌 옮김 | 신국판 | 340쪽 | 20,000원

조선 17 불조진심선격초
무경 자수 | 성재헌 옮김 | 신국판 | 168쪽 | 11,000원

조선 18 선학입문
김대현 | 성재헌 옮김 | 신국판 | 240쪽 | 14,000원

조선 19 사명당대사집
사명 유정 | 이상현 옮김 | 신국판 | 508쪽 | 26,000원

조선 20 송운대사분충서난록
신유한 엮음 | 이상현 옮김 | 신국판 | 324쪽 | 20,000원

조선 21 의룡집
의룡 체후 | 김석군 옮김 | 신국판 | 296쪽 | 17,000원

조선 22 응운공여대사유망록
응운 공여 | 이대형 옮김 | 신국판 | 350쪽 | 20,000원

조선 23 사경지험기
백암 성총 | 성재헌 옮김 | 신국판 | 248쪽 | 15,000원

조선 24 무용당유고
무용 수연 | 이상현 옮김 | 신국판 | 292쪽 | 17,000원

조선 25 설담집
설담 자우 | 윤찬호 옮김 | 신국판 | 200쪽 | 13,000원

조선 26 동사열전
범해 각안 | 김두재 옮김 | 신국판 | 652쪽 | 30,000원

| 조선27 | 청허당집
청허 휴정 | 이상현 옮김 | 신국판 | 964쪽 | 47,000원

| 조선28 | 대각등계집
백곡 처능 | 임재완 옮김 | 신국판 | 408쪽 | 23,000원

| 조선29 | 반야바라밀다심경약소연주기회편
석실 명안 엮음 | 강찬국 옮김 | 신국판 | 296쪽 | 17,000원

| 조선30 | 허정집
허정 법종 | 성재헌 옮김 | 신국판 | 488쪽 | 25,000원

| 조선31 | 호은집
호은 유기 | 김종진 옮김 | 신국판 | 264쪽 | 16,000원

| 조선32 | 월성집
월성 비은 | 이대형 옮김 | 4×6판 | 172쪽 | 11,000원

| 조선33 | 아암유집
아암 혜장 | 김두재 옮김 | 신국판 | 208쪽 | 13,000원

| 조선34 | 경허집
경허 성우 | 이상하 옮김 | 신국판 | 572쪽 | 28,000원

신 · 라 · 출 · 간 · 본

| 신라1 | 인왕경소
원측 | 백진순 옮김 | 신국판 | 800쪽 | 35,000원

| 신라2 | 범망경술기
승장 | 한명숙 옮김 | 신국판 | 620쪽 | 28,000원

| 신라3 | 대승기신론내의약탐기
태현 | 박인석 옮김 | 신국판 | 248쪽 | 15,000원

| 신라4 | 해심밀경소 제1 서품
원측 | 백진순 옮김 | 신국판 | 448쪽 | 24,000원

| 신라5 | 해심밀경소 제2 승의제상품
원측 | 백진순 옮김 | 신국판 | 508쪽 | 26,000원

| 신라6 | 해심밀경소 제3 심의식상품 제4 일체법상품
원측 | 백진순 옮김 | 신국판 | 332쪽 | 20,000원

| 신라12 | 무량수경연의술문찬
경흥 | 한명숙 옮김 | 신국판 | 000쪽 | 35,000원

| 신라13 | 범망경보살계본사기 상권
원효 | 한명숙 옮김 | 신국판 | 272쪽 | 17,000원

| 신라14 | 화엄일승성불묘의
견등 | 김천학 옮김 | 신국판 | 264쪽 | 15,000원

| 신라15 | 범망경고적기
태현 | 한명숙 옮김 | 신국판 | 612쪽 | 28,000원

고 · 려 · 출 · 간 · 본

| 고려1 | 일승법계도원통기
균여 | 최연식 옮김 | 신국판 | 216쪽 | 12,000원

| 고려2 | 원감국사집
충지 | 이상현 옮김 | 신국판 | 480쪽 | 25,000원

| 고려3 | 자비도량참법집해
조구 | 성재헌 옮김 | 신국판 | 696쪽 | 30,000원

| 고려4 | 천태사교의
제관 | 최기표 옮김 | 4×6판 | 168쪽 | 10,000원

| 고려5 | 대각국사집
의천 | 이상현 옮김 | 신국판 | 752쪽 | 32,000원

| 고려6 | 법계도기총수록
저자 미상 | 해주 옮김 | 신국판 | 628쪽 | 30,000원

| 고려7 | 보제존자삼종가
고봉 법장 | 하혜전 옮김 | 4×6판 | 216쪽 | 12,000원

| 고려8 | 석가여래행적송 · 천태말학운묵화상경책
운묵 무기 | 김성옥 · 박인석 옮김 | 신국판 | 424쪽 | 24,000원

| 고려9 | 법화영험전
유원 | 우지연 옮김 | 신국판 | 264쪽 | 17,000원

※ 한글본 한국불교전서는 계속 출간됩니다.

송계대선사문집

송계 나식松桂懶湜
(1684-1765)

본관은 전주 이씨 효령대군파로 이름은 수호壽浩. 어려서 고향 근처의 교리校理 김칠탄金七灘에게 나아가 글을 배웠다. 16세에 기산岐山의 절에서 독서를 할 때 스님들의 청정수행을 보고 깨달은 바가 있어 출가하였다. 가선공嘉善公에게 머리를 깎았고, 이후 청파당淸波堂 보전譜詮 선사에게서 구족계를 받았다. 경주 백련사白蓮寺에서 개당하였고, 기산岐山의 봉황사鳳凰寺 등지에서 주석하며 대중을 교화하였다.

옮긴이 김종진

동국대학교 국어국문학과 및 동 대학원 석·박사 과정을 수료하고 현재는 동국대학교 불교학술원 조교수로 재직 중이다. 저서로『한국불교시가의 동아시아적 맥락과 근대성』등이 있고, 역서로『호은집』등이 있다.

증의 및 윤문
박재금(이화여대 연구교수)

상월대사시집

상월 새봉霜月璽封
(1686-1767)

화엄종사로서 선암사의 고승이며 대흥사 13대 종사의 한 사람이다. 11세 때 조계산 선암사의 극준極俊 장로에게 출가하였고, 16세 때 문신文信 대사로부터 구족계를 받았다. 18세 때 설암을 참배하고 설암의 의발을 전수받았다. 그 뒤 벽허碧虛·남악南岳·환성喚惺·연봉蓮峯 등 고승들을 두루 찾아뵙고 모두 심인心印을 얻었다. 1713년(숙종 39) 선암사에 돌아와 개당을 하였다. 1754년 선암사에서 화엄대회를 개최하였는데 성황을 이루었다고 한다.

옮긴이 박재금

이화여대 국문과와 동대학원에서 한문학을 공부하여「무의자無衣子 혜심慧諶의 시 연구」로 박사학위를 받았다. 현재 이화여대 한국문화연구원 연구교수로 재직하며 번역에 종사하고 있나. 서서에『한국 신시禪詩 연구』가 있고, 논문으로「고리 신시禪詩의 역열」등이 있으며, 번역서로『와신상담의 마음으로 일본을 기록하다』(元重擧의『和國志』),『심양장계瀋陽狀啓』(공역),『강한집江漢集』(공역) 등이 있다.

증의 및 윤문
전송열(연세대 강사)